U0963801

北京语言大学语言科学院学人书系

语言变异与语言应用研究

郭风岚　著

北京语言大学出版社
BEIJING LANGUAGE AND CULTURE UNIVERSITY PRESS

图书在版编目（CIP）数据

语言变异与语言应用研究 / 郭风岚著 .-- 北京：
北京语言大学出版社，2016.12
（北京语言大学语言科学院学人书系）
ISBN 978-7-5619-4788-3

Ⅰ. ①语… Ⅱ. ①郭… Ⅲ. ①汉语－语言学－文集
Ⅳ. ① H1-53

中国版本图书馆 CIP 数据核字（2016）第 307743 号

语言变异与语言应用研究

YUYAN BIANYI YU YUYAN YINGYONG YANJIU

排版制作：北京创艺涵文化发展有限公司
责任印制：姜正周

出版发行：北京语言大学出版社
社　　址：北京市海淀区学院路 15 号，100083
网　　址：www.blcup.com
电子信箱：service@blcup.com
电　　话：编辑部　8610-82303647/3592/3395
国内发行　8610-82303650/3591/3648
海外发行　8610-82303365/3080/3668
北语书店　8610-82303653
网购咨询　8610-82303908
印　　刷：北京九州迅驰传媒文化有限公司

版　　次：2016 年 12 月第 1 版　　印　　次：2016 年 12 月第 1 次印刷
开　　本：787 毫米 × 1092 毫米　1/16　　印　　张：17.5
字　　数：259 千字
定　　价：52.00 元

PRINTED IN CHINA

目 录

语言与语言变异

黑龙江科洛站话记略*

提要　站话是指带有政治印记的站人及其后裔说的话，是由职业方言变体发展而成的北方方言，性质上属北方方言岛。历史上站话在黑龙江境内呈斑点型线状分布于茂兴至黑龙江城沿途驿站上，作为一种特殊的文化现象，站话目前已处于濒危状态。本文描写站话的形成及其语音、词汇特点。

关键词　黑龙江　科洛　站话　方言岛　语音特点　词汇特点

科洛乡位于黑龙江省嫩江县境内，是站话核心区域，本文拟对该区域站话予以静态描写。

一　黑龙江方言岛与站话

1.1　黑龙江方言岛

历史上由于自然因素和社会经济、政治、军事等因素导致汉语社会内部规模大小不等的移民数目庞大，以东北地区来说，清以后移居至此的移民数量之多、规模之庞大在中国历史上是空前的，特别是黑龙江有些地区，其社会主体主要是由移民构成的。

群体性移民不仅仅是移民者离开故土移居到目的地，同时移民们也将自己原居地的方言、风俗、文化带到了目的地，在目的地，其方言处于目的地方言

* 本文原载于《文化学刊》2008年第3期，此次略做修改，并增加了科洛站话同音字汇，以方便读者全面了解站话。

包围之中，似一孤岛，故被称为方言岛。据考察，东北地区方言岛以黑龙江为最多，既有已知的虎林方言岛、太平屯方言岛、二屯方言岛，也有正在被认识的方言岛如站话方言岛、郓城方言岛，还有一些尚待发现的方言岛。

汉语方言岛形成的直接或主要原因是移民，黑龙江方言岛的形成也如此。黑龙江历史上地广人稀，自然环境恶劣，明清前土著居民主要为少数民族，明清以后开始出现规模性移民，移民类型有两种，一种为因天灾人祸或淘金自发组织起来的自发性移民，其规模开始并不大，移民到达目的地后还会招来原居地居民移居过来，由此形成一个聚落；另一种为政府组织的移民，在黑龙江其形成方式主要包括：(1)发配、流放；(2)驻军、军屯；(3)招垦、拓荒、建设；(4)安置灾民。

历史上由政府组织的有影响的移民在黑龙江主要集中于：

(1)清康熙年间对“三藩之乱”降卒的整体发配。

(2)清末民初大规模的放荒招垦，例如《嘉荫县志》(1988：127)载：“民国初年，黑龙江省曾有计划地迁徙晋冀鲁豫灾民到黑龙江沿岸各县落户。”《虎林县志》(1992：754)载：“由于放荒招垦，山东、河北、辽宁、吉林有大批人口入境，特别是1919年来的更多。仅1921年来县城、倒木沟、荒岗、黑嘴子一带的人就有1000户。”《抚远县志》(1998：633)载：“抚远县海青乡海青村建于清末，村民源于山东、辽宁，抓吉乡抓吉村建于民国，村民源于山东、辽宁，等等。”“外来移民是县域人口发展的主要因素。”

(3)解放后20世纪50年代到60年代安置山东、河北灾民以及开发北大荒运动。例如《嘉荫县志》(1988：130)载：“1955年以后，国家开始有计划地从山东省往黑龙江移民，……1955年移民159户、704人；1958年移民100户、518人；1959年移民120户、600余人。”《虎林县志》(1992：754)载：“1955年从山东移来750户，1956年4月从山东移入753户。”

无论是自发移民还是非自发移民，来到黑龙江后大部分生根于地广人稀处，由于在相对封闭的环境中，其使用的语言被黑龙江本土方言所包围，该地最终成为方言岛。

根据黑龙江方言岛的形成特点，我们将其类型概括为两类：（1）源于同一地域操同一种方言的居民移居黑龙江某一地（一般为村或屯）后形成的方言岛，像虎林为胶辽官话方言岛，二屯为山东方言岛，等等。（2）源于特殊政治因素形成的方言岛，如站话方言岛。

1.2 站话

站话位于黑龙江境内，形成于清康熙年间，当时清政府为抵御外侵，曾在黑龙江境内设立了始自黑龙江站（坤站）经今黑河地区二站、三站到今嫩江县的塔溪、科洛向南直到今讷河市拉哈镇（原拉哈站）的10个北路驿站和从宁年站（今富裕县境内）向南经他拉哈、古龙到茂兴站（今肇源境内）的10个南路驿站，总共20个驿站。20个驿站呈线状式分布，最初由黑龙江将军管辖，将军下设驿站官1—2名管理驿站具体事物，驿站内部人员即站丁最初是按“每驿计领催在内，共设男丁三十人，马二十匹，牛三十头”设计的（中国第一历史档案馆，1982）。站丁来源绝大部分是“三藩之乱”后降服并于康熙二十二年（1683年）前后从京城被整体发配到东北的吴三桂手下的部卒，少数为关押在京城的重刑犯。

由于身份特殊，“系吴逆伪党，本在十世不宥之列”（张其卓，2006：50），所以最初清政府对站丁严加管制与防范，规定站丁“三不准”，即不准离开驿站百里，不准为官，不准参加科举考试。站丁背负着沉重的历史包袱，过着常人无法忍受的艰难的封闭的生活，最初站丁间的交际工具尚为职业变体，仅通行于内部。后来，由于站丁逃跑事件时有发生，清政府开始考虑通过为站丁娶妻来稳定人心，由此使得驿站人丁兴旺起来，慢慢地站话也由一种职业变体演变成了一个呈斑点型线状分布的北方方言岛。

随着驿站周边在清代以后不断涌入躲避天灾人祸的逃荒者，冷清的黑龙江开始发展起来，在驿站周围慢慢形成了两个不同的社会群体——站人与民人。

站人称自己为“站上人”，自己的方言叫“站话”；称普通民户为“民人”“民户”，而普通民户也贬称站人为“站棒子”。（郭风岚，2003）

由于背负沉重的政治负担，宣统元年站人被改归民籍后开始大量外迁，使得站话分布区域迅速萎缩，站话目前已由带状消变为斑点型线状并继续向濒危方向发展，现只在部分偏僻乡村55岁以上的站人口中有所保留，亟待抢救。站话已经出现明显的年龄分层，像我们调查的嫩江县科洛乡科后村55岁以上的站人能说地道的站话的已经不多，且发音很不稳定，站人之间一般使用站话交流，对非站人他们一般用带有站话色彩的当地话交谈。55岁以下的站人则基本上讲东北官话或普通话，40岁以下的则只讲东北官话或普通话。

2002年四五月间我们对北路驿站进行了实地考察，重点选取了站话保存尚可的驿站——科洛乡科后村进行调查，详细记录了科后村老派站话的语音和词汇系统，同时又对科后村站人董亚第一家三代13口人的语言状况进行了详细观察，对科后村和科洛乡科洛村站人的语言生活做了一般性调查和走访。2006年8月又进行了补充性调查。

本文重点描写科后村站话语音及词汇特点。科后村是科洛乡唯一一个依山（小兴安岭）而建的行政村，全村经济收入均来自农业，对外主要是与科洛乡联系。全村人口约500户2200余人，其中站人约270余户1200余人，占当地总人口的60%左右。据说20世纪60年代以前本村居民几乎都是站上人，60年代以后开始有山东梁山移民，此后陆续有本省知青、外省知青进入。由于交通不便，加之站人自身保守，科后村一直比较封闭。

调查中的发音材料语音部分单字表使用了中国社科院语言所编制的《方言调查字表》，连读调使用了曹志耘编制的《两字组连读调表》，词汇、语法材料根据中国社科院语言所编制的《方言调查词汇手册》和其他相关成果自行设计。

本文的主要发音人：李繁荣，科后村人，男，2002年5月调查时63岁，农民，初中文化，祖辈被发配到科后驿站后一直居于此。董亚第，科后村人，

2002年5月调查时61岁，农民，小学文化，曾任村委会主任，祖辈被发配到科后驿站后一直居于此。范芝山，科洛村人，2002年5月调查时84岁，农民，小学文化，祖辈被发配到科洛驿站后一直居于此。三人的发音基本相同，略有差异，本文以李繁荣的材料为主。

二　语音特点

这里我们主要描写站话的声韵调、音韵特点及连读变调等情况。

2.1　声韵调

2.1.1　声母23个，含零声母在内

p 布别补倍	p^h 怕盘派陪	m 门米妹灭	f 飞符冯福	v 危$_1$围务卧
t 到夺代断	t^h 太同特汤	n 怒难女年		l 兰吕连流
ts 走针壮张	ts^h 赐餐传长		s 伞赛谁筛	
tɕ 精经节结	tɕ^h 秋丘权穷		ɕ 修休线虚	
tʂ 糟祖争主	tʂ^h 曹粗潮初		ʂ 散丝扇师	ʐ 人日绕软
k 贵感姑怪	k^h 苦夸开葵		x 话海禾活	
ø 危$_2$硬约而				

说明： ① 知系效摄、流摄部分字如“笊、抄、朝、少”等发音近舌叶音［tʃ］［tʃ^h］［^{h}ʃ］。

② 日母字中的声母［ts］拼［－ʅ］时浊擦色彩浓，近［z］。

2.1.2　韵母37个，不包括儿化韵

ɿ 资支知

ʅ 纸翅日

ər 而耳儿	i 米批梨	u 富某土	y 女吕须
a 爬马疤	ia 架霞假	ua 花刮侉	
ɤ 各河蛇	iɛ 接铁写	uɤ 波破末	yɛ 月缺确
ai 色盖买		uai 怪坏帅	
ei 美被肺		uei 贵会水	
ɑu 饱跑老	iɑu 条削雀		
ou 斗丑收	iou 秋流扭		
		uo 国活左	
an 含胆暖	iɛn 间连棉	uan 酸短传	yɛn 权宣园
ən 根奔门	in 林信进	un 遵昏顿	yn 晕训群
ɑŋ 党桑帮	iɑŋ 讲良想	uɑŋ 光壮荒	
əŋ 横能朋	iŋ 京平命		
oŋ 通红东	ioŋ 胸用穷		

说明：①韵母［ia］在零声母后有摩擦，近［ʲia］。

②［uei］韵读音有时近［ui］。

③［iou］韵读音有时近［iu］。

2.1.3 单字调共 4 个

阴平［312］哥高开抓磕出

阳平［224］麻投桥雷名答

上声［213］古比五女好老

去声［53］未共饭麦木月

说明：①阴平和阳平调值不稳，给人乱的感觉，部分阴平字调值或近［334］，或读［213］，部分阳平字调值近［24］，反映了站话阴平和阳平调在发生剧烈变化。

②上声［213］有时尾部略高近［214］。

2.1.4 特字

科后站话还有一些特字，部分特字与东北官话同，部分属于站话特有。如：我［ɤ^{312}］、去［k^{h}ɤ^{213}］、鸟［miau^{213}］、吼［xoŋ^{213}］、披［p^{h}ei^{312}］、戈［ka^{213}］、倾［k^{h}əŋ^{312}］、客［tɕ^{h}iɛ^{213}］、甥$_{\text{外～}}$［ʂoŋ^{0}］、或［xuei^{213}］、扔［ləŋ^{334}］、刻$_{\text{时～}}$［k^{h}ei^{312}］、刻$_{\text{用刀～}}$［k^{h}ei^{334}］、虹［kaŋ^{53}］、墨［mi^{53}］、嫩［lən^{53}］、朽［tɕ^{h}iou^{213}］、街［kai^{334}］、戒［tɕi^{53}］、虏［luo^{213}］、乳$_{\text{豆腐～}}$［lu^{213}］，等等。

2.2 音韵特点

2.2.1 声母

声母的发展变化与东北官话比较一致，比如浊音几乎全部清化；精、知、庄、章组字今读［ts］组还是［tʂ］组较为混乱；臻摄合口一等泥母字声母与来母同，读［l］；个别并母仄声字如“捕”等送气。

2.2.2 韵母

韵母部分，首先，山摄合口一等平、上、去泥来母字韵母一律读［an］；其次，梗摄开口二等陌韵帮组和知组入声字韵母一律读［ai］，如伯［pai^{213}］、迫［p^{h}ai^{213}］；最后，通摄合口一等泥母字韵母一律读［əŋ］，如农［nəŋ^{224}］、脓［nəŋ^{224}］。

2.2.3 声调

声调演化规律与北京话一致，但调值差异大，并成为站话与周边东北官话区别的重要特征；入声消失分派到平、上、去中。

2.3 两字组连读变调

2.3.1 两字组连读调情况

站话两字组连读变调规律性较强，我们将其两字组连读调情况列表如下：

表 1　站话普通两字组连读调表

前字＼后字	阴平 312	阳平 224	上声 213	去声 53
阴平 312	31 334 33 312	31 224 33 224	31 213 33 213	312 53 33 53
阳平 224	24 312	224 24	33 213 24 213	24 53 33 53
上声 213	213 312	21 224	33 213	213 53
去声 53	53 312 13 312	53 224	53 213	53 53

2.3.2　两字组连读调特点

总体看，两字组连读调属于后字不变型，前字调变化显著，阴平、阳平和上声前字部分中平，去声个别低升。

三　词汇特点

现在的科洛站话（包括科洛乡科后村和科洛村）在词汇和语法方面与东北官话融合的程度越来越高，像“吃的伍的”“傻不楞登的”“苦拉巴叽”“黑黢黢”“甜不喽嗖的”“帮帮硬”“飘轻”“齁咸”“焦黄”“老高了”“怎办呢”“干啥瞅”等东北官话中的说法同样通行于站话区域内。站话词语与黑龙江方言最大的不同主要为：

（1）词语的读音有异。比如老站人认为“上哪儿去”的“去”站人都说[$k^{h}ɤ^{53}$]，这是站话的标志性读音。

（2）普通词语的说法不同。比如“汲水桶”老站人叫“柳棍”，非站人叫“水桶”；“火柴”老站人叫“取灯儿”，非站人叫“洋火”或“火柴”；“粮柜”老站人称“笼房”，非站人称“仓房”；“香菜”老站人叫“芫荽”，非站人称“香菜”，等等。

（3）站人内部习俗与非站人不同，形成一些民俗词语，比如老站人信神敬神，每次过年过节杀猪前都要拜神，他们叫“领一领”，先往猪耳朵里灌酒叫“领猪”，接着全家老小跪地磕头，祈求神灵保佑一年太平。拜完后即将猪杀掉下锅煮熟，将其各部分割下一些供给神灵，再倒些汤往房上泼，叫“领熟”，这些仪式完了人才能开始吃。再比如，站人过年过节讲究吉利，祈求富贵发财，大年三十儿快零点时开始到院子里抱木柴煮饺子，抱柴进屋时一定要喊“抱财”。端午节吃鸡蛋、饸子，讲究“和”。八月十五要摆上西瓜、月饼称“圆月”，一家人团圆。

以下我们简要列举一些站话词汇，这些词语有站人内部专用的，也有受其他方言或民族语言的影响通行于站人和其他所有群体的词语。

表 2　站话词汇表

普通话	站话	普通话	站话
启明星	大茅	毛毛雨	牛毛雨
雪花儿	雪片儿	鹅毛雪	大雪片儿
沙土地	沙包地儿	荒地	荒原
汲水桶	柳棍，水罐	鹅卵石	河卵石
垃圾	粪□ $tʂau^{2}$	煤油	洋油
村	屯儿	抄近路	抄直儿
腊月二十九	小尽	下午	下半晌儿
傍晚	眼擦黑儿	厕所	茅房
犁头	犁拖头	工具	家巴式儿
粮柜	笼房	大米	精米
秕谷	谷莠子	向日葵	转籽莲
葵花籽	毛子嗑	洋白菜	包儿菜，大包儿菜
香菜	芫荽	阉了的牛	尖牛
种猪	跑卵 lar^{213} 儿	阉（牛）	骟（牛）
公狗	丫狗	牛角	牛摸儿摸儿
公羊	耙子	公猫	狼猫

（续表）

普通话	站话	普通话	站话
黄鼠狼	黄皮子	麻雀	老家子
乌鸦	老公，老哇子	啄木鸟	啄木官子
鸳鸯	鸿雁	蜘蛛	了了蛛
蚯蚓	蛐蛇	虱子	蛇子
跳蚤	虼子	萤火虫	鬼火虫
蝌蚪	蛤蟆骨头	门栓	门穿
梁坨	坨杆儿	厨房	堂地儿
打土墙	沃土墙	鸡笼	鸡架
鸡窝	鸡骨碌子	抽屉	抽匣
窗帘	幔子	锅铲	镪子
烧柴用铲子	抽火铲儿	筷笼	筷篓
木柴	木梓子	锯木	拉木头
火柴	取灯儿，洋火	东西	物儿
本地人	当地人	私生子	带葫芦子
土匪	胡子	裁缝	成衣匠儿
接生婆	老娘婆儿	长辈	上辈儿
父亲	爹	母亲	妈
曾祖父	太爷	曾祖母	祖奶
伯父（面）	大爷	伯母（面）	大妈
舅舅（面）	舅	舅母（面）	舅母
大姑子	大姑姐	童养媳	团圆媳妇儿
头皮屑	麸皮儿	腮	牙巴子
眉毛	眉眉	鼻孔	鼻眼儿
口水	吃水，哈拉子	喉咙	嗓喉眼儿
络腮胡子	连面胡子	腋下	胳 ka^{213} 窝儿
虎口	手丫巴	膝盖	玻盖儿
生病了	得 tei^{213} 病了	粉刺	米刺
大脖子	大雷脖儿	刺个口子	割地口儿

（续表）

普通话	站话	普通话	站话
小布衫	汗褟儿	秋裤	裆裤
戒指	镏子	耳环	耳钳子
吃中午饭	吃晌饭	吃晚饭	吃下晚饭
粥	稀饭	酱油	青酱
猪油	板儿油	酱	大酱
冰棍	冰棒儿	媒人	红媒
订婚	定亲	结婚	娶媳婆儿
男子入赘	娶姑爷儿	双胞胎	双儿
死了	老年人用“去了”，小孩儿用“扔 $lən^{312}$ 了”	守灵	坐夜
吃丧宴	吃杂货菜	坟地	宅地，坟阳地
孝衣	白孝衫子	孝巾	孝布
送葬	送灵	过年前扫房子	扫尘
灶王爷	灶火爷	香案	香里碗儿
烛台	蜡台	守岁	沤岁
乘凉	歇凉	打呼噜	打喉噜
开灯	打灯	赔	包
秤星	星星	硬币	钢板儿，钢墩儿
银元	银洋	理发店	理发铺儿，铰头铺儿
风筝	八卦	踢毽子	踢毛毽儿
弹球	弹溜溜	捉迷藏	摸瞎儿
抓子儿	抓旮哈	翻绳变花样	翻八股
猜谜	破闷儿	翻跟头	蹶跟头
踩高跷	蹬高跷	木偶戏	拉洋片儿
笑	乐	挤（虱子）	掐（虱子）
捋（胡子）	抹 ma^{312} 守（胡子）	跨（过去）	□ $k^{h}a^{53}$（过去）
找着了	得 tei^{213} 了	猜（想）	揣
长白毛	长醭了	勤快	勤勤
大方	宽亮	心术不正	咕咚

（续表）

普通话	站话	普通话	站话
傻里傻气	虎头	半中央	半截空儿
末尾	拉尾	往（东走）	奔（东走）
我	俄 ɤ^{213}，俺	我们	俄 ɤ^{213} 们，俺们
状子	文书	脚镣	铁脚镣子
坐牢	蹲牢狱	画押	按手指印儿
摆谱	显能摆怪	巴结	□ p^{h}ia^{213} 气 tɕ^{h}i^{2}
虐待	恶待	回避正题	遮绺子
发脾气	激歪 vai^{2}，激溜	使性子	甩性
忙活	舞缀 tʂuei^{2}	一开始	作窝
爬犁	爬溜儿		

主要参考文献

曹志耘（2005）论方言岛的形成和消亡——以吴徽语区为例，《语言研究》第 4 期。

（清）长 顺修，李澍田等点校（1986）《吉林通志》，长春：吉林文史出版社。

范德昌主编（1988）《嘉荫县志》，哈尔滨：黑龙江人民出版社。

抚远县地方志编纂委员会编（1998）《抚远县志》，北京：中华书局。

郭风岚（2003）消变中的科洛站话，《中国社会语言学》第 1 期。

郭风岚（2007）文化缺失与语言的濒危——以站人、站话为例，《中国文化研究（夏之卷）》。

郭正彦（1986）黑龙江方言分区略说，《方言》第 3 期。

虎林县志编纂委员会编（1992）《虎林县志》，北京：中国人事出版社。

孟宪振（1982）清初吉林至瑷珲驿站考，《历史档案》第 4 期。

嫩江县地方志编纂委员会（1992）《嫩江县志》，海南：三环出版社。

嫩江县委宣传部编（1991）《嫩江县民间文学集成》，嫩江：嫩江县委宣传部出版发行。

徐洪明、姜希俊（2001）杜蒙“站人”族籍考，《大庆社会科学》第5期。

游汝杰（1993）黑龙江省的站人和站话述略，《方言》第2期。

游汝杰（2000）《汉语方言学导论》，上海：上海教育出版社。

张其卓（2006）台丁站人，《满族文学》第3期。

中国第一历史档案馆（1982）康熙年间吉林至爱珲间的驿站，《历史档案》第3期。

《清实录》，北京：中华书局，1985。

河北宣化方言音系*

提要 宣化方言属晋语，本文描写其音系及音韵特点，并列出同音字汇。

关键词 宣化方言 音韵特点 同音字汇

一 概说

宣化位于河北省西北部，地处东经114°41'51" — 115°29'34"、北纬40°08' 20" — 40°49'57"之间。历史上，1946年以前为独立建制，其后内部行政区划析置为二，此后又不断经历分分合合的变化，现宣化一名实际上包括了隶属河北省张家口市的宣化区和隶属河北省张家口地区的宣化县两个行政区划。本文记录的是宣化区和宣化县两个行政区划的音系，为行文方便统称宣化。

宣化东邻赤城县、怀来县、涿鹿县，西接阳原县、怀安县，南与怀来县、蔚县相连，北与张家口市、崇礼县相邻。总面积为2433.1平方千米，辖区人口60余万。

宣化方言归属晋语张呼片，从地理位置上看，宣化正处于晋语向官话过渡地带，其内部方言东西南北差距均较大。

2002年8—9月作者第一次赴宣化进行调查，此后直到2004年10月，作者数次赴宣化进行补充调查、核实。主要发音人：李学金，男，1941年生，小

* 本文原载于（日本）《中国语学研究·开篇》2006年第25期，因规范需要，里边的繁体字一律调整成了简体字。

学文化，工人，祖辈由山西迁居现宣化区侯家庙乡，后迁至城区，住宣化区新生街，本人曾在河北当兵三年。李洪亮，男，1938 年生，小学文化，农民，祖辈由山西迁居现宣化县贾家营镇元台子村，本人曾任村会计。二人的发音基本相同，略有差异，本文以李学金的材料为主。

二　声韵调

2.1　声母 24 个，含零声母在内

p 布步别波	p^h 怕盘坡普	m 门米妹母	f 飞符废分	v 微未无温
t 到夺短斗	t^h 太同铁踢	n 难女怒年		l 兰吕路连
ts 糟增主争	ts^h 仓曹巢虫		s 散洒师晒	
tʂ 蒸知招真	$tʂ^h$ 昌潮车陈		ʂ 扇伞手烧	ʐ 蕊惹绕柔
tɕ 精节举焦	$tɕ^h$ 秋齐去全		ɕ 修线旋虚	
k 贵高更公	k^h 开葵口抗跪	ŋ 鹅扼肮安	x 红灰胡话	
ø 运而袄约				

说明：①[v] 实际读音为 [ʋ]。

②[n] 在齐齿、撮口呼前近 [ȵ]。

③[ŋ] 声母拼 [a][æ] 韵时实际读音近 [ɲ]。

④[x] 发音略靠后，有喉音色彩。

⑤ 有舌面前浊鼻音 [ȵ]，因只出现在单字"硬 [ȵiŋ]"中，故没有计入正式声母内。

2.2　韵母共 41 个，不包括儿化韵

ɿ 资词支诗
ʅ 知持世治

ɐr 耳二儿尔	i 米衣几眉	u 数古夫无谋	y 雨取句许
a 爬骂茶拿	ia 家鸦下牙	ua 侉划瓜耍	
o 波坡摹婆		uo 坐过火骡	
ɤ 科和蛇者	iə 写姐鞋夜		yə 靴瘸蟹
ɔ 包茅闹抄	iɔ 巧票教肴		
ɛe 太才来柴贼内		uɛe 怪帅坏块	
eɪ 倍每犁吏埋		ueɪ 桂税腿回	
əu 斗走儒炉	i^{ə}u 酒流修纽		
æ 胆蓝站乱软		uæ 酸短船换	
	ie 甜念险渊		ye 圆全玄劝
ɒ 帮朗桑丈	iɒ 江强娘凉	uɒ 光壮霜床	
əŋ 征扔能肯	i^{ə}ŋ 冰陵应幸	uŋ 东宏公弄	yŋ 兄穷永云
ɐʔ 热辣窄达	iɐʔ 接夹百铁	uɐʔ 刮刷国说	yɐʔ 月学约绝
əʔ 直石刻黑	iəʔ 急踢北勒	uəʔ 木速属绿	yəʔ 菊曲育狱

说明： ①［o］［uo］中的［o］发音实际近［ə］。

②［ɛe］［uɛe］韵的实际音值为［ɛᴇ］［uɛᴇ］，在［f］声母后实际音值近［ɛi］。

③ 入声韵的喉塞尾较弱。

2.3 单字调 4 个，不包括轻声

平声 ［42］ 高寒穷开麻鹅姨

上声 ［55］ 古比五女好老水

去声 ［213］近盖共饭岸利道

入声 ［32］ 答七福尺桌出白麦木六月直

说明： ① 平声实际调值近［41］。

② 入声［32］为短调。

三　音韵特点

3.1　声母的特点

（1）古全浊声母字大部分今已清化，依声调的平仄分化为送气清音和不送气清音：平声送气，仄声不送气。例如：爬 pʰa^{42} | 肚 tu^{213}| 才 tsʰɛe^{42}。个别仄声字送气，例如：舵 tʰuo^{213} | 捕$_{逮～}$ pʰu^{55} | 跪 kʰueɪ^{213}。

（2）不分尖团。例如：酒＝九 tɕiᵊu^{55} | 秋＝丘 tɕʰiᵊu^{42} | 修＝休 ɕiᵊu^{42}。

（3）帮母个别字今读送气。例如：蝙$_{～蝠}$ pʰie^{55} | 遍$_{～地}$ pʰie^{213}。

（4）知庄章组为二分型，读［ts］组和［tʂ］组，读［ts］组的有知组开口二等、合口三等，庄组开口二等、开口三等部分、合口二三等，章组合口三等；读［tʂ］组的有知章组开口三等，庄组开口三等部分。

（5）见系开口二等个别字仍读［k］组声母，部分［k］组和［tɕ］组异读。这些字以蟹摄居多，旁及其他。仍读［k］组声母的例字有：秸揩街解$_{～开}$巷跪。

（6）影疑母大部分洪音字仍读浊声母，读音大部分字读［ŋ］声母，少数字读［ɲ］和［n］声母，个别字开始［ŋ］和零声母两读。

3.2　韵母的特点

（1）大部分遇摄合口来、日母字读复韵母［əu］。例如：炉 ləu^{42} $_{～子}$ | 路 ləu^{213} $_{大～}$ | 露 ləu^{213} $_{白～}$ | 卢 ləu^{42}| 鲁 ləu^{55}| 孺 ʐəu^{55} $_{～进去}$；少部分字在语流中读单韵母［u］。例如：如 ʐu^{42} $_{假～}$ | 儒 ʐu^{42} $_{大～}$ | 乳 ʐu^{55} $_{豆腐～}$。

（2）高元音［i］单独成音节或做介音时其前带较强的摩擦音［j］。例如：易 ʲi^{213} | 牙 ʲia^{42} | 涯 ʲia^{42} | 爷 ʲiə^{42} | 要 ʲiɔ^{213} | 影 ʲiᵊŋ^{55}。

（3）中古阳声韵深臻曾梗通摄归并为一套韵母，例如：斤＝经 tɕiᵊŋ^{42} | 盆＝朋 pʰəŋ^{42} | 顿＝冻 tuŋ^{213} | 群＝穷 tɕʰyŋ^{42}。

（4）其他

① 蟹摄见溪母字拼洪音时韵母有单元音化趋向，读［ɛ］。例如：盖 kɛ²¹³ ǀ 改 kɛ⁵⁵ ǀ 开 kʰɛ⁴²。

② 蟹摄开口二等皆韵明母字“埋”今读［meɪ⁴²］。

③ 止摄开口三等脂韵并母、明母部分字今读［i］，例如：眉 mi⁴² ǀ 备 pi²¹³ ǀ 媚 mi⁴²。

④ 流摄开口一等和流摄开口三等明母字“某”和“谋”今读［u］：某 mu⁵⁵ ǀ 谋 mu⁴²。

⑤ 山摄合口一等泥来母个别字，山摄合口三等日母个别字韵母单字时今读无介音，语流中出现混读。例如：乱 læ²¹³ ǀ 软 ʐæ⁵⁵。

3.3 声调的特点

（1）有平、上、去、入四个声调，调值分别为 [42] [55] [213] [32]。声调变化规律性强，即古清平、浊平字今归平声，古清上、次浊上字今归上声，古全浊上、清去、浊去字今归去声，古清入、浊入字今归入声。

（2）入声不分阴阳，读音短促，喉塞尾明显。例如：力 liəʔ³² ǀ 食 ʂəʔ³² ǀ 国 kuɐʔ³²；部分入声字舒入两读。例如：一 iəʔ³²：i⁴² ǀ 北 piɐʔ³²：peɪ⁵⁵ ǀ 药 iɐʔ³²：iɔ²¹³；部分入声字已经舒化。例如：惑 xuo⁴² ǀ 亿 i²¹³ ǀ 拍 pʰɛe⁴²；同时也有个别舒声字促化。例如：哥 kəʔ³² ǀ 耙 pɐʔ³² ǀ 褯~子 tɕiəʔ³²。

（3）平声不分阴阳，读降调。例如：爬 pʰa⁴² ǀ 拍 pʰɛe⁴² ǀ 来 lɛe⁴² ǀ 移 i⁴²。

四　同音字汇

本字汇主要收录宣化方言的单音字，一个字不能单念，则收连读音。连读音放在相应的单字音节后，在连读音的前面加双竖线“‖”表示（如果连读调是单字调以外的新调值，该调值则放在其他调类后面，“‖”加在连读调前面）。

字汇排列方式依据本文第二部分的音系排列，即按韵母、声母和声调次序排列。

写不出本字的音节用方框“□”表示。释义、举例在字后用小字表示。举例时用“~”代替本字，“□”后加注音标。又读、文白异读等一字多音现象在字的右下角用数字表示，一般用“1”表示最常用或最口语化的读音，“2”次之，依此类推。轻声用[.]表示。

ɿ

ts [42] 支枝肢资姿脂兹滋之芝 [55] 紫纸只姊旨指子止趾址 [213] 自至字

ts^h [42] 瓷慈磁辞词 [55] 雌此齿 [213] 刺翅次伺

s [42] 斯撕施私师狮司丝思诗时寺饲 ‖ 尸~体 [55] 是氏死屎使史驶始 [213] 四肆示视似祀巳士仕柿市恃事侍

ʅ

tʂ [42] 知蜘 [213] 制智致稚治志日~痣 ‖ 痔~疮

tʂ^h [42] 池驰迟痴 [55] 侈耻 [213] 赐

ʂ [42] 尸死~ [213] 世势誓逝试式~样 [.] 匙钥~

ɐr

ø [42] 儿 [55] 而耳饵 [213] 二贰

i

p [42] 蓖~麻碧 [55] 彼鄙比 ‖ 陛~下 [213] 蔽弊币毙闭避备璧壁 ‖ 箅~子篦~子

p^h [42] 批披皮疲匹 ‖ 琵~琶枇~杷 [55] 脾 ‖ 痹麻~ [213] 庇屁

m [42] 迷谜眉楣媚觅 ‖ 糜~子 [55] 米

t [42] 低笛敌狄 [55] 底抵 [213] 弟帝

t^h [42] 题提蹄啼 [55] 体 [213] 替涕剃屉剔

n [42] 泥尼倪 [55] 你 [213] 腻拟

tɕ [42] 鸡稽饥肌基机讥饥~荒 ‖ 几~乎几茶~ [55] 挤己纪给供~ ‖ 几~个 [213] 祭际济妓计继系~鞋带髻寄冀记忌既技季鲫绩击 ‖ 剂面~子

tɕ^h [42] 妻齐脐奇骑岐祁欺其棋期旗祈岂契泣戚 [55] 启起杞 [213] 砌器弃气汽

ɕ [42] 西犀溪奚兮牺希稀析 [55] 洗喜 [213] 细系中文~系关~戏

ø [42] 宜移夷姨疑医衣依遗揖作~逸

抑翼一$_2$‖饴高粱～ [55] 蚁椅矣已以 [213] 艺仪谊义议易意异毅忆亿益译疫役 ‖ 沂～蒙山

u

p [55] 补捕 [213] 部簿布佈步 ‖ 怖恐～

p^h [42] 铺蒲脯 ‖ 菩～萨扑～克
[55] 谱普浦甫朴～素 ‖ 脯杏～
[213] 铺店～殕

m [42] 模谋 [55] 某亩牡母拇
[213] 暮慕墓募幕目穆牧

f [42] 夫肤跗敷俘孵符扶抚浮 ‖ 麸～子芙～蓉 [55] 府腑俯斧釜腐辅否 [213] 父付赋傅赴讣附妇负阜富副复幅

v [42] 吴吾梧乌无巫诬 [55] 五伍午武舞侮 ‖ 鹉鹦～ [213] 污误悟务雾

t [42] 都～城 [55] 堵赌肚
[213] 妒杜肚度渡镀

t^h [42] 徒屠途涂图 [55] 土吐
[213] 兔

n [42] 奴 [55] 努 [213] 怒

l [55] 鲁橹卤庐

ts [42] 租猪诛蛛株朱硃珠
[55] 祖组阻煮主
[213] 著助柱驻住注蛀铸

ts^h [42] 粗除初锄厨雏 [55] 褚楚拄
[213] 醋处

s [42] 苏酥梳疏蔬书舒枢输殊塑
[55] 暑鼠黍署薯数动词粟属军～
[213] 素诉嗉恕竖数名词树漱

ʐ [55] 擩$_2$乳豆腐～

k [42] 姑孤箍 [55] 古估牯股鼓
[213] 故固锢雇顾

k^h [42] 枯 [55] 苦 [213] 库裤

x [42]呼胡湖狐壶乎瓠胡～须 ‖ 浒水～
[55] 虎 [213] 户互护 ‖ 瓠～子

y

n [55] 女

l [42] 驴 [55] 吕旅缕屡履垒～墙 ‖ 傴$_1$傀～ [213] 虑滤律率速～

tɕ [42] 车～马炮拘驹 [55] 举 [213] 聚居巨拒距据锯俱矩句具惧剧

$tɕ^h$ [42] 蛆渠区驱瞿 [55] 取娶趣
[213] 去

ɕ [42] 墟虚嘘须需 [55] 徐许
[213] 序叙绪絮续

ø [42] 鱼渔淤余愚虞娱迂于盂榆逾愉芋 [55] 语与雨宇禹羽愈
[213] 御誉预豫遇寓喻裕郁

a

p [42] 巴芭疤 [55] 把 [213] 霸坝爸罢

p^h [42] 爬 ‖ 琶琵～杷枇～ [213] 怕耙

m [42] 麻妈 ‖ 蟆蛤～ [55] 马码
[213] 骂末沫

f [42] 乏

v [42] 蛙挖 [55] 瓦名词 [213] 洼瓦动词
t [213] 大
tʰ [42] 他
n [55] 哪 [213] 那 ‖ 捺~儿
l [42] 拉
ts [42] 乍渣杂闸铡 ‖ 查山~
[213] 诈榨炸
tsʰ [42] 茶搽查调~差茬 [55] 叉 ‖ 杈~儿 [213] 岔
s [42] 沙纱萨 [55] 洒
ʂ [55] 傻 [213] 厦偏~
ø [42] 阿

ia

tɕ [42] 家加痂嘉 ‖ 家~具
[55] 假真~贾 [213] 假放~架驾嫁稼价
tɕʰ [213] 恰洽
ɕ [42] 虾霞瑕遐暇狭峡匣辖
[213] 下夏吓 ‖ 厦~门
ø [42] 牙芽衙伢鸦丫桠 [55] 雅哑亚 [213] 押压

ua

k [42] 瓜 [55] 寡刮 [213] 挂卦
kʰ [42] 夸侉 [55] 垮 [213] 跨
x [42] 花华铧划桦滑猾
[213] 化画话划

o

p [42] 波 ‖ 菠~菜玻~璃 [55] 簸动词
[213] 簸名词
pʰ [42] 颇坡婆 [213] 破
m [42] 魔馍陌 ‖ 磨~刀
[213] 磨~面，石~莫寞墨默
v [213] 握

uo

t [42] 多 [55] 朵躲
[213] 惰垛剁踱
tʰ [42] 驼 [55] 妥椭 [213] 舵唾
n [42] 挪 [213] 诺
l [42] 罗锣箩骡啰裸 [213] 摞
ts [42] 昨镯 [55] 左佐 [213] 坐座
tsʰ [42] 搓矬 [213] 错
s [42] 蓑梭唆啰~ [55] 锁所索绳~
k [42] 锅 [55] 果裹果~子 [213] 过
x [42] 和~面活 [55] 火伙
[213] 祸货惑获

ɤ

l [213] 乐快~
tʂ [42] 遮 [55] 者 [213] 蔗
tʂʰ [42] 车 [55] 扯
ʂ [42] 蛇奢赊佘舌 [55] 舍
[213] 社射赦 ‖ 麝~香
ʐ [55] 惹
k [42] 歌 [213] 个
kʰ [42] 科棵颗 [55] 可 [213] 课
ŋ [42] 蛾鹅俄讹 [213] 饿
x [42] 河何荷和禾核~心核2审~ ‖ 盒~儿核~儿 [213] 贺

iə

p^h [55] 撇~捺

l [213] 猎劣

tɕ [42] 皆阶秸街2截 [55] 姐解1~开解讲~ [213] 借介界芥疥届戒械1机~

$tɕ^h$ [42] 揩 [55] 且客家里来~了

ɕ [42] 些邪斜鞋 [55] 写 [213] 泻卸谢械2机~解姓

ø [42] 耶爷 ‖ 页~儿 [55] 也野 [213] 夜液腋

yə

tɕ [213] 倔~强爵

ɕ [42] 蟹穴

ɔ

p [42] 褒包雹 [55] 保堡宝饱 [213] 抱报暴鲍豹爆

p^h [42] 袍胞抛刨剖 [55] 跑 [213] 泡炮

m [42] 毛茅猫锚 [55] 卯 [213] 冒帽貌茂贸

t [42] 刀叨 [55] 祷岛倒导 [213] 到倒道稻

t^h [42] 滔掏桃逃陶萄涛 [55] 讨 [213] 套

n [42] 挠 [55] 脑恼 [213] 闹傲

l [42] 劳捞牢唠 [55] 老 [213] 涝烙

ts [42] 遭糟凿 [55] 早枣蚤澡找 [213] 皂造躁糙罩笊

ts^h [42] 操曹槽抄钞巢吵 [55] 草炒

s [42] 骚臊梢捎稍 [55] 扫~地嫂 [213] 扫~帚潲

tʂ [42] 朝今~昭招沼召 [213] 赵照诏

$tʂ^h$ [42] 超朝~代潮

ʂ [42] 烧韶 [55] 少多~ [213] 绍少~年邵

ʐ [42] 饶 [55] 扰绕围~ [213] 绕~线

k [42] 高羔糕 [55] 膏稿搞 [213] 告

k^h [55] 考烤 [213] 靠犒

ŋ [42] 熬 [55] 袄

x [42] 蒿薅豪壕毫 [55] 好形容词 [213] 好动词浩耗号

ø [213] 懊

iɔ

p [42] 膘标 [55] 表

p^h [42] 飘瓢嫖漂 [213] 票漂

m [42] 苗描 [55] 渺秒 [213] 庙妙

t [42] 刁貂雕 [213] 钓吊掉调

t^h [42] 挑~担子条调 [55] 挑~拨 [213] 跳

n [213] 尿

l [42] 疗聊辽撩廖 [55] 燎火~眉毛了~结 [213] 料炮

tɕ [42] 交郊胶教~书焦蕉椒骄娇浇 [55] 绞狡铰搅剿侥觉知~角饺~子 [213] 教~育窖觉睡~噍牛倒~轿叫

$tɕ^h$ [42] 敲锹樵瞧乔侨桥荞 [55] 巧悄雀家~ [213] 俏鞘刀~窍

ɕ [42] 消宵霄硝销器萧箫 ‖ 屑木~ [55] 小晓 [213] 酵孝校笑

ø [42] 肴淆妖邀腰摇谣窑姚尧么~二三吆 ‖ 要~求 [55] 咬舀 [213] 要重~耀鹞~鹰乐2音~

εe

p [55] 摆 [213] 拜稗败

p^h [42] 排牌 [213] 派

m [55] 买 [213] 卖迈

t [42] 呆 [213] 待怠殆戴贷代袋带 ‖ 大~夫

t^h [42] 胎台苔抬 [213] 态太泰

n [55] 奶矮 ‖ 崖山~ [213] 耐奈碍内1~行

l [42] 来 [213] 赖癞

ts [42] 灾栽斋 [55] 宰载 [213] 再债寨

ts^h [42] 猜才材财裁豺钗差出~柴 [55] 彩採睬 [213] 菜蔡

s [42] 腮鳃筛塞 [213] 赛晒

k [42] 该街1 [55] 改解2~开 [213] 概溉盖丐

k^h [42] 开 [55] 凯 [213] 慨

ŋ [42] 挨捱 [55] 蔼 [213] 爱艾

x [42] 孩还~有核1审~ [55] 海 [213] 亥害骇

ø [42] 哀埃

uεe

ts^h [42] 揣

s [42] 衰摔 [213] 帅率~领 ‖ 蟀蟋~

k [42] 乖 [55] 枴 [213] 怪

k^h [213] 块刽快筷 ‖ 会~计

x [42] 怀槐淮 [213] 坏

v [42] 歪 [213] 外

eɪ

p [42] 杯碑卑悲 [213] 倍辈背臂被婢

p^h [42] 胚坯培陪赔裴丕 [213] 配佩

m [42] 梅枚媒煤 [55] 每美 [213] 妹昧

f [42] 非飞妃肥 [55] 匪 [213] 废肺痱费 ‖ 翡~翠

n [213] 内内2~行

l [42] 雷离篱梨利痢狸 [55] 李里理鲤 ‖ 儡2傀~ [213] 累吏类泪粒栗历 [.] 璃玻~

v [42] 桅煨萎危维惟唯微威违围为作~ [55] 委尾伟苇 [213] 卫为~什么位未味魏畏慰纬胃谓

k [55] 给~你

ueɪ

t [42] 堆 [213] 对队兑

t^h [42] 推 [55] 腿 [213] 退蜕

ts [42] 追锥 [55] 嘴 [213] 罪最缀醉

ts^h [42] 催崔吹炊垂锤 [213] 脆翠粹

s [42] 随髓虽绥谁遂 [55] 水 [213] 碎岁税睡隧穗

ʐ [55] 蕊 [55] 锐 [213] 芮瑞

k [42] 圭闺规龟归 [55] 诡轨鬼

[213] 桂柜贵

k^h [42] 盔魁奎亏窥逵葵 [55] 癸 ‖ 傀$_{\sim偏}$ [213] 溃跪愧

x [42] 恢灰回茴挥辉徽 [55] 悔毁 [213] 贿汇会$_{开\sim}$绘惠慧讳

əu

t [42] 兜都$_{\sim是}$ [55] 斗抖陡 [213] 斗豆逗

t^h [42] 偷头投 [213] 透

l [42] 楼搂耧 [55] 篓搂 [213] 漏陋

ts [42] 邹掮 [55] 走 [213] 奏皱绉

ts^h [42] 愁 [213] 凑

s [42] 搜飕馊 [55] 叟 [213] 嗽瘦

tʂ [42] 周舟州洲轴 [55] 肘 [213] 咒粥

tʂ^h [42] 抽绸稠筹仇酬 [55] 丑 [213] 臭

ʂ [42] 收 [55] 手首守 [213] 受兽寿授售

ʐ [42] 柔揉如儒 [55] 汝乳孺$_1$ [213] 肉

k [42] 勾钩沟 [55] 狗苟 [213] 够构购勾

k^h [42] 抠 [55] 口叩 [213] 扣寇

x [42] 侯喉猴瘊 [55] 吼 [213] 后厚候

ŋ [55] 偶呕 [213] 沤怄

ø [42] 欧

i^{ə}u

t [42] 丢

n [42] 牛 [55] 纽扭 [213] 谬

l [42] 流刘留榴硫琉溜 [55] 柳 [213] 馏六

tɕ [42] 揫鸠阄纠 [55] 酒九韭灸 [213] 舅就救究旧柩

tɕ^h [42] 秋囚泅丘求球仇

ɕ [42] 修羞休 [55] 朽 [213] 秀绣锈袖嗅宿

ø [42] 忧优尤邮由油游犹悠幽 [55] 有友酉 [213] 诱又右祐柚鼬幼

æ

p [42] 班斑颁扳般搬 [55] 板版 [213] 扮瓣办伴拌半绊

p^h [42] 攀潘盘 [213] 盼判叛

m [42] 蛮瞒 [55] 满 [213] 慢漫幔

f [42] 凡帆藩翻番烦繁 [55] 反 [213] 范犯泛贩饭

v [42] 完丸豌剜玩顽弯湾 [55] 碗皖晚挽 [213] 腕万蔓

t [42] 耽担$_{\sim任}$丹单 [55] 胆掸 [213] 淡担$_{挑\sim}$但弹$_{子\sim}$蛋诞旦

t^h [42] 贪潭谭坍谈痰滩摊檀坛弹$_{\sim琴}$ [55] 毯坦 [213] 探炭叹

n [42] 南男难安 [55] 暖

l [42] 蓝篮兰拦栏鸾 [55] 览揽懒卵$_1$ ‖ 榄$_{橄\sim}$ [213] 滥缆烂乱$_1$

ts [42] 簪錾动词 [55] 斩盏 [213] 暂站蘸赞绽栈錾木工用具
tsʰ [42] 蚕惨谗馋搀餐残 [55] 散鞋带～了铲产 [213] 灿
s [42] 三杉衫珊山 [213] 散分～
tʂ [42] 沾粘毡 [55] 展 [213] 占战
tʂʰ [42] 缠蝉禅 [213] 颤
ʂ [42] 删擅搧 [55] 陕闪伞 [213] 善扇膳单姓
ʐ [55] 染冉然燃软
k [42] 甘柑泔肝竿干～湿 ‖ 尴～尬 [55] 感敢杆秆擀手～面 ‖ 橄～榄 [213] 干
kʰ [42] 堪龛勘刊 [55] 坎砍 [213] 看
ŋ [42] 庵鞍 [213] 暗
x [42] 含函憨寒韩 [55] 喊罕 [213] 撼憾酣鼾旱汉汗焊翰
ø [213] 岸

uæ

t [42] 端 [55] 短 [213] 断锻缎椴
tʰ [42] 团
l [55] 卵$_2$ [213] 乱$_2$
ts [42] 专砖 [55] 转～送 [213] 转～圆圈传～记
tsʰ [42] 氽传～达椽川穿船 [213] 窜篡串
s [42] 酸闩拴栓 [213] 算蒜涮
ʐ [55] 阮
k [42] 官棺观参～冠衣～关 [55] 管馆 [213] 贯灌罐观寺～冠～军惯
kʰ [42] 宽 [55] 款
x [42] 欢桓还～原环 [213] 唤焕换幻患宦

ie

p [42] 鞭编边 [55] 扁匾 [213] 辨辩变汴便方～辫遍一～遍$_2$～地
pʰ [42]篇偏便～宜 [213]骗片 ‖ 遍$_1$～地
m [42] 绵棉眠 [55] 免勉娩缅 [213] 面
t [42] 掂颠 [55] 点典 [213] 店电殿奠佃垫
tʰ [42] 添甜天田填 [55] 舔
n [42] 粘拈蔫年 [55] 碾辇撵 [213] 念
l [42] 廉镰簾连联怜莲 [55] 脸 [213] 敛殓练炼恋
tɕ [42] 监～察尖兼艰间奸煎肩坚 [55] 减检俭简柬拣剪茧 [213] 舰监国子～渐剑谏涧践件箭溅贱饯犍键建健腱荐见
tɕʰ [42] 嵌歼签潜钳钦杴谦迁钱乾虔千前牵铅 [55] 浅遣 [213] 欠歉
ɕ [42] 咸衔嫌闲仙掀先贤弦悬$_1$ [55] 险鲜显 [213] 陷馅限线羡宪献现县
ø [42] 岩淹阉炎盐阎檐严醃颜焉延筵言研烟沿 [55] 掩眼 [213] 验

厌艳焰雁晏谚堰砚燕宴渊

ye

tɕ [42] 捐 [55] 捲 [213] 圈猪~卷卷绢倦

tɕ^h [42] 全泉圈圆~拳权颧 [55] 犬 [213] 劝

ɕ [42] 宣旋玄悬2 [55] 选 [213] 镟

ø [42] 圆员缘元原源冤袁辕园援 [55] 远 [213] 院愿怨

ɒ

p [42] 帮邦 [55] 榜绑 [213] 谤傍棒蚌

p^h [42] 旁螃胖庞 [213] 胖

m [42] 忙芒茫 [55] 莽蟒

f [42] 方肪芳妨房防 [55] 放纺仿彷访 [213] 放

v [42] 汪一~水亡芒麦~儿王 [55] 网枉往 [213] 旺忘妄望

t [42] 当 [55] 党挡 [213] 荡

t^h [42] 汤堂棠螳唐糖塘 [55] 躺 [213] 烫趟

n [42] 囊 [55] 攮

l [42] 郎廊狼 [55] 朗 [213] 浪

ts [42] 脏 [213] 葬藏西~脏心~

ts^h [42] 仓苍藏隐~

s [42] 桑丧婚~ [213] 丧~失

tʂ [42] 张章樟 [55] 长生~涨掌 [213] 丈仗杖帐账胀障瘴

tʂ^h [42] 长~短肠场昌菖常尝 [55] 厂 [213] 畅唱倡

ʂ [42] 商伤 [55] 偿赏晌 [213] 上尚 [.] 裳衣~

ʐ [42] 瓤 [55] 壤嚷 [213] 让

k [42] 冈岗刚纲钢缸缰1~绳 [55] 港 [213] 杠

k^h [42] 康糠慷扛 [213] 抗炕

ŋ [42] 昂骯

x [42] 行银~航杭夯 [213] 巷

iɒ

n [42] 娘 [213] 釀

l [42] 良凉量~长短粮梁粱 [55] 两 [213] 亮谅辆量数~

tɕ [42] 将~来浆疆僵薑缰2~绳姜江豇 [55] 蒋奖讲耩 [213] 犟酱将大~匠降下~虹1

tɕ^h [42] 枪墙羌强腔 [55] 抢

ɕ [42] 相~互箱厢湘襄镶详香乡降 [55] 想享响 [213] 象像橡相~貌向

ø [42] 央秧殃羊洋杨阳扬 [55] 仰养 [213] 样

uɒ

ts [42] 庄装 [213] 壮状撞

ts^h [42] 疮床窗 [55] 闯 [213] 创

s [42] 霜双 [55] 爽

k [42] 光 [55] 广 [213] 桄逛

k^h [42] 筐狂 [213] 旷框眶况

x [42] 荒慌黄簧皇蝗 [55] 谎晃

əŋ

p [42] 奔锛崩 [55] 本 [213] 笨奔

p^h [42] 喷盆朋烹彭膨棚篷蓬 [55] 捧

m [42] 门萌盟 [55] 猛蒙蠓 [213] 闷孟梦

f [42] 分芬纷焚坟风枫疯丰冯封峰蜂锋逢缝~衣服 [55] 粉讽 [213] 愤忿粪奋份凤奉俸缝一条~

v [42] 文纹蚊闻 [55] 吻刎 [213] 问

t [42] 登灯 [55] 等 [213] 凳镫邓澄瞪

t^h [42] 腾藤疼

n [42] 恩能脓 [213] 嫩

l [42] 楞 [55] 冷

ts [42] 曾姓 增憎争筝睁 [213] 赠

ts^h [42] 曾~经 层 [213] 衬蹭锃

s [42] 森参人~僧生牲笙甥 [55] 省 [213] 渗

tʂ [42] 针斟珍榛臻真征蒸贞侦正~月征 [55] 枕名词诊疹拯整 [213] 枕动词镇阵振震证症郑正政

$tʂ^h$ [42] 沉陈尘辰晨臣澄橙称~呼乘承丞程成城诚盛~满了 [55] 呈逞 [213] 趁称相~秤

ʂ [42] 深神身申伸绳升声 [55] 沈审婶 [213] 甚肾慎胜圣盛兴~

ʐ [42] 壬任姓人仁 [55] 忍仍扔 [213] 任责~纫刃认韧

k [42] 跟根更~换更2五~，深~半夜粳~米庚耕 [55] 埂耿 [213] 更

k^h [42] 坑 [55] 垦恳肯

x [42] 痕恒亨衡 [55] 很 [213] 恨

$i^ə ŋ$

p [42] 彬宾槟冰兵 [55] 禀丙秉柄饼 [213] 殡病并

p^h [42] 贫频凭平坪评姘拼瓶屏萍 [55] 品 [213] 聘

m [42] 民鸣明名铭 [55] 闽悯敏抿皿 [213] 命

t [42] 丁钉疔 [55] 顶鼎 [213] 钉~住订定

t^h [42] 听厅亭停廷庭 ‖ 蜓蜻~ [55] 艇挺

n [42] 凝宁安~ [213] 凝汤~成冻了宁~可

ȵ [213] 硬

l [42] 林淋临邻鳞燐陵凌菱灵零铃伶拎翎 [55] 檩领岭 [213] 赁令另

tɕ [42] 今金襟津巾斤筋更1五~，深~半夜茎京荆惊鲸精晶睛颈经 [55] 锦仅紧谨境景警井 [213] 禁浸妗尽进晋近劲敬竟镜竞静净径

$tɕ^h$ [42] 侵钦禽亲秦勤芹卿清情晴轻请青倾 ‖ 蜻~蜓 [55] 寝顷 [213] 擒庆 ‖ 亲~家

ɕ [42] 心辛新薪欣兴~旺行~为星腥形型刑 ‖ 陉井~ [55] 省反~醒 [213] 信兴高~杏幸性姓

ø [42] 吟音阴淫荫银因姻寅殷应~当鹰蝇莺樱迎英婴缨盈赢营萤 ‖ 鹦~鹉 [55] 饮~酒引隐影颖尹 [213] 饮~马窨印应~对映

uŋ

t [42] 敦墩蹲东冬 [55] 董懂 [213]囤盾顿钝遁动冻栋洞 [.]饨馄~

tʰ [42] 屯臀通同铜桐童瞳 [55] 筒桶捅统 [213] 痛

n [42] 农浓 [213] 弄

l [42] 论~语仑伦轮笼聋隆龙 [55] 拢陇垅 [213] 论议~

ts [42] 尊遵鬃宗中当~忠终钟锺盅 [55] 准综种~类肿 [213] 中射~仲众重轻~纵种~树

tsʰ [42] 村存春唇纯醇聪葱从虫崇充重~复冲舂 [55] 蠢从宠 [213] 寸

s [42] 孙鬆松 [55] 损 [213] 顺舜送宋诵颂讼

ʐ [42] 荣绒融茸容蓉镕 [213] 润闰

k [42] 公工功攻弓躬宫恭 ‖ 蚣蜈~ [55] 滚汞拱巩 [213] 棍贡供共

kʰ [42] 昆坤空 [55] 孔恐 [213] 困控

x [42] 昏婚魂浑弘轰宏烘红洪鸿虹$_2$ ‖ 馄~饨 [55] 哄 [213] 混

yŋ

tɕ [42] 均钧君军 [55] 菌 [213] 俊郡

tɕʰ [42] 群裙琼穷

ɕ [42] 荀旬循巡熏勋薰兄熊雄胸凶 [213] 逊迅殉训

ø [42] 允云 [55] 永泳拥勇涌 [213] 熨韵运晕孕用

ɐʔ

p [32] 八拔剥驳不勃博薄

m [32] 抹摸没

f [32] 法发伐筏罚佛

v [32] 袜

t [32] 答搭达得德

tʰ [32] 踏沓塔榻塌特

n [32] 纳

l [32] 腊蜡辣

ts [32] 则泽择~菜窄摘责栅

tsʰ [32] 插擦察侧测策册

s [32] 涩撒杀色

tʂ [32] 眨褶哲蜇辙浙 ‖ 蛰惊~折~断

tʂʰ [32] 撤彻

ʂ [32] 摄涉设折弄~了

ʐ [32] 热若

k [32] 鸽割葛搿用刀刮各阁搁胳格革隔 ‖ 蛤~蜊

kʰ [32] 磕渴刻克客~气

ŋ [32] 恶额

x [32] 合喝鹤赫黑 ‖ 核~桃

iɐʔ

p [32] 别鳖憋北
m [32] 灭
t [32] 跌叠碟牒蝶谍
tʰ [32] 帖贴铁
n [32] 聂镊蹑孽捏虐疟~疾
l [32] 列烈裂略掠肋勒
tɕ [32] 夹甲接捷挟杰揭节结洁
tɕʰ [32] 掐妾劫切楔~子鹊喜~雀麻~
ɕ [32] 胁协瞎泄歇蝎
ø [32] 鸭叶业噎

uɐʔ

t [32] 夺铎
tʰ [32] 脱讬托
l [32] 落骆洛络
ts [32] 拙作桌卓琢啄涿浊捉
tsʰ [32] 撮戳
s [32] 刷说缩
k [32] 刮郭国
kʰ [32] 括阔廓扩
x [32] 豁霍藿~香劐用刀~开或

yɐʔ

tɕ [32] 绝厥倔脾气~掘橛~子决诀
ɕ [32] 薛雪血学
ø [32] 悦阅月哕干~越曰粤约岳乐1音~

əʔ

v [32] 物勿
s [32] 虱
tʂ [32] 执汁侄秩质直值织职殖植支
tʂʰ [32] 赤斥尺吃
ʂ [32] 湿十什~物拾实失室食蚀识饰适释石
ʐ [32] 日

iəʔ

p [32] 鼻笔毕必弼逼
pʰ [32] 僻辟劈
m [32] 密蜜
t [32] 的目~滴嫡
tʰ [32] 踢
n [32] 逆
l [32] 立笠力
tɕ [32] 缉集辑急级及疾吉即极积迹脊籍寂激
tɕʰ [32] 七漆膝乞
ɕ [32] 习袭吸悉息熄媳惜昔席夕锡
ø [32] 乙一1

uəʔ

p [32] 不
pʰ [32] 扑
m [32] 木
f [32] 福腹覆服复~原 ‖ 蝠蝙~
t [32] 独读犊督毒
tʰ [32] 突秃
l [32] 禄陆~军绿录
ts [32] 卒族竹筑逐祝足烛嘱
tsʰ [32] 出促触
s [32] 术述秫速肃宿叔熟~悉淑俗赎束属~牛
ʐ [32] 入辱褥

k [32] 骨縠谷

kʰ [32] 窟哭

x [32] 忽

yəʔ

tɕ [32] 桔菊局

tɕʰ [32] 黢~黑~黑屈曲酒~

ɕ [32] 戌恤畜蓄

ø [32] 育玉狱监~欲浴沐~

河北宣化方言蟹止摄来母字韵母的读音分布*

提要 本文在对宣化方言两个年龄组蟹止摄来母字韵母的读音调查后发现，历史上，宣化方言蟹止摄来母字韵母的读音呈地理分布南北各异、空间内部读音形式单一的格局，即北部读［-i］，南部读［-eɪ］。如今，这种语音格局已经被打破，蟹止摄来母字韵母的读音在空间和年龄层上均发生了变异，其发展方向是向北京官话靠拢。

关键词 宣化方言　蟹止摄来母字韵母　读音类型　空间＋年龄分布

一　引言

本文所称的宣化包括隶属河北省张家口市的宣化区和隶属河北省张家口地区的宣化县两个行政区划。两个行政区地域相连，位于河北省西北部。历史上曾独立建制，此后不断经历分分合合的变化。两个行政区总面积为2433.1平方千米，人口60余万。

《中国语言地图集》将宣化方言划归晋语张呼片，在地理位置上宣化方言正处于有入声向无入声过渡的地带，是晋语与官话的接壤区。

蟹止摄来母字韵母的读音在北京官话中为开口呼字读［-i］、合口呼字读［-ei］的二分形式，在晋语部分地区也维持二分的局面，高本汉（1994）曾描写20世纪20年代晋语4个点蟹止摄来母字韵母的读音，见下表：

* 本文原载于《语文研究》2007年第3期。

表 1　20 世纪 20 年代晋语 4 个点部分蟹止摄来母字韵母的读音

例字 地区	例	礼	雷	梨	离	狸	累
归化	li	li	ləi	li	li	li	ləi
大同	li	li	lɛi	li	li	li	lɛi
太原	li	li	luɛi	li	li	li	luɛi
太谷	li	li	luei	li	li	li	ly

根据侯精一、温端政主编（1993）的《山西方言调查研究报告》和马文忠、梁述中（1986）的调查，今天的太原、太谷、大同仍然维持这种格局。

与上述地区蟹止摄来母字韵母为二分型读音不同，李行健（1958）调查发现，20 世纪 50 年代的宣化地区蟹止摄来母字韵母的读音为单一型的［–ei］。

自 2002 年 8 月到 2004 年 10 月，我们数次赴宣化进行调查，发现宣化方言蟹止摄来母字韵母的读音类型并非整齐划一，而呈现出空间分布、年龄分布上的变异格局。以下我们从蟹止摄来母字韵母在宣化全区域的读音分布和在 9 个区域 70 个村庄的读音分布探讨宣化方言蟹止摄来母字韵母的读音问题。

需要说明的是，关于宣化全区域的调查我们是在宣化城区和宣化县 14 个行政乡镇各选取了一个调查点进行的，每一地点选择了一名 60 岁以上的老年男性；9 个区域 70 个村庄的调查则主要是在宣化洋河以北地区 70 个村庄老（年龄在 60 岁以上）、少（年龄在 14 — 15 岁之间）两个年龄组（以下分别简称“2003 老”和“2003 少”）总计 140 人中进行的，实际调查时由于是在村委会等公共场合，所以还有一些围观者为我们的调查项目提供佐证。“2003 老”与“2003 少”均为男性，居于本村至少已在三代以上。

语言材料选取了单字和词语两类，单字源于中国社会科学院语言研究所的《方言调查字表》，词语为自行设计，尽量口语化。由于语流中的读音和单字读音一致，为求方便，以下我们只选取“犁利里雷泪”5 个单字进行描写分析。

二　蟹止摄来母字韵母的读音在宣化方言中的分布情况

2.1　在宣化全区域的分布情况

大致来看，蟹止摄来母字韵母的读音在宣化全区域呈北部读［–i］、中部及南部读［–eɪ］的分布格局。北部读［–i］的为宣化县沙岭子、姚家房、大仓盖、东望山、赵川、李家堡 6 个乡镇，占调查总数的 42.86%，这些地区在地理位置上紧邻河北省的万全、张家口和崇礼等市县；中部和南部读［–eɪ］的为宣化城区和宣化县贾家营、顾家营、江家屯、洋河南、崞村、塔儿村、深井、王家湾 8 个乡镇，占调查总数的 57.14%。

2.2　在 9 个区域 70 个村庄两个年龄组中的分布情况

我们选取的洋河以北 9 个区域为宣化区的河子西、春光、侯家庙 3 个乡和宣化县的姚家房、沙岭子、大仓盖、东望山、顾家营、贾家营 6 个乡镇，在 9 个区域内选择的 70 个村庄则主要依据彼此间的地理距离划定。

2.2.1　“2003 老”的情况

从“2003 老”看，“犁利里雷泪”5 个字韵母的读音在 70 个村庄中的分布具有较强的规律性，北部偏西地区读［–i］，南部偏东地区读［–eɪ］，中部则较乱，有的读［–ɪi］，有的则［–i］［–ɪi］［–eɪ］两两相分或三分。根据读音实际，我们将其归为单一型、二分型和三分型 3 类 10 种形式。

单一型读音包括“犁利里雷泪”均读［–i］或［–ɪi］或［–eɪ］3 种形式，其分布由北部偏西向南部偏东依次排列。［–i］主要分布在北部偏西的沙滩、陈家房、雒家房、姚家房、翟家庄、二台子、刘家坑、清水河、鹄突地（以上归属姚家房镇）、南兴渠、沙岭子、太师湾、屈家庄（以上归属沙岭子镇）、向家营、北甘庄、梅家营、殷家庄（以上归属大仓盖镇）、西望山、周顶屯（以上归属东望山乡）19 个村庄，占调查总数的 27.14%。[–ɪi] 主要分布在中部偏西与沙岭子镇相接的朱家庄、宋家庄、陈家庄（以上归属宣化区河子西乡）和路家房（归属大仓盖镇）4 个村庄，占调查总数的 5.71%。[–eɪ] 主要分布在南部偏东的东泡沙、马家窑、大湾、赵家窑、大慢岭、西深沟、东深沟、姚家营、元台子、贾家营、杨家营、下葛峪（以上归属贾家营镇）、徐家房、左家营、北碱台、土山洼、半坡街、黑山底、顾家营、大堡子、南洋店（以上归属顾家营镇）、小慢岭、后慢岭、赵家营、泥河子（以上归属侯家庙乡）25 个村庄，占调查总数的 35.71%。

二分型读音较为复杂，有 6 种形式：(1)“里”读 [–i]，“犁雷利泪”读 [–eɪ]；(2)“里”读 [–i]，“犁雷利泪”读 [–ɪi]；(3)“犁利泪”读 [–i]，“雷里”读 [–eɪ]；(4)“犁利泪”读 [–i]，“雷里”读 [–ɪi]；(5)“犁里利泪”读 [–i]，“雷”读 [–ɪi]；(6)“犁里泪”读 [–i]，“雷利”读 [–ɪi]。上述形式集中分布在中部 20 个村庄，占调查总数的 28.57%。其中“‘犁里利泪’读 [–i]，‘雷’读 [–ɪi]”和“‘里’读 [–i]，‘犁雷利泪’读 [–ɪi]”最多，为 12 个村庄，占其总分布的 60%。

三分型读音只有一种情况：“里”读 [–i]，“犁雷”读 [–ɪi]，“利泪”读 [–eɪ]，仅分布在东部南湾（归属东望山乡）、姚家沟（归属贾家营镇）2 个村庄，占调查总数的 2.86%。

2.2.2 “2003 少”的情况

从“2003 少”看，“犁利里雷泪”5 个字韵母的读音比“2003 老”复杂，表现在：(1) 其读音类型只有单一型和二分型，但读音形式达 13 种之多；(2) 单一型和二分型两种读音都没有稳定的规模性的分布区域；(3) 单一型读音区域开始萎缩，北部“2003 老”19 个村庄“犁雷里利泪读 [–i]”的分布区域到“2003 少”减少到 10 个村庄，其余 9 个村庄主要分化成了“‘犁利里’读 [–i]，‘雷泪’读 [–ɪi]”“‘犁里利泪’读 [–i]，‘雷’读 [–ɪi]”和“‘犁雷里利’读 [–i]，‘泪’读 [–ɪi]”等形式；“2003 老”4 个村庄“犁雷里利泪”读

[-ɪi] 的分布区域也减少了 50%；东南部“2003 老”25 个村庄“犁雷里利泪”读 [-eɪ] 的分布区域到“2003 少”减少到 13 个，其余主要分化成了“‘犁里利’读 [-i]，‘雷泪’读 [-eɪ]”和“‘犁利’读 [-i]，‘雷里泪’读 [-eɪ]”等形式。以下我们具体描写其分布情况。

单一型读音包括“犁利里雷泪”读 [-i][-ɪi] 或 [-eɪ]3 种形式，均散布在“2003 少”的分布区域中，总数为 25 个村庄，占调查总数的 35.71%。由北部偏西到南部偏东依次为沙滩、陈家房、二台子、沙岭子、屈家庄、北甘庄、梅家营、殷家庄、西望山、周顶屯 10 个村庄读 [-i]，占调查总数的 14.28%。朱家庄、宋家庄 2 个村庄读 [-ɪi]，占调查总数的 2.86%。二台子、小慢岭、大慢岭、东深沟、姚家沟、赵家窑、元台子、贾家营、杨家营、顾家营、大堡子、徐家房、半坡街 13 个村庄读 [-eɪ]，占调查总数的 18.57%。

二分型读音区域开始由中部向南北扩散，已达 45 个村庄，占调查总数的 64.29%。读音形式有 10 种：(1)“犁利里”读 [-i]，“雷泪”读 [-ɪi]；(2)“犁里利泪”读 [-i]，“雷”读 [-ɪi]；(3)“犁雷里利”读 [-i]，“泪”读 [-ɪi]；(4)“犁里”读 [-i]，“雷利泪”读 [-ɪi]；(5)“犁雷里利”读 [-i]，“泪”读 [-eɪ]；(6)“犁里利”读 [-i]，“雷泪”读 [-eɪ]；(7)“犁利”读 [-i]，“雷里泪”读 [-eɪ]；(8)“里利”读 [-i]，“犁雷泪”读 [-eɪ]；(9)“犁”读 [-i]，“雷里利泪”读 [-eɪ]；(10)“利”读 [-i]，“犁雷里泪”读 [-eɪ]。其中分布区域较多的为“‘犁里利’读 [-i]，‘雷泪’读 [-eɪ]”和“‘犁里利泪’读 [-i]，‘雷’读 [-ɪi]”，前者主要分布在南部，后者主要分布在北部。

三　讨论

由上可知，宣化全区域老派蟹止摄来母字韵母的读音呈现的是北部读 [-i]、南部读 [-eɪ] 的地理分布格局。在 9 个区域 70 个村庄中排除中间较宽的过渡地带，“2003 老”依然维持着这种格局。这表明宣化方言蟹止摄来母字韵母的读音在空间分布上并非只有［-ei］一种类型，所以，我们推测宣化方言蟹止摄来母字韵母的读音历史上为空间分布南北各异的单一型格局，即北部读［-i］，南部读［-eɪ］。

那么，为什么在宣化蟹止摄来母字韵母的读音会呈现这样一种地理格局呢？我们认为历史行政区划与语言接触密度当是其中最重要的因素。宣化西北部即今姚家房镇毗邻张家口市，与张家口的历史渊源更深，在明代，这一带曾和张家口一道同属万全卫所辖，长期的历史行政关系使得其方言特征和张家口更趋一致（张家口话蟹止摄来母字韵母读［-i］）。而东北部在历史行政区划上虽然一直归属宣化县，但由于宣化地处坝上南缘，自然环境较差，在 20 世纪 80 年代以前尚很封闭落后，交通也不发达，民间交往还是遵循就近原则，所以宣化东北部与相邻的张家口及河北省崇礼县接触更深。索绪尔（1985：290）曾说过：“凡与另一种土语共有的特征都是交际引起的；凡只属于有关地点的土语的特征，都是由于‘乡土根性’的力量。”布龙菲尔德（1997：410）也认为：“方言土语这样强烈分化的理由显然要到交际密度原理中去寻找。”可见交际密度对语言的影响是很大的。宣化方言蟹止摄来母字韵母的读音出现这样的分布格局也显示出语言的现实分布和现行政区划、历史行政区划以及语言接触密度之间错综复杂的关系。

对比蟹止摄来母字韵母的读音在宣化全区域的分布和在部分区域的分布，我们也会看到语言在空间地理分布上的差异性和复杂性。像“2003 老”在北部［-i］和南部［-eɪ］中间出现的较宽的过渡地带，竟有“犁利读［-i］，雷里泪读［-eɪ］”“里读［-i］，犁雷读［-ɪi］，利泪读［-eɪ］”等 7 种读音形式分布其中，而像“犁利泪读［-i］，雷里读［-eɪ］”又仅分布在戴家窑 1 个村庄，“犁里泪读［-i］，雷利读［-ɪi］”仅分布在蔡家庄 1 个村庄，确实给人一种每个词都有它自己的历史的感觉，语言在其空间过渡地带的复杂性有时远远超出我们的想象。

我们曾经依据调查项目绘制了宣化方言蟹止摄来母字韵母读音的地理分布图，发现从“2003 老”蟹止摄来母字韵母的读音分布中我们还是能够划出一条同言线的，但从“2003 少”蟹止摄来母字韵母读音的空间分布中就无法划定同言线了，其南北两端单一型读音已经发生剧烈变异。可以说“2003 老”分布在 48 个村庄的蟹止摄来母字韵母单一型读音目前受到了“2003 少”的挑战，48 个村庄已经有 23 个（47.91% 的比例）在“2003 少”中发生了分化。从分化方向看，“2003 少”蟹止摄来母字韵母的读音正在向北京官话蟹止摄来母字韵母开口呼字读［-i］、合口呼字读［-ei］的方向靠拢。根据统计结果，70 个村庄中有 15 个村庄（21.42% 的比例）已经完全与北京官话一致，有 22 个村庄（31.42% 的比例）正处于分化状态。二者加起来的比例高达 52.85%。

我们未将所调查的与宣化西北部相接的张家口市郊的 11 个村庄统计在内，但 11 个村庄中，“犁利里雷泪”在“2003 老”中一致读为［-i］，而到“2003 少”则已经有 9 个村庄（高达 81.81% 的比例）发生了分化，其中 6 个村庄分化已经完成。该地区属政治、经济、文化中心城市张家口市核心区域，其剧烈的变异绝非偶然，这使我们进一步相信宣化方言蟹止摄来母字韵母的读音也将会继续向北京官话靠拢，并最终影响宣化方言语音系统。

20 世纪 40 年代末贺登崧、王辅世在对我们现在调查的区域进行调查时曾根据“蝴蝶、蝌蚪、啄木鸟、我”等十几个词语划定了两组同言线束。21 世纪初我们对“2003 老”的调查发现这两组同言线束仅有些微的变动，但对“2003 少”的调查则发现两组同言线束不仅有较大的变动，而且很多词语的同言线已经像蟹止摄来母字韵母的读音一样无法划出来了。那么，为什么“2003 少”蟹止摄来母字韵母读音的空间分布如此“杂乱”，以至于无法划出一条同言线来呢？主要原因恐怕应归于媒体与教育。20 世纪 80 年代以后宣化社会逐渐由封闭走向开放，宣化人的物质生活水平逐年提高，随之而来的业余文化生活也丰富起来，广播电视等媒体使农民的视野开阔了，其下一代人的教育越来越受到重视，儿童从上幼儿园开始就接受普通话教育，中小学生的课堂教学语言也是普通话。久而久之，年轻人的语言习惯必然会与上一代有所不同。可以说，上述“2003 少”的语言正处于激烈的变化状态中。这种状况在今天的方言区恐怕也具有一定的普遍性。

主要参考文献

[美国] 布龙菲尔德（1997）《语言论》，北京：商务印书馆。

曹志耘（2004）地理语言学及其在中国的发展，载《汉语语言学文萃 方言卷》，北京：北京语言大学出版社。

[瑞士] 费尔迪南·德·索绪尔（1985）《普通语言学教程》（高名凯译），北京：商务印书馆。

[瑞典] 高本汉（1995）《中国音韵学研究》，北京：商务印书馆。

郭风岚（2005）宣化方言变异与变化研究，北京语言大学博士学位论文。

贺登崧（2003）《汉语方言地理学》（石汝杰、岩田礼译），上海：上海教育出版社。

侯精一（1999）《现代晋语的研究》，北京：商务印书馆。

侯精一主编（2002）《现代汉语方言概论》，上海：上海教育出版社。

侯精一、温端政主编（1993）《山西方言调查研究报告》，太原：山西高校联合出版社。

李行健（1958）《张家口、张北、宣化人怎样学习普通话》，北京：北京大学油印。

马文忠等（1986）《大同方言志》，北京：语文出版社。

王辅世（1994）《宣化方言地图》，东京：国立亚非语言文化研究所。

邢向东（2002）《神木方言研究》，北京：中华书局。

宣化县地方志编纂委员会编（1993）《宣化县志》，石家庄：河北人民出版社。

中国社会科学院、澳大利亚人文科学院（1987）《中国语言地图集》，香港：香港朗文出版。

河北宣化方言影疑母开口字声母读音分化的微观研究*

提要 宣化方言影疑母开口字声母读音历史上为［ŋ］，目前其读音已经发生分化，分化方向是前化、零声母化，分化形式有单一型、二分型和多分型三种，三种类型在地理分布、年龄分布上并不平衡，分化原因是语言因素和其他相关因素共同作用的结果，其发展方向是零声母化。

关键词 宣化方言 影疑母开口字声母 分化 前化 零声母化

一 引言

宣化位于河北省西北部，本文所称的宣化包括隶属河北省张家口市的宣化区和隶属河北省张家口地区的宣化县两个地理上相连的行政区划，两个行政区历史上曾独立建制，此后不断分分合合。现两个区域总面积为 2433.1 平方千米左右，人口 60 余万。

另外，本文部分描写还涉及今毗邻宣化的张家口市部分村镇。

影疑母开口字声母在北方方言中今读音较为复杂，例如北京官话有［ŋ］［n］［ø］等读音，而且部分地区还存在老派读［n］新派读［ŋ］或［ø］的新老变异。（侯精一，2002）宣化方言归属晋语张呼片，在晋语区，高本汉（1995）曾将 20 世纪 20—30 年代之间太原、大同、归化（今呼和浩特）影

* 本文曾在语言微观分布国际学术研讨会（2007 年 9 月 28—30 日，台北中研院语言学研究所举办）上以“关于河北宣化方言时空分布的研究”为题宣读并被收录论文集中，现略做修改。

疑母开口字声母的读音描写为［ɣ］［n］和［ŋg］。李行健（1958）将20世纪50年代张家口、宣化方言影疑母开口字声母的读音描写为［ŋ］。侯精一等（2002）认为，当代晋语影疑母字声母除［ŋ］［n］［ø］等读音外还同时存在一个［ɣ］声母，如疑母"爱岸袄饿"在上党片陵川今读［ɣ］，在大包片大同今读［n］，在张呼片呼和浩特今读［ŋ］，在邯新片获嘉今读［ø］。

我们在2002—2004年间对宣化方言的调查中发现，影疑母开口字在今宣化方言中均读开口呼，但历史上声母读［ŋ］的单一局面如今已经被打破，其读音正处于激烈的变化中，表现在：不同的小片影疑母开口字声母的读音形式不再一致，同一小片内部同一发音人影疑母开口字声母的读音也开始分化，在不同年龄层中这种分化更趋复杂。

为此，我们首先对宣化全境有关影疑母开口字声母的读音分布情况进行了方言学的调查，发音人为老派；其次，又根据使用频率选取了"饿熬岸袄爱安恩恶"8个影疑母开口字在宣化北部姚家房、城区和赵川3个小片的部分地区以及毗邻宣化的张家口市部分村镇等81个村庄对部分60岁以上的老年人（以下简称"2003老"）和14—15岁左右的少年（以下简称"2003少"）分别进行了地理语言学和社会语言学的调查，总调查人数170余名，发音人均为男性，初中以下文化水平，在当地生活已达三代以上。调查开始先通过诱导法（事先聘请当地人配合调查员工作）用当地话诱导发音人在较自然的语言环境里说出我们需要的变项，然后让发音人念出这8个单字，最后再让其读出由8个单字组成的词语：饿了、熬年年、河岸、岸边、棉袄、爱心、恋爱、平安、安全、恩人、报恩、恶毒。需要说明的是，后一部分的调查仅占我们总调查（该调查主要是为了与贺登崧、王辅世1948年进行的宣化方言地理调查相对比）的一小部分内容，所以选取的例字不多，但对本文的结论没有影响。

二　影疑母开口字声母读音的分化情况

2.1　影疑母开口字声母读音在宣化境内的总体分布情况

根据我们的调查，宣化境内从西到东分布着深井话、姚家房话、城区话和赵川话 4 个方言小片，我们将 4 个小片代表点老派影疑母开口字声母的读音情况列表如下：

表 1　宣化方言影疑母字声母的读音分布例表

例字	4个点读音	深井	姚家房	城区	赵川	例字	4个点读音	深井	姚家房	城区	赵川
疑母字	蛾	ŋ	ŋ	ŋ	ŋ	影母字	挨~近	ŋ	ø	ø	ɲ
	鹅	ŋ	ŋ	ŋ	ŋ		矮	ŋ	ŋ/ø	ø	ɲ
	俄~国	ŋ	ŋ	ŋ	ŋ		隘关~	ŋ	ø	ø	ɲ/ø
	我	ø	ŋ	ø	ø		爊~白菜	ŋ	ŋ	n	ŋ
	饿~了	ŋ	ŋ	ŋ	ŋ		袄棉~	ŋ	ŋ	ø	ŋ
	讹~诈	ŋ	ŋ/ø	ŋ/ø	ŋ/ø		懊~恼	ŋ	ø	ø	ø
	恶可~	ŋ	ŋ	ŋ	ŋ		奥	ø	ø	ø	ø
	碍妨~	ŋ	ø	ø	ɲ		懊~悔	ŋ	ø	ø	ŋ
	艾	ŋ	ø	ø	ɲ		坳山~	—	ø	ø	ø
	崖山~	ŋ	—	ɲ	—		欧~洲	ŋ	ø	ø	ɲ
	捱~打	ŋ	ŋ	n	n		呕~吐	ø	ø	ø	ɲ
	熬~年年	ŋ	ŋ	ø	ŋ		殴~打	ø	ø	ø	ɲ
	傲骄~	ŋ	ŋ	ø	ŋ		沤~了	ŋ	ŋ	ŋ	ɲ
	鳌~子	ŋ	—	ø	ŋ		怄~气	ŋ	ŋ	ŋ/ø	ɲ
	藕	ø	ø	ø	ɲ		庵尼姑~	ŋ	—	ɲ	—
	偶配~	ø	ø	ø	ɲ		揞~住	—	—	ŋ	—
	偶~然	ŋ	ŋ	ø	ø		暗黑~	ŋ	ŋ	ø	ɲ
	岸河~	ŋ	ŋ	n	ɲ		安~全	ŋ	ŋ/ø	n	ɲ
	昂~扬	ŋ	ŋ/ø	ŋ/ø	ŋ		鞍马~	ŋ	ø	ɲ	ɲ
	鄂	ŋ	ŋ	ŋ/ø	ŋ/ø		按~照	ŋ	ŋ	n	ɲ

（续表）

4个点 读音 / 例字		深井	姚家房	城区	赵川	4个点 读音 / 例字		深井	姚家房	城区	赵川
影母字	哀悲~	ŋ	ø	ø	ɲ	影母字	案破~	ŋ	ŋ	n	ɲ
	埃尘~	ŋ	ø	ø	ɲ		恩~人	ŋ	ŋ	n/ø	ŋ
	爱~情	ŋ	ŋ	ø	ɲ		肮~脏	ŋ	ŋ	ŋ	ŋ
	霭和~	ŋ	ø	ø	ɲ		恶善~	ŋ	ŋ	ŋ	ŋ

符号说明：“—”表示发音人无法读出或说出该字的读音；“ŋ/ø”类表示该字有两种读音，读哪一种形式将受交际场合或交际对象的制约。

表 1 显示影疑母开口字声母的读音在地理分布上正处于分化状态，比如，“捱”西部的深井和姚家房读［ŋ］，东部的城区和赵川则读［n］；“案”深井和姚家房读［ŋ］，城区读［n］，赵川则读［ɲ］。同时同一个发音人在影疑母开口字声母的读音上也出现分化，比如赵川发音人，其 45 个影疑母开口字有的读［ŋ］，有的读［ɲ］，有的读［n］，有的读［ø］，还有少数字出现［ŋ/ø］或［ɲ/ø］两读情况。

当然，影疑母开口字声母的读音在宣化方言中的剧烈变化并不是无序的，表面的“乱”中存在着有序的变化，从读音形式看，影疑母开口字声母在西部深井和姚家房有［ŋ］［ø］和［ŋ/ø］3 种形式，在东部城区和赵川则有［ŋ］［ɲ］［n］［ø］［ŋ/ø］［ɲ/ø］［n/ø］7 种形式，4 个小片基本上呈现自西向东读音形式逐渐增多的趋势。从读音比例看，4 个小片读［ŋ］［ɲ］和［ø］最多，其中读［ŋ］最多的是西部的深井，有 40 个字，占其总读音字数的 86.96%；读［ɲ］最多的是东部的赵川，有 21 个，占其总读音字数的 46.67%；读［ø］最多的是东部的城区，有 25 个，占其总读音字数的 52.08%，4 个小片基本上呈现自西向东［ŋ］读音比例下降而前化的［ɲ］和零声母［ø］比例开始增多的趋势。

向普通话靠拢是宣化方言发展的重要方向，在这一方向引导下，宣化方言已经发生了很大变化，如果我们把 50 多年前宣化方言影疑母开口字声母读［ŋ］看成是旧有的读音形式的话，那么，零声母［ø］形式则是其向普通话靠拢的最终结局，在靠拢过程中还伴随着出现前化［ɲ］［n］等的过渡形式，由此导致目前宣化方言影疑母开口字声母读音呈现以下三个特点：（1）尚未发生变化仍保持读［ŋ］；（2）变化完成了，只读零声母［ø］，与普通话读音一致；（3）正处于变化过程中，或其舌位开始前移为［ɲ］［n］，或出现［ŋ/ø］［ɲ/ø］［n/ø］等两读情况。

2.2 8个影疑母开口字声母读音的地理+年龄分布

前边我们谈到影疑母开口字声母的读音目前在宣化全境的分布存在明显的地理差异和个人变异，那么这些差异在空间地理和年龄层级上呈现怎样的分布？其差异状况如何？为了了解这些情况，我们特地选取“饿熬岸袄爱安恩恶”8个影疑母开口字在姚家房、城区和赵川3个方言小片部分村庄进行了其声母读音的地理+年龄分布调查，当我们缩小调查区域，减少调查例字，加入年龄这一变量后，其地理差异和年龄变异也越发明显和清楚。

本部分调查只记录被调查者最常用的读音形式，故这里暂不讨论个人出现个别字会依据交际场合、交际对象等读［ŋ/ø］［ɲ/ø］［n/ø］两读的情况。根据8个影疑母开口字声母读音的地理+年龄分布特点，我们将其读音形式概括为3类9种：（1）单一型，指8个字声母在调查地的“2003老”或“2003少”中只有一种读音形式，即只读［ŋ］或［ø］，我们概括为［ŋ］型或［ø］型。（2）二分型，即8个字声母在调查地的“2003老”或“2003少”中有两种读音形式，我们概括为［ŋ］—［ɲ］型、［ŋ］—［n］型、［ŋ］—［ø］型。（3）多分型，指8个字声母在调查地的“2003老”或“2003少”中有三种以上的读音形式，我们概括为［ŋ］—［ɲ］—［ø］型、［ŋ］—［n］—［ø］型、［ɲ］—［n］—［ø］型和［ŋ］—［ɲ］—［n］—［ø］型。

2.2.1 两个年龄组8个影疑母开口字声母读音的地理分布情况

我们将“2003老”和“2003少”两个年龄组8个影疑母开口字声母的

读音在宣化北部地区 81 个村庄的地理分布情况通过图 1 和图 2 两幅地图显示如下。

8 个影疑母开口字声母（2003 老）的读音

	ŋ	ɲ	n	ø
●	饿熬岸袄爱安恩恶			
○	饿熬岸袄爱恩恶		安	
■	饿熬岸袄恩恶	爱安		
□	饿熬袄恩恶	岸爱安		
△	饿熬岸袄爱恩恶			安

图 1　8 个影疑母开口字声母读音的空间分布（2003 老）

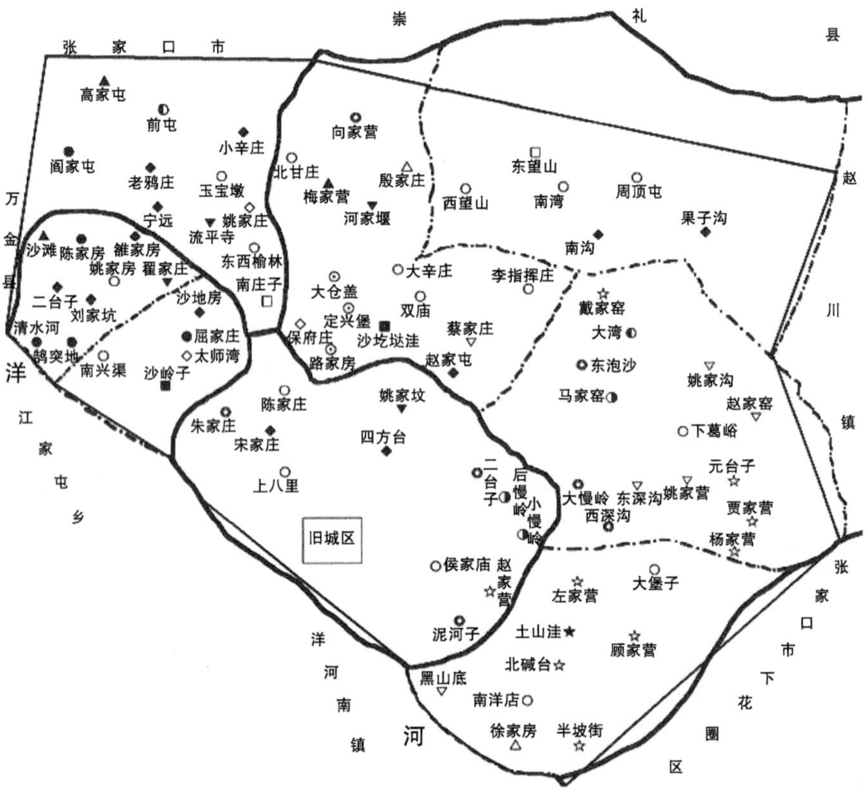

8 个影疑母开口字声母（2003 少）的读音

	ŋ	ɲ	n	ø
●	饿熬岸袄爱安恩恶			
◑				饿熬岸袄爱安恩恶
○	饿熬袄			岸安爱恩恶
◆	饿袄			熬岸爱安恩恶
◇	饿熬袄爱			岸安恩恶
◎	饿袄		熬	岸爱安恩恶
▲	饿熬岸袄爱安恩			恶
■	饿袄恶			熬岸爱安恩
□	恩恶			饿熬岸袄爱安
▼	袄			饿熬岸爱安恩恶
⊙	饿熬岸爱安恩		袄	恶
◑		岸爱安	熬	饿袄恩恶
☆	饿袄	岸爱安	熬	恩恶
★		岸爱安	熬袄	饿恩恶
▽	饿熬袄	岸爱安		恩恶
△	熬袄			饿岸爱安恩恶

图 2　8 个影疑母开口字声母读音的空间分布（2003 少）

图 1 显示，“2003 老”原读形式［ŋ］型主要分布在北部偏西地区，共 36 个村庄，占调查村庄的 44.4%；其余为分化型读音，共 45 个村庄，占调查村庄的 55.6%，已经超过半数，其中［ŋ］—［ɲ］型数量最多，分布在中东部，共 35 个村庄，占分化型读音村庄的 77.8%，其次为［ŋ］—［ø］型，主要分布在西北部 8 个村庄，占分化型读音村庄的 17.8%，最后为［ŋ］—［n］型，偏居西北角 2 个村庄，占分化型读音村庄的 4.4%。从地理分布上看，原读形式呈现自北向南、自西向东递减特点，分化形式则呈现自北向南、自西向东递增的特点。

图 2 显示，“2003 少”原读形式［ŋ］已经大大萎缩，仅分布在西北角 5 个村庄，占调查村庄的 6.2%，其余 76 个村庄（高达 93.8% 的比例）分布的是分化型读音。其中［ŋ］—［ø］型分布数量最多，散布在 43 个村庄，占分化型读音村庄的 56.6%，其次是［ŋ］—［n］—［ø］型，共 10 个村庄，占分化型读音村庄的 13.2%。从地理分布上看，分化型读音形式分布略为集中。

2.2.2　8 个影疑母开口字声母读音类型的年龄分布

从“2003 老”到“2003 少”8 个影疑母开口字声母的读音类型及其分布数量均有较大差异，我们列表对比如下：

表 2　两个年龄组 8 个影疑母开口字声母的读音类型分布比例

读音类型 \ 分布数量与比例	2003 老		2003 少	
	分布数量（人）	百分比（%）	分布数量（人）	百分比（%）
［ŋ］型	36	44.4	5	6.1
［ø］型	0	0.0	2	2.5
［ŋ］—［ɲ］型	35	43.2	0	0.0
［ŋ］—［n］型	2	2.5	0	0.0
［ŋ］—［ø］型	8	9.9	45	55.6
［ŋ］—［ɲ］—［ø］型	0	0.0	6	7.4
［ŋ］—［n］—［ø］型	0	0.0	10	12.3
［ɲ］—［n］—［ø］型	0	0.0	4	4.9
［ŋ］—［ɲ］—［n］—［ø］型	0	0.0	9	11.1
合计	81	100	81	100

表 2 显示，8 个影疑母开口字中，“2003 老”有 55.6% 的比例其声母开始发生前化，“2003 少”向零声母化方向演变的比例则高达 93.8%，且有 2.5% 的比例已经完成了零声母化过程。总体说“2003 少”前化、零声母化的速度快于“2003 老”。

值得注意的是,“2003少”有9个发音人（11.1%的比例）出现［ŋ］—［ɲ］—［n］—［ø］型，虽然在具体字上内部存在差异，但这种差异反映了 8 个影疑母开口字在空间上表现出了［ŋ］→［ɲ］→［n］→［ø］的变化顺序。

就 8 个影疑母开口字来说，“2003 老”和“2003 少”的读音也显示了上述特点，我们将其声母读［ŋ］［ɲ］［n］［ø］的比例列表如下：

表 3　两个年龄组 8 个影疑母开口字声母读［ŋ］［ɲ］［n］［ø］的比例

	饿		熬		岸		袄		爱		安		恩		恶	
	老（%）	少（%）	老（%）	少（%）	老（%）	少（%）	老（%）	少（%）	老（%）	少（%）	老（%）	少（%）	老（%）	少（%）	老（%）	少（%）
ŋ	100	81.5	100	49.4	86.4	13.6	100	85.2	56.8	18.5	44.4	14.8	100	17.3	100	12.3
ɲ	0.0	0.0	0.0	0.0	13.6	23.5	0.0	0.0	43.2	23.5	43.2	23.5	0.0	0.0	0.0	0.0
n	0.0	0.0	0.0	24.7	0.0	0.0	0.0	4.9	0.0	0.0	2.5	0.0	0.0	0.0	0.0	0.0
ø	0.0	18.5	0.0	25.9	0.0	63	0.0	9.9	0.0	58	9.9	61.7	0.0	82.7	0.0	87.7

说明:“2003 老”和“2003 少”各为 81 人。

表 3 显示，“2003 老”8 个影疑母开口字有 5 个字的声母仍维持［ŋ］型读音，2 个字“岸”和“爱”前化到［ɲ］，且前化比例均不到 50%，只有“安”稍复杂些，从［ŋ］到［ɲ］到［n］到［ø］在不同类型中不均衡地分布着，有 43.2% 的比例是从［ŋ］发展到了［ɲ］，2.5% 的比例是从［ŋ］发展到［n］，9.9% 的比例是从［ŋ］直接到［ø］。

“2003 少”8 个影疑母开口字声母都处于比例不同的剧烈的变化状态中，所有的字都发生了或正在发生着零声母化，有 5 个字（约 62.5% 的比例）在零声母化的过程中经过了前化的过程，像“熬”49.4% 读［ŋ］，24.7% 读［n］，

25.9% 读［ø］;“安”14.8% 读［ŋ］，23.5% 读［ɲ］，61.7% 读［ø］;“爱”18.5% 读［ŋ］, 23.5% 读［ɲ］, 58% 读［ø］。没有经过前化的只有“饿”“恩”和“恶”三个字，从三个字的韵母特点看都或为舌面后鼻尾韵或为舌面后元音，从发音机制上说恐怕是这些韵母不易与［ɲ］［n］配合所致。

总之，在 8 个影疑母开口字声母零声母化的发展速度上，“2003 少”要快于“2003 老”，“2003 老”只有一个“安”在零声母化，而“2003 少”8 个字都在零声母化，“恩”“恶”两个字零声母化的比例更是高达 82.7% 和 87.7%，可以说“2003 少”正处于零声母化迅速发展阶段。

三 影疑母开口字声母读音分化的原因

3.1 语言因素

根据影疑母开口字声母在宣化全境的读音情况和在部分地区两个年龄组的读音情况，我们认为影疑母开口字声母在宣化方言中目前正处于分化过程中，分化形式有:（1）直接零声母化，读［ø］;（2）前化，读［ɲ］或［n］;（3）前化与零声母化并存，像“2003 少”［ŋ］—［ɲ］—［ø］型、［ŋ］—［n］—［ø］型、［ɲ］—［n］—［ø］型、［ŋ］—［ɲ］—［n］—［ø］型均属于前化和零声母化并存的情况。

前化和前化与零声母化并存是宣化方言影疑母开口字声母在零声母化发展过程中必然出现的一个阶段，并存是暂时的，零声母化则是其最终归宿。零声母的最终实现路径我们拟测为：

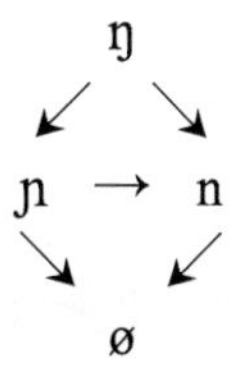

即影疑母开口字声母的零声母化理论上会沿着［ŋ］→［ɲ］→［ø］、［ŋ］→［n］→［ø］和［ŋ］→［ɲ］→［n］→［ø］三条并存的路径发展，当然在实际发展过程中还会受到相关因素的制约与作用而变得复杂起来。

那么，为什么影疑母开口字声母的零声母化没有全部直接到零声母而部分要经过前化后再到零声母呢？

首先，语言的发展变化过程既不是整齐划一的也不会一步到位，而是参差不齐、逐渐发展变化的，影疑母开口字声母的零声母化也符合这一规律。

其次，从音理角度说，“2003 老”前化字率先在主要元音为前元音［a］的“岸爱安”中发生，“2003 少”又扩展到了“熬袄”，从发音原理上说，舌根音［ŋ］与前元音［a］的配合显然比舌面中音［ɲ］和舌尖前音［n］与之配合要费力，发音时稍一松动舌位就有可能会向前滑落，所以为了与前元音协调，声母的发音部位遂开始逐渐前移。也可以说宣化方言影疑母开口字声母前化的发生是其后韵母的元音音值直接作用的结果。而“2003 少”又将此类推到了其变体形式［ɑ］中，使得“熬袄”也开始了前化。

3.2 其他相关因素

人文地理、教育媒体以及宣化人的语言心态对宣化方言影疑母开口字声母的读音维持与分化具有推动作用。前边我们谈到影疑母开口字声母读音在宣化西部以维持原读形式为主，中部、东部以分化形式为主，从地理上说西北部姚家房居民主体是由明代以后万全、张家口等地移民构成的，移民导致姚家房与宣化其他地区方言差别大，历史上姚家房话曾被划归万全方言片中。（王辅世，1994）西部其余地区也是自然环境恶劣，交通极不发达，而宣化中部的宣化城、东部赵川则占有天时地利，是历史上京师北上的必经地，宣化城又是宣化政治、经济、文化中心，所以这一带的开放程度要高于西部，受官话的影响速度和程度也比西部要快和深。

整体看 20 世纪 80 年代以后宣化地区发生了天翻地覆的变化，经济日见活跃，文化生活日益丰富，不同方言间的接触日益频繁。教育在当地受到重视，扫盲率已经达到90%以上，从小学到高中义务教育门类齐全，普通话在该地区日益普及。这些都会给宣化方言的发展变化带来巨大影响。向普通话靠拢成为宣化方言变化的主要方向，从8个影疑母开口字声母读音的分化在“2003老”已经过半数，在“2003少”已高达92.6%就可证明这一点。但同时我们也看到一个新形式的出现与发展在不同地区、不同年龄群中会产生不同的心态，这种心态也会导致新形式在空间地理、年龄、性别等方面的分布不平衡，从我们对“2003老”和“2003少”的问卷及访谈结果看，“2003老”的语言心态基本上是矛盾的、消极的、保守的，在语言选择和语言态度上其乡土根性十分突出，语言归属感强烈，语言忠诚度高，语言宽容度则较低；而“2003少”虽然社会认知能力尚不成熟，但由于从小就掌握了普通话和本地话两种变体，加之他们比祖辈知识水平高，视野开阔，所以他们的语言心态是积极的、开放的、轻松的，他们没有强烈的语言归属感，对本地话的语言忠诚度也不高，所以其影疑母开口呼字声母读音的分化速度比“2003老”快。

主要参考文献

曹志耘（2004）地理语言学及其在中国的发展，载《汉语语言学文萃 方言卷》，北京：北京语言大学出版社。

［瑞典］高本汉（1995）《中国音韵学研究》，北京：商务印书馆。

郭风岚（2007）《宣化方言及其时空变异研究》，北京：语文出版社。

贺登崧（2003）《汉语方言地理学》（石汝杰、岩田礼译），上海：上海教育出版社。

侯精一（1999）《现代晋语的研究》，北京：商务印书馆。

侯精一主编（2002）《现代汉语方言概论》，上海：上海教育出版社。

侯精一、温端政主编（1993）《山西方言调查研究报告》，太原：山西高校联合出版社。

李行健（1958）《张家口、张北、宣化人怎样学习普通话》，北京：北京大学油印。

马文忠等（1986）《大同方言志》，北京：语文出版社。

王辅世（1994）《宣化方言地图》，东京：国立亚非语言文化研究所。

邢向东（2002）《神木方言研究》，北京：中华书局。

宣化区地方志编纂委员会编（1998）《宣化区志》，西安：三秦出版社。

宣化县地方志编纂委员会编（1993）《宣化县志》，石家庄：河北人民出版社。

中国社会科学院、澳大利亚人文科学院（1987）《中国语言地图集》，香港：香港朗文出版。

北京话话语标记“这个”“那个”的社会语言学分析*

提要 本文通过对北京话话语标记“这个”“那个”的使用情况进行的社会语言学统计分析，发现话语标记“这个”“那个”的使用受社会因素及其交互作用影响，使用频率的高低与说话人社会化程度的深浅强弱状态相关，说话人社会化程度处于相对强势状态时以使用“这个”为常，反之多用“那个”。“这个”“那个”的变异凸显了说话人社会化程度深浅强弱的功能，这一功能是指代词指代远近、表心理距离差异的延伸，我们将“这个”看成是强社会化话语标记，“那个”是弱社会化话语标记。

关键词 北京话 话语标记“这个”“那个” 共时变异 社会化 社会语言学

一 引言

汉语指示词“这 –”“那 –”用法的复杂性使其受到学界的高度关注，学者们从其来源（吕叔湘，1964；梅祖麟，1986；叶友文，1988）、语法分布（丁启阵，2003）、语用功能和话语功能（奥田宽，1998；梁敬美，2002）、“这”“那”使用的不对称（徐丹，1988；沈家煊，1999；曹秀玲，2000；毕永峨，2007）、“这”“那”的语法化（方梅，2002）等角度做了诸多研究。

梁敬美（2002）曾详细讨论了汉语现场即席话语中“这 –”“那 –”的语用

---

* 本文原载于《中国语文》2009 年第 5 期。

功能、话语功能和即席功能，并对“这 –”“那 –”的话语功能中的情境用、对比话题、引入话题、转换话题、抢话轮等现象以及即席功能中找词、找话语、填词、口吃、口误、模糊等现象进行了细致描写。

方梅（2002）曾根据北京话指示词“这”“那”的多种用法与功能，专门讨论了“这”“那”在北京话中发生的语法化问题，认为“这”在篇章中已经进一步虚化，产生了定冠词功能，“那”还没有虚化为定冠词。

我们的考察进一步发现，在北京话里，“这个”“那个”是一组高频使用的指示词，口语中除表指代外，还有虚化为话语标记的用法，做话语标记的“这个”“那个”不仅凸显了话语的即席性特点，而且也因相关社会因素的作用而呈现选择差异。本文将依据语料的统计结果对北京话话语标记“这个”“那个”的使用情况进行社会语言学分析。

本文使用的语料为北京语言大学在 20 世纪 80 年代研制的《当代北京口语语料》（文本语料），该语料共 170 万字，收录了 374 人的讲话。被调查者根据性别、年龄、教育程度、职业、民族、居住地等变量进行了随机组合。语料收录的为自然语境下的命题式采访录音，以被调查者个人围绕居住条件、社会治安、婚丧嫁娶、个人经历等话题的即席讲话为主。本文考察了海淀、西城、东城、牛街、天桥 5 个点 312 人话语标记“这个”“那个”的使用情况，涉及语料约 146 万字左右。

二 “这个”“那个”的话语特点

2.1 “这个”“那个”的分布与构成

汉语普通话交际中，“这个”“那个”有虚化为话语标记的用法，北京话“这个”“那个”做话语标记时，“这”“那”一般读作 [tʂei^{51}][nei^{51}]，在话语中还常伴有停顿或拖腔。从分布位置看，以出现在话轮起始处（获得话轮）、话语中间最为常见，个别时候会出现在一个话语语句后或话轮结束处。其构成形式有以下三种。

2.1.1 独体式

独体式是指“这个”“那个”在话语中独立出现，前后不伴随其他标记成分。例如：

（1）我呢，就参加了这个补习班，一面儿工作啊，这个，我就一面儿参加学习。

（2）嗯他是一个转业军人，那个，我们在这方面呢，从认识以后，我就服从少数民族的习惯。

（3）可能，风沙特别大，那个。

2.1.2 重叠式

重叠式主要为“这个”“那个”在话语中重叠出现。例如：

（4）你像看电视啊，和这个这个看报纸啊，是哇，呃，见到的一些。

（5）嗯，这个案例是比较多的，是啊。因为咱们，像最近在广渠门儿那儿，那儿就是撞死了一个那个那个老头儿。

（6）到狼牙山玩儿过，嗯上白洋淀玩儿过。别的地方儿就没去过。一般，挺好的。就是没有像原来就是拍电影儿时候那个那么那个那个那个那么那景色那么美了。

2.1.3 相伴式

相伴式是指“这个”“那个”在话语前后与其他话语标记如语气词等相伴出现，其伴随成分或在“这个”“那个”前，或在其后。例如：

（7）主要就是说缺乏组织性纪律性，嗯，这个，所以在教学上的话呢，受到一定影响，哈。

（8）在解放以后，咱们全都是这个，啊，在党的领导下，都有学习，是不是？

（9）就解放以后呢，嗯，就是那个，嗯上了那么三年学。

2.2 “这个”“那个”的话语功能

“这个”“那个”在自然话语中的最大特点是即席性，往往是说话人边想边说边调整，所以会出现话语不连贯，话语重复，口误等情况，使用话语标记可以有效地连接、调整话语。如：

（10）啊，我坐车，坐车，那个挤得，那个我那外套的扣子都剩一个了。

（11）我居住条件那个不太好，那房子也比较小，嗯，也潮，真的比较潮湿。

（12）现在父母健在，这个，哥儿几个，姐儿几个的都基本上这个，出嫁的出嫁，结婚的结婚了。

（13）所以最后，这个儿童吧合并了那个肾炎，就说肾脏的损伤。还是那个，最后在手术处理后死亡了。

例句（10）（11）通过话语标记“那个”将一句话完整地表述出来。例句（12）第一个“这个”连接的是一段话语，传递的是自己家里的人口构成与变化情况，第二个“这个”连接的是一句话。例句（13）第一个“那个”连接的是一句话，第二个“那个”连接的是一段话语，传递的是话语中谈及的儿童生病、死亡的信息。

北京话话语标记“这个”“那个”在话语中具有话语调整与修正、话题转换等功能，以下予以简要描写。

2.2.1 话语调整与修正

话语不畅时交际者使用“这个”“那个”来调整、修正话语，以寻找合适的表达，或补充、插入相应信息。例如：

（14）除了上班儿吧，还，有时候儿学，那个，什么听听课什么的什么还去学习一下。

（15）所以，我们对这个子女教育呀，子女的这个孩子的学习学习上啊，呃，要求哇是挺严的。

（16）嗯，起来之后，第一件事儿是打开收音机。当然这时候儿呢，那个我就把那个电台那个那个指针呢，收音机指针拨到北京电台，先听听对农村广播，啊。然后呢，那个同时吧，就去坐水，把煤气炉打开，然后坐水。

例句（14）说话人通过“那个”来调整解释“学习”的意思是去听课（而非自学）。例句（15）通过“这个”将书面化的“子女”调整修改为口语化的“孩子”。例句（16）通过“那个”修正“然后”，表明两件事情是同时做而非按先后顺序。

2.2.2 话题转换功能

即交际者借助“这个”“那个”转换话题，话题转换时有的其后伴随转折连词，有的没有。例如：

（17）我的二孩子……自己呢也仍然在和她哥哥呢一起呢补习功课。后来，考上了，清华大学，……所以这个，但是我这四个孩子吧，这个学习情况也不同。

（18）所以说，你说最光荣的，咱们也赶上过。啊，那个主席接见两次。啊，那个，可是最困难的时候儿，你比如上那个河北省救灾，……

（19）这个现在就是新的这个改革似的，哈，我们是试点。那个，从在这个改革之前吧，由于咱们公安局呀，这个，新成分太多了，咱们老的呀，走的走，病的病，哈，有的精力达不到了。

例句（17）话题开始是围绕学习很好的老大、老二，其后通过“这个”伴随连词“但是”转换到谈论学习不好的老三、老四。例句（18）说话人前边讲述的都是遇到的光荣事，其后通过“啊，那个”并伴随连词“可是”转换话题，开始讲述所遇到的最困难的事。例句（17）和（18）话题转换具有较强的对比性。例句（19）说话人则只通过“那个”将话题转换到本单位原来的情况。

三 “这个”“那个”的共时变异

观察语料我们发现，交际者使用不使用话语标记“这个”“那个”，如何使用，使用频率的高低等往往受交际者的性别、职业和年龄等因素的影响，为此我们对语料做了如下统计：首先，统计了被调查者是否使用话语标记“这个”“那个”；其次，排除没有使用者，针对使用者的使用情况设计 2 个项目进行了专项统计，项目 1 包括“只使用了‘这个’”“只使用了‘那个’”和“两个都使用了”三部分内容；项目 2 对项目 1 第三部分“两个都使用了”的内容进一步细化，包括两个都使用时“这个”的使用频率高于“那个”(即“这个 > 那个”)、“那个”的使用频率高于“这个”(即“那个 > 这个”)、“这个”“那个”的使用频率差不多（即“这个 ≈ 那个”）三部分内容。

从被调查者是否使用话语标记“这个”“那个”看，312 位被调查者中有 308 位使用了这些标记，占被调查者总数的 98.72%，只有 4 位（1.28% 的比例）没有使用，可见话语标记“这个”“那个”在当代北京话中的使用还是非常普遍的。

从使用者及其使用情况看，我们将 308 位使用者的使用情况列表如下（详见表 1)，表 1 显示：项目 1 中，使用者“两个都使用了”的比例最高，超过了半数，而单纯“只使用了‘这个’”和“只使用了‘那个’”的比例都不高，两项间的比例差异也不突出，表明“这个”“那个”都是交际者常用的话语标记。项目 2 中，使用者“这个 > 那个”的比例和“那个 > 这个”的比例都比较高，但均未过半数，二者间的数据差距也不大。从表 1 显示出的数据看，交际者并没有表现出更常使用“这个”或者“那个”的倾向，“这个”“那个”的使用频率也没有表现出显著性不对称。

表 1　308 人使用“这个”“那个”的情况

使用情况			人数	百分比（%）
项目 1	只使用了“这个”		44	14.29
	只使用了“那个”		59	19.16
	两个都使用了		205	66.55
	合计		308	100
项目 2	都用时	这个 > 那个	96	46.83
		那个 > 这个	83	40.49
		这个 ≈ 那个	26	12.68
		合计	205	100

但是进一步统计分析却发现这一数字背后隐含着很强的“这个”“那个”使用不对称的信息，使用不使用话语标记，使用哪一个话语标记，其使用频率的高低等不仅与话题的熟悉度、个人言语风格有关，而且与使用者的性别、职业、年龄等社会因素及这些因素间的交互作用相关，且后者的显著性影响不仅使二者具有典型的说话人社会属性标记特征，成为一组标示使用者社会身份所属的话语标记，而且还产生了标示说话人与社会接触距离远近的意义，凸显了说话人社会化程度深浅强弱的功能。

为此，我们专门对《当代北京口语语料》中的性别、年龄、文化水平、职业四个变量与话语标记“这个”“那个”的使用情况进行了统计，结果发现，除文化水平外，其余三个变量都与“这个”“那个”的使用及使用频率相关，其中性别变量包括男性、女性两个取值。职业变量有意义的取值有两个，即学生（包括从初中到大学所有在校生）和非学生（包括所有走入社会的人员，如教师、医生、售票员、警察、个体户、待业青年、家庭主妇等）。年龄变量我们设计了 12 个层级，从 15 岁以下（含 15 岁）到 65 岁之间以 5 岁为间隔，66 岁以上（含 66 岁）不再设间隔。

以下我们分别从性别、年龄、职业三因素及其彼此间的交互作用两个方面分析北京话话语标记“这个”“那个”的共时变异。

3.1 性别、职业、年龄单因素分析

3.1.1 性别因素

我们将男性和女性使用话语标记“这个”“那个”的情况列表如下。

表 2 “这个”“那个”使用的性别分布

分布与比例 如何用			男性		女性	
			人数	百分比（%）	人数	百分比（%）
项目 1	只使用了“这个”		42	29.17	2	1.22
	只使用了“那个”		9	6.25	50	30.49
	两个都使用了		93	64.58	112	68.29
	合计		144	100	164	100
项目 2	都用时	这个 > 那个	71	76.35	25	22.32
		那个 > 这个	12	12.90	71	63.39
		这个 ≈ 那个	10	10.75	16	14.29
		合计	93	100	112	100

表 2 显示，男性和女性在使用话语标记“这个”“那个”中表现出了明显的性别不对称，虽然男性和女性“两个都使用了”的比例最高且均超过了半数，但男性群体内部单纯“只使用了‘那个’”的比例却非常低，仅为 6.25%，而使用“这个”的比例却非常高，不仅有 29.17% 的男性“只使用了‘这个’”，而且在“两个都使用了”中，男性使用“这个”的频率远远高于“那个”，达 76.35%。与此相反，女性群体中单纯“只使用了‘这个’”的比例非常低，仅为 1.22%，而使用“那个”的比例却非常高，不仅有 30.49% 的女性“只使用了‘那个’”，而且在“两个都使用了”中，女性使用“那个”的频率也远远高于“这个”，达 63.39%。由此，我们将“这个”看成是男性常用的话语标记，将“那个”看成是女性常用的话语标记。

3.1.2 职业因素

对职业变量我们曾设计了多个变量值统计，最终发现有意义的变量值只在学生和非学生之间，两个变量值的统计结果详见表 3。

表 3 “这个”“那个”使用的职业分布

如何用 \ 分布与比例			学生		非学生	
			人数	百分比（%）	人数	百分比（%）
项目 1	只用了“这个”		0	0.00	44	15.23
	只用了“那个”		12	63.16	47	16.26
	两个都使用了		7	36.84	198	68.51
	合计		19	100	289	100
项目 2	都用时	这个 > 那个	1	14.29	95	47.98
		那个 > 这个	5	71.42	78	39.39
		这个 ≈ 那个	1	14.29	25	12.63
		合计	7	100	198	100

表 3 显示，学生群体清晰地表现出“那个”是其常用的话语标记，“只使用了‘那个’”和两个都用时“那个 > 这个”的比例都很高，分别达到了 63.16% 和 71.42%。非学生群体在“两个都使用了”中的“这个 > 那个”和“那个 > 这个”间的比例存在一定差距，“这个”的使用比例略高于“那个”。但有一个现象值得注意，项目 1 中“只使用了‘这个’”和“只使用了‘那个’”的比例非常接近，为什么非学生群体会发生这种情况呢？我们断定应该是其他因素的作用干扰了职业变量的数据，如果将相关变量因素综合考量，其变异的复杂性当会是有序的。

3.1.3 年龄因素

我们统计发现，年龄因素并没有表现出传统的老、中、青三个年龄层次，而以 30 岁以下（含 30 岁）和 31 岁以上（含 31 岁）为变异界，其分布情况详见表 4。

表 4 “这个”“那个”使用的年龄分布

如何用 \ 分布与比例			30 岁以下		31 岁以上	
			人数	百分比（%）	人数	百分比（%）
项目 1	只使用了“这个”		8	8.25	36	17.06
	只使用了“那个”		37	38.14	22	10.43
	两个都使用了		52	53.61	153	72.51
	合计		97	100	211	100
项目 2	都用时	这个 > 那个	16	30.77	80	52.29
		那个 > 这个	29	55.77	54	35.29
		这个 ≈ 那个	7	13.46	19	12.42
		合计	52	100	153	100

表 4 显示，30 岁以下（含 30 岁）和 31 岁以上（含 31 岁）者使用话语标记“这个”“那个”也表现出了较为明显的不对称，30 岁以下者“只使用了‘那个’”的比例比较高，两个都用时“那个 > 这个”的比例也高于“这个 > 那个”，说明“那个”是 30 岁以下者常用的话语标记。而 31 岁以上者则表现为“只使用了‘这个’”的比例高于“那个”，两个都用时“这个 > 那个”的比例也高于“那个 > 这个”，说明“这个”是 31 岁以上者常用的话语标记。仔细考察我们也发现，31 岁以上者使用“那个”的比例虽不及“这个”，但使用频率并不低，由此我们进一步推测仍有其他变量在其中起作用。

3.2 性别、职业、年龄三因素交互分析

前边谈到，职业因素中的非学生群体表现出了变异的复杂性，年龄因素中变异又没有体现出老、中、青的分层，而是以 30 岁为界点，那么为什么会出现这些“超常”情况？我们认为，话语标记“这个”“那个”在职业、年龄两个方面显示出来的变异的复杂性说明语言变异不仅表现为单一因素的影响，而且也表现在多种因素的交互作用上，将多种因素交互考量会发现，表面的杂乱无

章仍然是有序的，可以说，变异总是复杂而有序的。本文的考察发现，职业因素和年龄因素是与性别因素交互作用的，将职业因素和年龄因素放到男性和女性两个变量值中来考量，其变异特点与趋势就表现得十分清晰了。

3.2.1 男性

不同年龄层级中的男性“这个”“那个”的使用情况有如下几个特点：第一，“这个”的使用比例与使用频率呈随年龄由低向高而趋高的变化特点，“那个”的使用比例与使用频率则正好相反，呈随年龄由低向高而趋低的变化特点。第二，男性“这个”“那个”使用变化最剧烈的时期在 16—25 岁前后，这一时期“这个”的使用比例与频率迅速攀高，“那个”则快速下降。

那么为什么 16—25 岁区间是“这个”“那个”使用剧烈变化的分水岭呢？我们认为，这一年龄段正是一个人从少年走向成年、由学校走入社会开始不断社会化的阶段，未走入社会的学生与已经进入社会的非学生之间在这一年龄段交叉并发生了碰撞，显然与社会的接触密度成为这一区间男性使用话语标记“这个”“那个”发生剧烈变化的重要因素。

为此，我们引入“社会化”这一概念并对其解释为，一个人出生后由自然人变成了社会人即具备了社会属性，随着个人的成长则开始了社会化进程，社会化是一个社会性个体从小到大与社会不断接触的过程。接触有深有浅，有强有弱，深层的、强势的接触表现在个体从学校毕业步入社会直接参与社会工作直到退休时期，这一时期个体总是处于与社会保持频繁、深度的接触状态，也可以说与社会保持近距离接触状态，我们将这一群体称为强社会化群体。浅层的、弱化的接触则表现为个体尚未步入社会直接参与社会工作或退休后很少甚至不再直接参与社会工作的情况，他们客观上与社会保持了一定的接触距离，也可以说与社会保持远距离接触状态，我们称其为弱社会化群体。

以下我们将弱社会化的学生群体和强社会化的非学生群体在四个不同年龄层级中使用“这个”“那个”的情况通过图示对比一下。

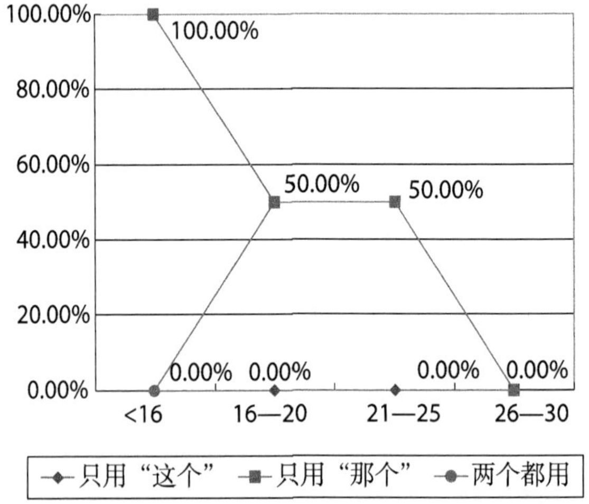

图 1　项目 1 在男性学生 4 个年龄层级中的分布

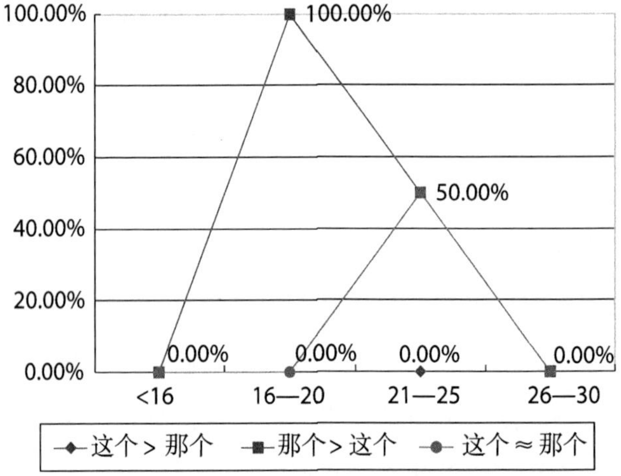

图 2　项目 2 在男性学生 4 个年龄层级中的分布

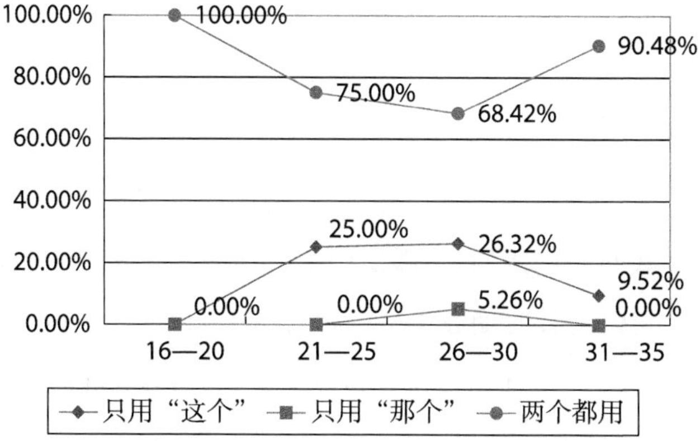

图 3　项目 1 在男性非学生 4 个年龄层级中的分布

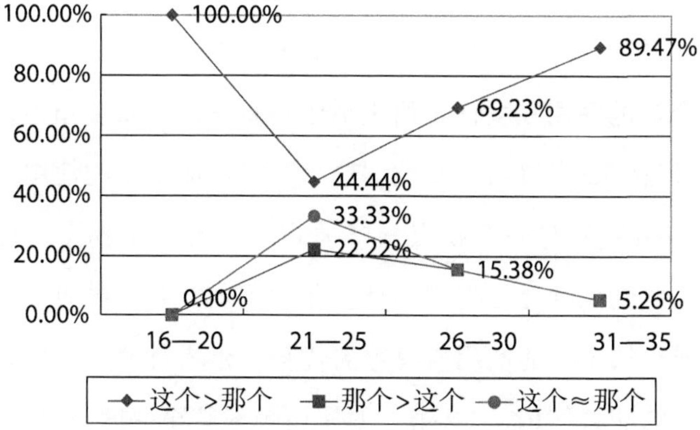

图 4　项目 2 在男性非学生 4 个年龄层级中的分布

图 1 和图 2 显示，男学生中，单纯“只使用了‘那个’”和“那个 > 这个”的比例虽随年龄增长而降低，但总体使用比例和频率仍超过了半数，“只使用了‘这个’”和“这个 > 那个”的比例均为 0。可以说“那个”是 30 岁以下男学生常用的话语标记。图 3 和图 4 显示，男性非学生“只使用了‘那个’”和“那个 > 这个”的比例一直走低，而“只使用了‘这个’”和“这个 > 那个”的比例则曲折走高。可以说“这个”是 16 岁以上男性非学生常用的话语

标记。从图 1 到图 4 我们也看到，男性在从学生到非学生的社会化过程中经历了从常用“那个”到常用“这个”的迅速变化过程。

3.2.2 女性

我们发现，女性从 16 岁开始发生了“只使用了‘那个’”的比例呈随年龄由低向高而趋低的变化，“两个都使用了”的使用比例则表现出了曲折趋高的变化走向，而变化交替时期在 16—30 岁之间，该时期“两个都使用了”的比例快速攀高，“那个”的使用比例则持续下降。女性从 21 岁以后“这个”“那个”的使用频率发生了剧烈变化，“这个 > 那个”从 21 岁以前的 0 状态开始持续曲折走高，到 55 岁以后开始不稳定性走低，而“那个 > 这个”则从极高开始持续走低，到 55 岁以后又开始迅速攀高，且呈不稳定性变化。“这个”使用频率较高时期集中在 41 岁到 55 岁之间即中年时期。

虽然“那个”的使用在女性言语生活中一直扮演着重要角色，使用总频率高于“这个”，但从 25 岁以后，女性“这个”与“那个”的使用频率开始呈不稳定性变化。25 岁左右是一个拐点，55 岁以后又是一个拐点，这两个拐点正是女性从弱社会化到强社会化再由强社会化回到弱社会化的时期，学生时单纯只用“那个”或“那个”的使用占有绝对优势，走入社会工作后则开始了“那个”和“这个”的交替使用，“这个”的使用频率甚至一度超过了“那个”。退休回归家庭后，在保持“那个”和“这个”交替使用的过程中，“那个”的使用又开始回流，使用频率呈曲折上升趋势。当然我们也看到，经历了强社会化过程的女性退休后其弱社会化程度与尚未经历强社会化过程的学生还是有差异的。

以下我们也将弱社会化的学生和强社会化的部分非学生在不同年龄层级中“这个”“那个”的使用情况通过图示对比一下。

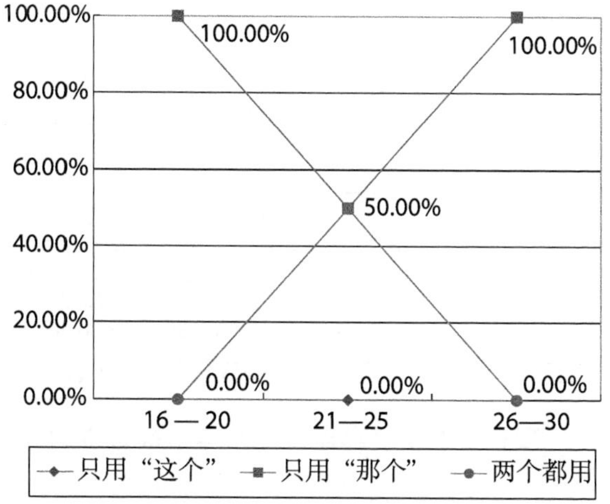

图 5　项目 1 在女性学生 3 个年龄层级中的分布

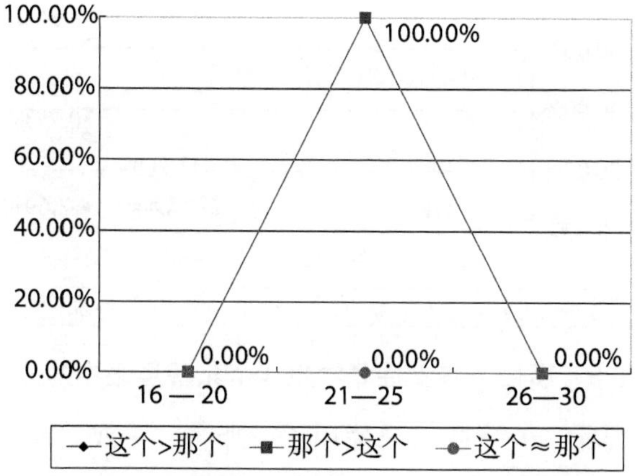

图 6　项目 2 在女性学生 3 个年龄层级中的分布

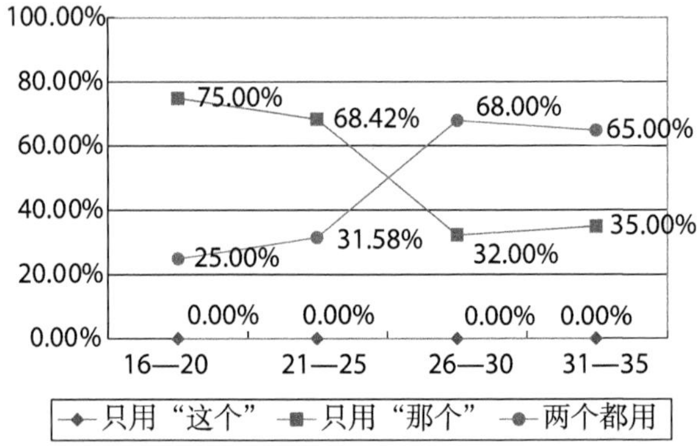

图 7　项目 1 在女性非学生 4 个年龄层级中的分布

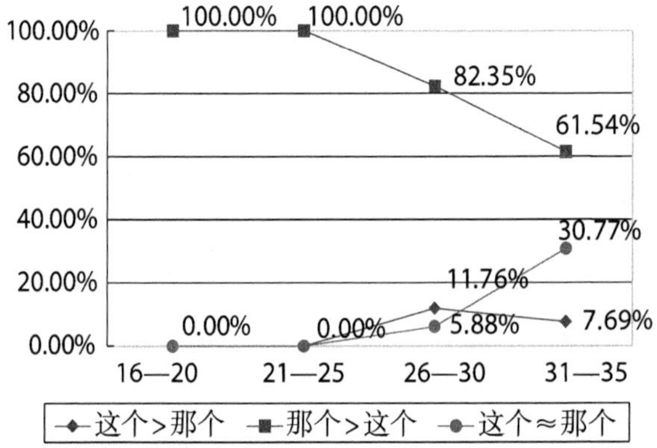

图 8　项目 2 在女性非学生 4 个年龄层级中的分布

图 5 到图 6 显示，女学生“只使用了‘那个’”或“那个 > 这个”占绝对优势，图 7 到图 8 则显示，女性非学生 25 岁以后“只使用了‘那个’”开始下降，“两个都使用了”在迅速上升。

总体说，女性常用的话语标记是“那个”，但和男性一样，女性在从学生到非学生的社会化过程中也经历了从“那个”的使用占绝对优势到“这个”和“那个”两个都用且“这个”的使用频率开始上升，“那个”的使用频率开始下降的变化过程。而某些时候出现的大起大落的情况也印证了社会语言学学者们关于女性语言易变、不稳定的观点。

四 结论

4.1 “这个”“那个”使用的社会化倾向

第一，北京话话语标记“这个”“那个”的共时变异与交际者的性别、职业、年龄三因素以及三者的交互作用相关，其变异是复杂而有序的。

第二，性别、职业、年龄单一因素作用的结果表现为：从性别角度看，“那个”是女性常用的话语标记，“这个”是男性常用的话语标记；“那个”是学生常用的话语标记，非学生使用“这个”的比例略高于“那个”，但尚不能说“这个”就是非学生常用的话语标记；“那个”是30岁以下者常用的话语标记，“这个”则是31岁以上者常用的话语标记。

从性别、职业、年龄三因素交互作用的结果看，“那个”既是女性常用的话语标记，也是30岁以下男学生常用的话语标记；“这个”是16岁以上男性非学生常用的话语标记，也可以说是男性非学生常用的话语标记，女性在进入社会工作期间，“这个”的使用频率也开始曲折上升。

第三，“这个”“那个”变异的复杂性与交际者的社会化程度深浅强弱相关，未进入社会工作前，说话人与社会保持相对远的距离，处于与社会接触频度弱、层次浅的弱社会化状态，此时，“那个”是使用频率较高的话语标记。进入社会工作后，说话人与社会近距离接触，处于与社会接触频度强、层次深的强社会化状态，无论男性还是女性都开始向更多使用“这个”靠拢，女性非学生从25岁以后“这个”的使用频率呈缓慢上升趋势；男性从进入社会工作开始“这个”的使用频率就迅速上升。而退休后，随着社会化程度的减弱，说话人再次处于弱社会化状态，此时，不仅男性“只使用了‘这个’”的频率下降了，女性也呈现了“这个”的使用频率不稳定性下降、“那个”的使用频率不稳定性上升的趋势。为此我们将“这个”看成是强社会化话语标记，将“那个”看成是弱社会化话语标记。

4.2 “这个”“那个”的不对称

徐丹（1988）统计发现，指示代词“这”“那”在使用中是不对称的，“这”的使用频率远远高于“那”，在常用词中“这”位列第10，而“那”则位列第182。方梅（2002）的研究认为，在情境中“这”“那”的使用频率接近，语篇中则更偏重用“这”。毕永峨（2007）统计了“这个”“那个”在台湾口语中的使用频率，结果是“那个”高于“这个”，由“那”构成的“那种”“在那边”等词串也是高频使用。

那么是什么原因导致了“这”与“那”、“这个”与“那个”使用的不对称性呢？徐丹（1988）认为，二者使用频率的不对称来自于“这”的句法作用比“那”大。崔应贤（1997）认为，“这”使用频率高于“那”，是由于“这”是统指整体，“那”是列举局部，使得“这”的所指对象范围大于“那”。方梅（2002）认为，“这”的高频使用不仅在于其具有着意推出新的言谈对象的作用，而且还在于其具有较强的连贯功能和定指化功能。毕永峨（2007）认为主观化在词汇化中扮演的角色导致了台湾口语中“那”词串的高频使用。沈家煊（1999）则从认知语言学角度指出，人类的认知活动是以自我为中心由此及彼地展开，故而近指的“这”在心理上的可及性高于远指的“那”，属于无标记项，远指的“那”则属于有标记项，无标记的意义比有标记的宽，可以包容有标记的意义，由此导致“这”的使用频率比“那”高。

从我们对北京话话语标记“这个”“那个”的共时变异所做的社会语言学的分析结果看，话语标记“这个”“那个”具有表交际者与社会接触距离远近的意义，凸显交际者社会化程度深浅强弱的功能，即“这个”“那个”使用频率的高低与交际者社会化程度的深浅强弱状态相关，交际者社会化程度处于相对强势状态时常使用“这个”，处于相对弱势状态时则常使用“那个”。同时我们认为，“这个”“那个”凸显交际者社会化程度深浅强弱的功能是其指代空间远近、表心理可及性高低等意义与功能的进一步延伸，即由指代远近、表心理距离的可及性高低延伸到做话语标记表交际者与社会接触距离的远近，也即表社会化程度的深浅强弱，这也是我们将“这个”看成是强社会化话语标记，将“那个”看成是弱社会化话语标记的主要依据。

由此进一步认识到，语言内部形态或规律是我们研究的重要方向与目标，而当某些社会因素影响语言要素的共时分布或发展变化时也需要我们深入地探究，两种研究都非常重要。

主要参考文献

奥田宽（1998）汉语的任指性指示词“这”——有关语用学的探讨，《汉语学习》第2期。

毕永峨（2007）远指词“那”词串在台湾口语中的词汇化与习语化，《当代语言学》第2期。

曹秀玲（2000）汉语“这/那”不对称性的语篇考察，《汉语学习》第4期。

崔应贤（1997）“这”比“那”大，《中国语文》第2期。

丁启阵（2003）现代汉语“这”、“那”的语法分布，《世界汉语教学》第2期。

董秀芳（2007）词汇化与话语标记的形成，《世界汉语教学》第1期。

方　梅（2002）指示词“这”和“那”在北京话中的语法化，《中国语文》第4期。

郭风岚（2008）当代北京口语第二人称代词的用法与功能，《语言教学与研究》第3期。

梁敬美（2002）“这-”、“那-”的语用与话语功能研究，中国社会科学院博士学位论文。

吕叔湘（1992）《吕叔湘文集（第三卷）》，北京：商务印书馆。

梅祖麟（1987）唐、五代“这、那”不单用作主语，《中国语文》第3期。

沈家煊（1999）《不对称和标记论》，南昌：江西教育出版社。

沈家煊（2001）语言的“主观性”和“主观化”，《外语教学与研究》第4期。

徐　丹（1988）浅谈这/那的不对称，《中国语文》第2期。

叶友文（1988）“这”的功能嬗变及其他，《语文研究》第1期。

张伯江、方　梅（1996）《汉语功能语法研究》，南昌：江西教育出版社。

Schiffrin, Deborah.（1987）*Discourse Markers*, New York: Cambridge University Press.

汉语日常会话中的言语应对及其性别差异*

提要 本文以录音语料为依据，首先对汉语日常会话中的言语应对形式、分布及功能特点等进行了描写与归纳，言语应对形式包括单纯式和合成式两类三种，其分布有四种，功能主要为表达说话人争取话语权和非争取话语权。其次，对男女两性在日常会话中表现出来的言语应对的复杂性进行了讨论与分析，认为在相关变量，例如年龄、文化程度等均相同的条件下，男女两性在言语应对的使用总频率上的确存在差异，但在言语应对的形式、分布以及功能上二者既有一致性又有差异性。文中从性别角色定势与社会的发展变化两方面解释了其成因。

关键词 汉语 日常会话 言语应对 性别差异

一 引言

日常言语交际中，交际者参与的是一种非正式场合中的聊天式的言语交际活动，因此交际双方如何互动对交际活动的顺利进行具有重要作用。我们在实际生活中发现，汉语日常会话中常常伴随着大量的言语应对信息，这些信息在会话活动中不是可有可无或只是一种点缀，而是对推动话语互动、推动交际顺利进行具有重要作用。

言语应对是日常言语交际中交际者之间经常使用的一种旨在推动交际不断进行的简短的言语形式，有的学者也称"反馈（feedback）"（王得杏，1998）、

* 本文原载于《世界汉语教学》2007 年第 2 期。

“反馈信号”(吴平，2001)以及“应对形式(reactive token)”(徐大明等，1997)等。

言语应对存在于人们的言语交际中，西方学者从其构成特点、性别差异、跨文化角度等进行了富有成效的探索。但汉语的言语应对研究成果目前还不多。为此，本文拟通过录音语料，对汉语会话中的言语应对信息的形式、分布及功能予以详细描写，对年轻人在言语应对方面表现出来的性别差异问题进行分析讨论。希望本文的研究能够对中高级阶段的对外汉语听说课教学有所启示。

为充分考察汉语言语应对在日常言语交际中的特点、意义与作用，我们首先进行了日常会话的语料采集与加工工作，语料采集主要是对 19 名年龄在 21 岁至 24 岁之间的在校大学生和研究生的日常会话进行了现场隐蔽式录音，其中男性 7 人，女性 17 人，共计 9 段会话，有同性间的会话和异性间的会话，会话语言为汉语普通话，会话者彼此间非常熟悉，每次会话人数最少为 2 人最多为 4 人，会话地点为宿舍、食堂和路上，主题未限，录音总时长为 294 分钟左右，其中异性组一对一的会话为 134 分钟，同性组男性之间的会话为 48 分钟，女性之间的会话为 112 分钟。有 7 段录音是在会话者不知道的情况下进行的，其余两段录音会话者也不知录音的目的。其后进行了语料转写，转写符号参见附录。

二　汉语言语应对形式、功能与分布

本文的言语应对不包括具有同样词语形式的说话人和听话人之间的问答式情况，而是指在言语交际活动中，听话人对说话人的话语信息做出的简短的言语应对反应。例如：

（1）女：你有喜欢的明星吗?

男：ng ↗?

女：喜欢的明星。

男：你是说我?

女：ang ↘。

（2）男：复杂的越位你听不懂，

就算了吧。

→女：ang ↘，

我就记得 ×× 那次，

……

男：我就记得手球进了一个球。=

→女：= ang ↘，

特别过分。

例（1）虽然使用了与例（2）一致的语气词，但其语气词是对问话的一种回答，属于问答式，不属于言语应对，我们讨论的言语应对只包括例（2）的形式。

汉语日常会话中言语应对具有高度程式化的特点，表现在：第一，言语应对的参与者是双向的，即一定包括说话人和听话人；第二，言语应对的发出者一定是听话人；第三，言语应对的形式是简短的、有限的；第四，言语应对的分布是有定的；第五，言语应对承载的意义是明确的，即只具附和、呼应等意义。

程式化使得言语应对的形式、分布及其功能很容易捕捉到，以下我们根据录音语料具体描写汉语日常会话中言语应对的形式、分布及其功能特点。

2.1 汉语言语应对的形式

从言语应对的形式看，根据吴平（2001）的研究，言语应对既有由“啊、噢、嗯、ng”等语气词构成的形式，又有由“对、是、就是、没错”等实词或短小的习语等构成的形式，还有由听话人重复说话人简短的话语或话语片断构成的形式（简称“重复语”）。我们根据录音语料将汉语言语应对形式进一步归并为单纯式和合成式两类。

2.1.1 单纯式

由单一一个语气词、实词及习语、重复语构成。例（2）（3）（4）和（5）就分别由一个语气词、实词以及重复语构成。

（3）女 1：他们做房地产开发，=

→女 2：= ang↘。

女 1：就是自己给自己干。

（4）女 3：我八点多给你发的，=

→女 4：= 对呀↘。

女 3：然后又睡着啦。

（5）女：我们俩还去买盘，

我买了《武林外传》。

→男：《武林外传》，-

你那么喜欢看？

2.1.2 合成式

第一种，单纯式形式重叠：由语气词、实词及习语、重复语重叠而成。例（6）是由语气词重叠，例（7）是由实词重叠构成的合成式。第二种，单纯式间的复合：是语气词、实词及习语、重复语之间相互组合而成的形式。例（8）即语气词 + 实词复合而成的合成式。

（6）女 1：一开始是一女的，=

→女 2：= ang↘ ang↘。

女 1：等于把这个 - ［删］删了。

→女 2：［ang↘ ang↘。］

女 1：所以……

（7）男 1：估计售后服务啊什么的都：⎡不行。⎤
　→男 2：　　　　　　　　　　　　⎣对对对对，⎦

都不是很完善。

（8）女：××、××都不再、不再住了。

→男：ang↘对↘，

她们都是北京人。

2.2　汉语言语应对的分布

从言语应对的分布看，可以归纳为四种：

第一种，言语应对在说话人说话时的两个语调句中间，如例（3）（4）的会话和例（6）前半部分的会话，女 2 和女 4 的言语应对表示的是一种关注，不仅没有打断女 1 和女 3 的话语，而且传达了鼓励其继续说话的信息。

第二种，在说话人说话时一个语调句结束处，后接续听话人语调句，如例（2）（5）（8）的会话，听话人通过言语应对在表达肯定、赞同或关注等意义的同时获得了话论。

第三种，在说话人一个语调句未结束中间，其后说话人继续发话，如例（6）后半部分的会话，女 2 的言语应对与女 1 同时发出，但女 2 并不是要打断女 1 的话语获得话轮，而只是表明其对说话者的话语信息非常关注，客观上营造了一种友好的会话气氛。

第四种，在说话人一个语调句未结束中间，其后听话人开始发话，如例（7）的会话，男 2 通过言语应对与男 1 的话语重叠，目的是以友善的开头来争取话论，使得彼此间的会话继续进行。

2.3　汉语言语应对的功能

从功能上看，言语应对主要是通过听话人对说话人话语的应对实现交际者之间的交际互动，因此它具有以下两种功能：

其一，听话人非争取话语权，即听话人仅通过言语应对或表明其收到了说话人的话语信息，或表明其对说话人的话语信息的赞成、肯定、疑问、惊讶、明晓等态度，话轮未发生转换，即说话人继续保持话轮，如例（3）（4）（6）的会话。

其二，听话人争取话语权，即听话人通过言语应对不仅表明其收到了说话人的话语信息，或表明其对说话人的话语信息的赞成、肯定、疑问、惊讶、明晓等态度，而且话轮发生了转换，转换到了听话人一方，听话人最终获得了话轮，如例（2）（5）（7）（8）的会话。

三　言语应对的性别差异

从社会语言学角度说，言语应对是高度程式化的变体形式，那么其内部是否存在性别差异？若存在差异，差异的情况以及差异形成的原因在哪儿？西方学者在这方面做了卓有成效的研究，研究不仅表明两性在言语应对频率、言语应对形式等方面都存在明显的差异，还指出了差异形成的社会原因。中国学者对汉语言语应对及其性别差异也有初步的研究，但结论尚有争议，像吴平（2001：216）曾根据录音材料证实“没有明显的统计数据差异能证明反馈信号与‘性别’之间存在一定的相关性”。韩玉华（2003）通过录音材料则证明言语应对具有较明显的性别差异。

那么，汉语日常会话中言语应对的性别差异是否存在？我们的数据表明，日常会话中在言语应对的使用频率上的确存在性别差异，但在言语应对的形式、分布以及功能上男性和女性既有一致性又有差异性，且一致性和差异性也会受到会话对象性别（同性间或异性间）的影响，以下我们予以具体分析。

由于录音语料时长不等，为方便对比，我们分别截取异性组（男与女）和同性组（男性之间、女性之间）两组三种组合类别时长各 48 分钟，总时长为 144 分钟的会话录音语料作为分析主体，同时以其余 150 分钟录音语料辅助佐证。

3.1　言语应对使用频率上的性别差异

我们对异性组和同性组言语应对的使用频率进行了统计分析，结果如表 1 所示，数据表明：无论是同性组还是异性组，女性使用言语应对的频率都远远高于男性，异性组女性高于男性 26.06%，同性组女性高于男性 27.12%，这似乎表明两性之间的社会距离还是很大的。同时，我们又截取了异性组的 48 分钟语料，结果表明，在男女使用言语应对总频次 200 次中，男性为 68 次，占 34%，女性为 132 次，占 66%，这一数据与我们通过表 1 得到的女性使用言语应对的频率要高于男性的认识是一致的。

表 1　汉语言语应对使用频率的性别差异

会话组别		性别	频次（次）	频率（%）
异性组	男—女	男	78	36.97
		女	133	63.03
同性组	男—男	男	86	36.44
	女—女	女	150	63.56

3.2　言语应对形式上的性别差异

从应对形式看，无论是其结构构成还是用语上，性别差异的表现均不明显，男性和女性更趋于一致。

从结构形式看，男性和女性使用单纯式形式最多（见表 2），均超过 87%，使用合成式形式最低，尤其在异性组会话中更低，女性仅为 2.26%。

表 2　汉语言语应对形式上的性别差异

会话组别		性别	应对形式	频次（次）	比例（%）
异性组	男—女	男	单纯式	71	91.03
			合成式	7	8.97
		女	单纯式	130	97.74
			合成式	3	2.26
同性组	男—男	男	单纯式	76	88.37
			合成式	10	11.63
	女—女	女	单纯式	131	87.33
			合成式	19	12.67

在单纯式中，两个会话组别之间使用什么样的应对形式则有一定差异（见表 3），异性组男性和女性使用语气词的比例均高于同性组的男性和女性，而同性组的男性和女性使用实词及习语的比例则高于异性组，且男性在同性组里使用实词及习语的比例也远远高于其在异性组的比例。

表 3　汉语言语应对形式单纯式的性别差异

会话组别		性别	单纯式	频次（次）	比例（%）
异性组	男—女	男	语气词	59	83.10
			实词类	2	2.82
			重复语	10	14.09
		女	语气词	93	71.54
			实词类	28	21.54
			重复语	9	6.92
同性组	男—男	男	语气词	30	39.47
			实词类	38	50.00
			重复语	8	10.53
	女—女	女	语气词	87	66.41
			实词类	41	31.30
			重复语	3	2.29

那么，男性和女性在两个组别里边单纯式的使用情况如何呢？下面我们将两个组别男性和女性使用单纯式的频次按照由高到低的顺序排列一下：

异性组—男性：语气词→重复语→实词类

女性：语气词→实词类→重复语

同性组—男性：实词类→语气词→重复语

女性：语气词→实词类→重复语

由上可知，女性在异性组和同性组里的表现是一致的，使用语气词的比例最高，使用重复语的比例最低。而男性则很不一致，在异性组里，男性使用语气词的比例最高，甚至高出实词类 80.28%，在同性组里则反之，使用实词类的比例最高，高出语气词 10.53%，那么为什么会出现这种情况呢？我们在对会话者的访谈中发现，男性似乎在同性会话中更在意彼此间传递的信息以做出相应的回应，而女性更注重创造并维持融洽的交际氛围。

两个组别使用合成式的比例均不高（见表 4），总体看女性在两个组别使用合成式的比例高出男性 12.82%。同时有一个现象值得注意，那就是男性和女性在异性组里使用合成式的比例都远远低于同性组。

表 4　汉语言语应对形式合成式的性别差异

会话组别		性别	频次（次）	比例（%）
异性组	男－女	男	7	70.00
		女	3	30.00
同性组	男－男	男	10	34.48
	女－女	女	19	65.52

从具体用语看，在我们的录音语料里除“是吗？”“真的？”“是吧？！”只有女性使用外，其余用语男性和女性不存在差异，只不过女性使用语气词的频率更高些。

3.3　言语应对分布上的性别差异

上文概括了言语应对分布的四种类型，现在将这四种类型分别以 1、2、3、4 来表示看看其性别差异情况。

表 5 显示，无论是同性组还是异性组，男性和女性在言语应对分布上比例最高的都是类型 1 和类型 2。

表 5　汉语言语应对分布上的性别差异

会话组别		性别	分布	频次（次）	比例（%）
异性组	男—女	男	1	36	46.15
			2	39	50.00
			3	2	2.56
			4	1	1.28
		女	1	59	44.36
			2	54	40.60
			3	19	14.29
			4	1	0.75
同性组	男—男	男	1	25	29.07
			2	52	60.47
			3	0	0.00
			4	9	10.47
	女—女	女	1	72	48.00
			2	69	46.00
			3	8	5.33
			4	1	0.67

为方便说明，我们将两个组别男性和女性言语应对分布情况按照由高到低的分布顺序排列如下：

异性组—男性：2 → 1 → 3 → 4

　　　　女性：1 → 2 → 3 → 4

同性组—男性：2 → 1 → 4 → 3

　　　　女性：1 → 2 → 3 → 4

由上可知，女性在同性组和异性组的表现是一致的，而男性并不一致，主要表现在：其一，虽然类型 2 和类型 1 在异性组和同性组里排序一致，但在同性组里类型 2 的分布比例要高于同类异性组，而同性组里类型 1 的分布比例则低于同类异性组。其二，类型 3 和类型 4 在两组中的排序并不一致，在同性组里男性往往以言语应对作为手段通过插话打断说话人话语从而获得发言权。我们认为，两种表现都显示出男性在同性组里使用言语应对更多的是在争取话轮。

3.4　言语应对功能上的性别差异

首先，言语应对在功能上体现出来的组别间的性别差异并不明显（见表 6），但男性在异性会话和同性会话中的应对功能却有较大差异，表现在异性组里听话人获得话轮仅比说话人保持话轮高出 2.56%，而在同性组里则高出 41.86%。可见男性在一对一的异性间会话中礼貌原则得到了较好的保持，而在同性间会话中获取话轮则是更重要的。而女性无论是在异性会话中还是同性会话中都坚持把说话人保持话轮放在首位，虽然女性在同性组的“说话人保持话轮”优先的百分比（6.66%）要低于异性组（17.30%），但让说话人继续话轮在两组的比例均超过了半数，可见礼貌原则对女性言语交际生活的影响是很大的。这也是两性亚文化特点的具体体现。

表 6　汉语言语应对功能上的性别差异 1

会话组别		性别	功能	频次（次）	比例（%）
异性组	男—女	男	说话人保持话轮	38	48.72
			听话人获得话轮	40	51.28
		女	说话人保持话轮	78	58.65
			听话人获得话轮	55	41.35
同性组	男—男	男	说话人保持话轮	25	29.07
			听话人获得话轮	61	70.93
	女—女	女	说话人保持话轮	80	53.33
			听话人获得话轮	70	46.67

其次，从言语应对的具体意义来看，我们将其概括为四种：第一，对说话

人的话语信息表示肯定、支持或赞同；第二，对说话人的话语信息表示疑问、惊讶；第三，对说话人的话语信息表示明白、知晓；第四，对说话人的话语信息表示关注。从统计数据（见表 7）看，男性和女性在同性组和异性组里均有差异，而表肯定类意义均占有较大比例。

表 7　汉语言语应对功能上的性别差异 2

<table>
<tr><th colspan="2">会话组别</th><th>性别</th><th>意义</th><th>频次（次）</th><th>比例（%）</th></tr>
<tr><td rowspan="8">异性组</td><td rowspan="8">男－女</td><td rowspan="4">男</td><td>肯定</td><td>30</td><td>38.46</td></tr>
<tr><td>疑问</td><td>6</td><td>7.69</td></tr>
<tr><td>明晓</td><td>14</td><td>17.95</td></tr>
<tr><td>关注</td><td>28</td><td>35.90</td></tr>
<tr><td rowspan="4">女</td><td>肯定</td><td>34</td><td>25.56</td></tr>
<tr><td>疑问</td><td>18</td><td>15.53</td></tr>
<tr><td>明晓</td><td>24</td><td>18.05</td></tr>
<tr><td>关注</td><td>57</td><td>42.86</td></tr>
<tr><td rowspan="8">同性组</td><td rowspan="4">男－男</td><td rowspan="4">男</td><td>肯定</td><td>47</td><td>54.65</td></tr>
<tr><td>疑问</td><td>18</td><td>20.93</td></tr>
<tr><td>明晓</td><td>4</td><td>4.65</td></tr>
<tr><td>关注</td><td>17</td><td>19.77</td></tr>
<tr><td rowspan="4">女－女</td><td rowspan="4">女</td><td>肯定</td><td>72</td><td>48.00</td></tr>
<tr><td>疑问</td><td>5</td><td>3.33</td></tr>
<tr><td>明晓</td><td>27</td><td>18.00</td></tr>
<tr><td>关注</td><td>46</td><td>30.67</td></tr>
</table>

我们也按照由高到低的顺序将男性和女性言语应对四种意义的使用频次排列如下：

异性组—男性：肯定→关注→明晓→疑问

女性：关注→肯定→明晓→疑问

同性组—男性：肯定→疑问→关注→明晓

女性：肯定→关注→明晓→疑问

上述序列显示，男性和女性在两个组别的表现均不一致，男性在同性组会话中的疑问意义比例高于异性组，分别为 20.93% 和 7.69%，而关注类意义比例则低于异性组，分别为 19.77% 和 35.90%，显示出男性对交际中的对象给予了充分注意，即所谓男女有别。而女性虽然在两个组别的表现不一致，但无论是在异性会话中还是同性会话中都较少疑问、质疑（从录音语料中我们看到疑问类意义中女性大多数情况下是表惊讶），而表肯定和关注是首要的，在异性组和同性组两个组别中达 68.42% 和 78.67%，表明女性是会话的良好推动者，在异性会话中更是一名礼貌的听众。

3.5 综合讨论

在对两组录音语料分析后，我们又对异性组和同性组女性剩余的录音语料进行了统计分析，结果与上述数据仍然一致，据此我们认为，在相关变量例如年龄、文化程度、职业等均一致的条件下，日常会话中男女两性在言语应对上的表现既有一致性又有差异性，且差异性内部又有程度上的不同。

一致性表现在：首先，男性和女性在言语应对的结构形式的使用频次上是一致的，男性和女性均使用单纯式形式最多，使用合成式比例均不高；其次，从言语应对用语看，“ng、ang、an、噢、嗯、啊、对、是”等使用频率高或较高的用语是男女共用的；最后，从异性之间的会话看，男性和女性都较好地运用了礼貌策略，女性更是会话顺利进行的积极推动者。

差异性表现在：首先，女性言语应对在两个组别中的表现一致性大于差异性，反映出女性言语应对的使用是稳定的，受会话对象性别的影响不大；男性则正好相反。其次，在言语应对的使用频率、语气词的使用频率、表肯定和关注意义的频率等方面女性均高于男性；而在类型 2 的分布、听话人获得话轮以及对同性组说话人话语提出质疑等方面，男性均高于女性。最后，从录音语料里我们得到，话题对两性言语应对的使用频率差异还是有影响的，在同性间会话中，女性之间常以生活中的事件或现象为话题，所以其会话风格总体是轻松的、友好的，并时常伴有笑声；男性则不完全如此，一些社会问题、学术问题、技术问题，等等，常成为其会话主题，所以其会话风格有时会严肃有余而轻松不足，也因此质疑对方话语、通过插话打断对方争取话轮等情况时有发生。但不论对哪一类话题，女性采取的常常是积极应对方式，而男性对自己不感兴趣的话题则常常采取消极应对或无应对方式。

那么是什么原因导致男女两性在日常言语交际中出现言语应对的一致性和差异性呢？西方学者在讨论男女两性话语差异时曾有较多理论，像 Trudgill（1983）认为社会对男性与女性有不同的期待与要求，由此导致男女两性具有不同的言语行为。Tannen（2000）从跨文化交际角度解释，认为男女之间的言语交际是一种跨文化交际，男性与女性不同的文化背景形成了两性不同的会话风格。

从我们得到的数据看，导致男女两性在日常言语交际中言语应对的一致性和差异性主要有以下两方面原因：一方面，汉语社会对两性角色也有自己的规约，使得男女两性的确生活在由性别构筑的亚文化圈中，他们从小就开始习得自己的角色文化和语言，女性对自己的言语行为比男性更注意和在意，而男性更注意自己的社会角色、社会地位，所以在日常会话中女性更注意积极创造和维护会话的和谐性，而男性则更多地关心自己话语的权威性。另一方面，男女平等在中国已经倡导了五十余年，女性与男性完全平等的观念早已深入人心，女性的社会地位与男性一样得到社会的普遍认可，彼此尊重使得两性在日常会话中彼此间又都表现出了良好的互动。

四 余论

以上我们对汉语日常会话中言语应对的形式、分布及其功能等进行了较为详细的描写，并对男女两性在同性和异性会话中言语应对的一致性和差异性进行了讨论与分析。我们认为，汉语口语具有丰富的不同于书面语的表达特点，像口误、词语后置、言语修正、插话以及言语应对等现象在口语中大量存在，但从中高级阶段对外汉语教学看，我们的教材也好，听说课教学也好，在日常会话类题材中仍脱离汉语口语实际，使得学生一旦在实际生活中听到这些信息就会出现理解障碍，在跨文化交际中甚至会引起误解，因此适当加入言语应对等方面的内容使学习者在汉语会话的真实语境中能更好地理解和表达这些信息是非常必要的。

主要参考文献

郭颖雯（2002）汉语口语体口语教学语法体系的建立与量化，《汉语学习》第6期。

韩玉华（2003）应对形式与两性会话风格研究，北京语言大学硕士学位论文。

江傲霜（2003）对外汉语高级阶段口语教学浅析，《蒙自师范高等专科学校学报》第4期。

刘小雨（2001）对外汉语口语教学研究综述，《语言教学与研究》第2期。

钱　进（2004）语言性别差异研究综述，《甘肃社会科学》第6期。

王得杏（1988）会话研究的进展，《外语教学与研究》第4期。

吴　平（2000）反馈信号研究综述，《外语与外语教学》第3期。

吴　平（2001）汉语会话中的反馈信号，《当代语言学》第2期。

徐大明、陶红印、谢天蔚（1997）《当代社会语言学》，北京：中国社会科学出版社。

杨永忠（2002）论性别话语模式，《语言教学与研究》第2期。

祝畹瑾（1985）《社会语言学译文集》，北京：北京大学出版社。

祝畹瑾（1992）《社会语言学概论》，长沙：湖南教育出版社。

Tannen（2000）《你误会了我——交谈中的女人和男人》（周红、祝畹瑾译），北京：北京大学出版社。

Clancy, P, Thompson, S., Suzuki, R. & Hongyin, T.（1996）The conversational use of reactive tokens in English, Japanese, and Mandarin, *Journal of Pragmatics*, 26: 355-387.

Trudgill, P.（1983）*Sociolinguistics: An Introduction to Language and Society* (rev. ed.), Harmondsworth: Penguin.

附录：本文例句所用转写符号说明

→	提请注意该处与本文研究的课题内容相关。
=	前一段话语结束和后一段话语开始之间没有间隙。
-	未计时的停顿。
:	前一音节延长。
↗	升调。
↘	降调。
[	话语重叠的起始点。
]	话语重叠的中止点。
……	后面的话省略。
××	隐去人名等不便公开显示的信息。

语言变异：本质、因素与结果*

提要 本文讨论语言变异的本质、影响变异的因素及结果，认为语言变异是言语交际活动中受非语言要素（即外因）和语言要素（即内因）的制约而导致的交际者语言使用上的差异，非语言要素和语言要素在语言变异中所处的位置、所起的作用并不相同。语言变异最终会出现断裂性变异、进行中的变化、完成了的变化三种结果。

关键词 语言变异 语言要素 非语言要素 断裂性变异 进行中的变化 完成了的变化

一 语言变异的本质

自从20世纪中期“有序异质（orderly heterogeneous）”语言理论兴盛以来，语言变异（variation）就成了社会语言学的重要研究对象与单位。本文所讨论的语言变异也是在社会语言学框架下进行的。

语言作为人类最重要的交际工具，它不是一个纯而又纯的自足的同质的有序符号系统，而是因交际者、交际环境等的不同充满了“有序的”变异，可以说语言变异存在于人类言语交际生活中的各个方面，变异无处不在，只要人类言语交际活动存在，语言变异就会发生，所以语言变异也越来越受到语言研究者们的重视。

社会语言学对语言变异的认识更有自己独特的视角，拉波夫（William Labov）

* 本文原载于《语言教学与研究》2006年第5期。

认为，语言变异就是“对同一件事物存在不同的说法”（转引自祝畹瑾，1992：100），拉波夫的这一经典定义被中国社会语言学研究者们做了更加具体的诠释或补充，诸如：语言变异“是指语言运用上的变化和差异，它是通过使用各种不同的语言上的变体表现出来的”（祝畹瑾，1992：7）。语言变异“指的是某个语言项目，在实际使用着的话语中的状况”（陈松岑，1999：48），等等。虽然描述不同，但学者们对语言变异的界定都反映了语言变异的本质特征。

从社会语言学角度看，我们认为人类的言语交际活动处于时间—空间—社群（即社会人群）三维世界中，语言变异即发生在其中，因此，可以说语言变异是言语交际活动中受异质的非语言要素（即外因）和同质的语言要素（即内因）的制约而导致的交际者语言使用上的差异或不同，它具有如下特点：

（1）语言变异是人类言语交际活动中产生的语言上的差异或不同，言语交际与人类社会息息相关，语言变异更会受到交际者的身份（性别、年龄、职业，等等）及其所处的社团环境等因素的制约，它与交际者的性别、年龄、职业等存在共变关系。从这个角度说，语言变异的主体是社群，语言变异是语言的社会性变异。

（2）语言变异归根到底是语言的变异，变异会发生在语音、词汇、语法等语言系统各个单位中，所以语言变异的发生最终将归结于语言本身。语言各变异成分的变异也不是杂乱无章的，而是有规则、有序的，其变异过程在受到社会因素制约的同时也会受到语言自身规律的影响和制约。

（3）语言变异最终导致交际者语言使用上的差异或不同，这种差异最终将会产生如下三种结果：

结果一，语言变异发生在特定的群体比如不同性别、不同年龄、不同阶层中，变异在时间变化流上或呈反复断续出现或在某社群中出现后没有再继续发展，即消失了，其发展方向无法预测，我们将这种变异现象称为断裂性变异。

结果二，在共时状态中发生的语言变异正在使语言事实发生着变化，这种变化将持续下去并最终完成，变化方向与结果是可以预测到的。我们借用拉波夫的说法将这种共时状态中显示出来的语言的历时发展变化轨迹称为进行中的变化（change in progress）。

结果三，语言在不同时期的共时状态中发生的变异最终引起了语言变化，并对语言系统产生了影响，我们称为完成了的变化。完成了的变化是进行中的变化进一步发展的结果，当然从语言发展变化的规律来说完成是相对的，变化是绝对的、永恒的。

二 语言变异因素

联系社会因素揭示语言变异是社会语言学的重要任务和研究特色，语言变异理论也认为语言不是一个能脱离人类社会而独立存在的符号系统，“所以没有一种语言，能不受社会的影响而产生各种各样的变异”（陈松岑，1999：45）。但需要注意的是社会因素并不是引起语言变异的唯一因素，语言变异的各种形式也不仅仅是社会因素单纯作用的结果，同质的语言要素（即语言内部要素）也常常会决定变异的语言样式。因此，如果我们把社会因素看作引起语言变异的异质的非语言要素的话，那么，同质的语言要素对语言变异的影响或制约也是不容忽视的。而语言的变异与变化又常常会与这两个要素同时相关，也可以说是两个要素共同作用的结果。

因此，我们认为语言变异的产生、发展与结果是由异质的非语言要素和同质的语言要素两方面因素构成的，但两个因素在语言变异中所处的位置、所起的作用是不一样的。一般说来同质的语言要素对语言变异的影响或制约主要在语言结构、语言变异的具体存在形式—各变素（variant）上的有序差异方面，同时，同质的语言要素在语言变异过程中并不一定每次都会发生。而异质的非语言要素对语言变异的影响或制约则主要表现在由年龄、性别、阶层等因素构成的交际者语言上的不同或差异上，这种差异对语言变异形式、变异形式的扩散以及可能引发的变化都具有决定性作用，而且从语言变异理论角度说，人类的言语交际活动也是语言变异的生产活动，只要人类言语交际活动中发生语言变异，那么这种变异就一定与异质的非语言要素相关。以下我们通过具体事实来讨论非语言要素和语言要素在语言变异中的表现。

2.1 关于非语言要素

导致语言变异的非语言要素主要由性别、年龄、阶层等社会因素构成，这也是社会语言学研究语言变异的重要理论基础，语言是人类最重要的交际工具，人们随时随地都要使用它完成交际任务，但交际过程又不免要受到交际者年龄、性别、社会阶层等社会因素的制约，因而这些非语言要素对语言的发展变化往往起着至关重要的作用。例如陈淑娟（2001）研究台湾桃源县新屋乡、观音乡大牛栏方言时发现，由于人们对大牛栏方言的负面评价，使得最代表该区域方音特点的韵母 ũi 发生了向优势音 ŋ 靠拢的变化，即大牛栏方言韵母从 ũi 音转为 ŋ 音的变化是由人们的语言态度导致的。

只要有语言变异的发生，就一定会有非语言要素的存在，而许多从语言要素中无法找到依据的变异与变化，也都能在非语言要素中得到很好的证明，犹如“语言本身没有生命，不会扩散；它的扩散完全是由人员的流动造成的，因而需要联系人民的迁徙、社会环境的改变来研究语言扩散”一样（徐通锵，1996：220），所以说联系非语言要素探索语言的变异与变化是社会语言学的工作重点。

2.2 关于语言要素

语言系统中各子系统、各结构之间是相互作用的，一个结构单位变化了往往会引发相关结构单位的变化，并可能最终导致整个系统的变化。语言变异归根到底是语言本身发生的不同或变化，所以在变异过程中有时会因内部条件的制约而导致变异形式的不同。语言内部因素决定了变异的语言样式，我们不能无视同质的语言要素在语言变异与变化中的作用，因为无论结合哪一种因素去解释语言的发展变化，社会语言学的语言变异研究最终还是落脚到语言本身的变异过程与轨迹、变化结果与样式这一根本上。

例如我们 2003 年调查宣化方言时发现（郭风岚，2005），宣化方言早期部分古影疑母开口呼字声母读舌根音［ŋ］，这一特点如今依然保存在晋语大部分地区的老派方言中，但目前影疑母开口呼字声母已经开始快速向前化、零声母化方向发展，其中零声母化在“2003 老”和“2003 少”两个年龄组中都有一种迂回型发展样式，即影疑母开口呼字声母的发展没有从舌根音［ŋ］直接到零声母，而是由舌根音［ŋ］经过前化后再到零声母，从前化到零声母的发展过程很复杂，像“2003 少”基本沿着［ŋ］→［ɲ］→［ø］、［ŋ］→［n］→［ø］和［ŋ］→［ɲ］→［n］→［ø］等路径变化。那么，为什么影疑母开口呼字声母的零声母化没有全部直接到零声母而部分要经过前化后再到零声母呢？仔细观察我们发现这一结果是由语言内部机制语音成分相互调节、相互作用所致，迂回型发展样式主要发生在影疑母开口呼字主要元音都是前元音像“岸爱安”字中，从音理上说舌根音［ŋ］与前元音配合显然要比舌面中音［ɲ］和舌尖前音［n］与之配合费力些，且发音时稍一松动［ŋ］就有可能会向前滑落，所以为了与前元音协调，影疑母开口呼字声母的发音部位遂开始逐渐前移，最终导致古影疑母字声母在共时层面上出现多种变异形式，这些样式显然不是由非语言因素直接造成的。

三　语言变异的结果

上文我们谈到，语言变异是在时间、空间和社群中展开的，因而其变异过程也会受到三个维度的制约，归纳现有的语言变异事实，我们将语言变异的结果概括为三类:（1）断裂性变异;（2）进行中的变化;（3）完成了的变化。以下具体讨论之。

3.1 断裂性变异

断裂性变异是指发生在某一特定群体中的语言变异，这种变异并不会直接对语言系统造成影响，经过一个时期变异可能消失，也可能在某一特定群体中断续出现。

北京女国音现象即属于此类变异，所谓女国音就是北京以女性为代表的群体将舌面前音声母前移发成舌叶音或者舌尖前音的现象。曹志耘（1987）曾详细描述了女国音的历史及其在20世纪80年代中期时的状况，指出：女国音现象产生于20世纪20年代，“二十年代时劈柴女中的学生就有前化现象，当时黎锦熙、钱玄同等先生把这种发音戏称‘劈柴派’”，在20世纪50年代徐世荣先生也谈到“有一部分北京人——特别是妇女，喜欢把j、q、x一律都改念z、c、s”。到20世纪80年代中期，调查显示前化现象集中发生在年龄为42岁以下的女性和部分19岁以下的男性中间，女性前化者远远高于男性，但这种主发于北京青少年女性中的“获得了一种‘娇柔美’的社会评价”的现象却会随着年龄的增加其前化呈递减趋势乃至基本消失，而且也未带来北京话语音系统的变化。可见女国音是断续主发在北京青少年女性群体中的一种语言变异形式，尽管在20世纪20年代就产生了，由于是发于特定群体中并具有特定的社会评价使得这种前化现象历经近80年仍处于变异状态中。

3.2 进行中的变化

进行中的变化是指语言在共时状态中出现的差异或不同已经导致语言事实发生变化或正在发生变化的情况，依据变化事实可以预测其发展变化的方向。

在语言变异过程中进行中的变化最为常见，其典型案例就是拉波夫曾经在20世纪60年代进行的一个社会语言学的经典性调查——美国纽约市百货公司

（r）的社会分层调查和24年后傅乐（Fowler）对拉波夫当年的调查所做的重复性调查。拉波夫当年通过对纽约市高中低三个不同档次百货公司职员发（r）音的情况的调查，得出了（r）发卷舌音的比率高低与发音人所属的社会层次和所处的具体交际环境等相关的若干结论，像社会经济地位越高的阶层，（r）发卷舌音的比率也越高；同时，无论所属哪一社会阶层，越是正规的场合讲话时（r）卷舌的比率也越高。24年后即20世纪80年代，傅乐（Fowler，1986）对拉波夫当年所做的属于显像时间的调查重新做了重复性的真实时间的调查，调查变量、内容、方法、步骤、程序等均严格复制拉波夫当年的调查，傅乐最终得出以下结论：历经24年，纽约市高中低三个档次的百货公司的雇员卷舌音的使用比例增长了，而（r）音的变化仍处在进行中，这一变化何时完成尚未可知。（徐大明、陶红印、谢天蔚，1997：150—151）

又比如我们在2001年到2004年间曾对宣化方言部分语言项目的变异情况进行了调查（郭风岚，2005），并将其与20世纪40年代和50年代学者们的研究结果进行了对比，我们发现绝大部分语言项目都处于进行中的变化状态，以部分遇摄合口来母一等字韵母读音的变异与变化为例，部分遇摄合口来母一等字韵母高本汉（1995）曾拟测其上古音为单元音［o］，中古高化到［u］。现代北京官话也都读为单元音［u］。而现代晋语则多读复元音［əu］，在20世纪50年代遇摄合口来母一等字韵母在宣化仍读复元音［əu］（李行健，1958），但在2003年我们对这一项目的调查中发现其稳定的读音形式开始发生由复元音［əu］向单元音［u］的分化，从空间分布看，部分村庄尚保持复元音读音，但大多数村庄开始发生部分字读复元音［əu］、部分字读单元音［u］的分化。从老少两个年龄层次看，“2003老”和“2003少”在保持复元音和复元音分化的比例上各不相同，“2003老”以保持复元音读音为多，“2003少”则全部发生了分化，在复元音分化速度上“2003少”明显快于“2003老”，像“卢虏路露”读单元音［u］的比例在“2003老”分别占到了19.8%、22.2%、11.1%和1.2%，在“2003少”则达到了97.5%、88.9%、90.1%和66.7%。这样的高比例使得我们可以推断未来宣化方言遇摄合口来母一等字韵母将会发展为单元音［u］。

3.3 完成了的变化

完成了的变化是语言变化事实已经完成，并会对语言系统产生影响。可以说现时的语言事实一方面是历时演变的结果，另一方面也都处于进行中的变化状态，只是前者我们受条件所限很难全部追踪其发展变化是从何种群体中发生的以及其变化的过程与轨迹，等等。

我们现在还没有做过完成了的变化的调查研究，但前边谈到的宣化方言部分语言项目的变异与变化事实经过二十年以后，很多变化应该会完成了，比如宣化方言南北两区分别将蟹止摄来母字韵母读为［eɪ］或［i］，我们称为单一型读音，现在这种分布已经由于教育的普及、媒体的攻势、普通话的深入推广等原因被迅速打破，南北两区关于蟹止摄来母字韵母的读音开始向普通话的读音方式靠拢，像两区有人把"犁利里"读为［i］，"雷泪"读为［eɪ］，与普通话已经完全一致。由此我们预测，未来宣化方言蟹止摄来母字韵母读音单一型格局将会终止，取而代之的是与普通话一致的"犁利里"读［i］、"雷泪"读［eɪ］的分化型格局，而蟹止摄来母字韵母完成从单一型向分化型的转变也势必对宣化方言语音系统产生影响。

四　余论

以上我们从社会语言学角度对语言变异的本质、因素以及变异方向与结果等进行了描写，并由此认为，社会语言学关于语言变异的研究目标或任务主要有三：

第一，通过变异事实的研究解决语言的产生与发展变化问题，即探索语言演变的过程、轨迹与因素，"用现在来解释过去"（徐大明、陶红印、谢天蔚，1997：156）。

第二，通过变异事实的研究解决语言的发展问题，发现正在进行中的变化，通过对其变异过程和原因的探索，预测语言发展变化的结果与方向。

第三，描写变异，对尚未显示出来的变化或不会发生的变化进行分析，挖掘变异背后的多重因素。

主要参考文献

曹志耘（1987）北京话 tɕ 组声母的前化现象，《语言教学与研究》第 3 期。

陈淑娟（2001）桃园大牛栏闽客接触之语音变化与语言转移，台湾大学中国语言文学所博士学位论文。

陈松岑（1999）《语言变异研究》，广州：广东教育出版社。

［瑞典］高本汉（1995）《中国音韵学研究》，北京：商务印书馆。

郭风岚（2005）宣化方言变异与变化研究，北京语言大学博士学位论文。

拉波夫（2000）《拉波夫自选集》，北京：北京语言文化大学出版社。

李行健（1958）《张家口、张北、宣化人怎样学习普通话》，北京：北京大学油印。

徐大明、陶红印、谢天蔚（1997）《当代社会语言学》，北京：中国社会科学出版社。

徐通锵（1996）《历史语言学》，北京：商务印书馆。

祝畹瑾（1985）《社会语言学译文集》，北京：北京大学出版社。

祝畹瑾（1992）《社会语言学概论》，长沙：湖南教育出版社。

语言生活

当代北京口语第二人称代词的用法与功能*

提要 当代北京口语第二人称代词“你”“您”具有实指、虚指和话语标记三种用法，三种用法承载着不同的功能，使得交际者在“你”“您”的选择与使用上也趋于复杂。实指用法的意义是表指代，包括原指、定指和任指三种类型，实指的指代意义承载着人际关系功能，使用“你”还是“您”凸显交际者之间的社会权势、社会距离等诸社会关系；虚指用法是第二人称代词表指代的意义被虚化，其形式具格式化特征，凸显格式的整体意义功能；话语标记用法是第二人称代词表指代的意义被高度虚化，它包括作为独立的话语标记和作为话语标记成分两种类型，具有话轮转换、话语连接和话语调整等功能。

关键词 北京口语 第二人称代词 实指 虚指 话语标记

一 引言

现代汉语普通话第二人称代词单数“你”和“您”的使用与分工源于北京话，现代北京口语中，北京人交际时对表通称的“你”和表尊称的“您”的使用区别是很清楚的（常春，1987），交际中交际者能够自如转换也成了北京话的特色性标志。本文拟以北京语言大学在20世纪80年代研制的《当代北京口语语料》（以下简称“《语料》”）为分析文本，对当代北京口语第二人称代词单数“你”和“您”的用法与功能进行较全面的描写与分析。

《语料》反映的是20世纪80年代的北京口语状况。《语料》的调查源于自

* 本文原载于《语言教学与研究》2008年第3期。

然语境下的命题式采访录音，被调查者根据性别、年龄、教育程度、职业、民族、居住地等变量进行了随机组合，最终共调查了近500人。《语料》共170万字，收录了374人的讲话；谈话话题主要围绕居住条件、社会治安、婚丧嫁娶等命制，谈话语境虽然是在调查者和被试之间进行的，但以被试大段的个人即兴讲述为主。

需要说明的是，本文旨在分析北京城区18岁以上成年人使用“你”“您”的情况，所以排除了《语料》中的卢沟桥一点和城区未满18岁者的总计73份语料，最后统计数据范围为301人，合计142万字。

《语料》显示，当代北京口语“你”“您”在交际中均具有实指、虚指和话语标记三种用法，三种用法承载着不同的功能，使得“你”“您”的选择与使用呈现较为复杂的样态，交际者对“你”“您”的选择意识也不平衡。“你”“您”实指时，使用“你”还是“您”往往凸显交际者之间的社会关系，因而交际者对使用“你”还是“您”的选择意识很强；而“你”“您”为虚指和话语标记时，焦点在话题，使用“你”还是“您”凸显交际者之间的社会关系被淡化，因而交际者对“你”“您”的选择意识并不强。以下我们具体讨论。

二 “你”“您”的实指用法及其功能

2.1 “你”“您”的实指用法

“你”“您”的实指用法是表指代，其指代对象不仅仅是听话人，还可以指说话人或第三者，其指代意义是明确的、实在的。根据《语料》，我们将北京口语“你”“您”表实指的用法概括为原指、定指和任指三种类型。

2.1.1 原指

原指是第二人称代词明确指代交际双方中的听话人，其特点是指代对象确定，一般就是听话人，这也是北京口语第二人称代词的基本用法。例如：

（1）你瞧瞧，现在，咱们在的这屋子，这三间房吧，这都是一些比较老式的。

（2）我们俩倒能有一样好，跟您说，没孩子。

（3）像您这上头提到的还有要谈一谈这个气候什么的。

上述例句中的“你”“您”都明确指代交际双方中的听话人即调查者。

2.1.2 定指

定指是北京口语第二人称代词的扩张用法，与原指一样，其特点也是指代对象确定，但不同于原指的是它并不指代交际双方中的听话人，而是指代说话人话题中涉及的某一对象，其标志是该对象一般在其前出现。例如：

（4）我们坐的车呢，是哪怕差一公尺呢，你觉得不合适，他都使你满足。

（5）他农村的呢，一般就相信咱们售货员吧。您给我们挑什么样儿我们就要什么样儿的。

（6）我这口子他们单位更有绝的，三零三所吧，还月儿月儿没奖金钱，到年底呀，有那么一百来块儿钱，给你那一百多块钱，医药费吧，给四块钱，一年吧，给你这个，这四十来块钱吧。

（7）你瞅我这不，斗大的字儿啊，不认得多少来着，我还不会说。您怎么着，还得催促孩子写作业。

（8）你像我去到安徽到人家里做客去，一进门儿，就先问你吃饭了没有？吃完了，吃完你也得吃。

上述例句中的“你”“您”分别指代“我们”“售货员”“我这口子”和“我”，而非听话人。

2.1.3 任指

任指也是北京口语第二人称代词的扩张用法，与原指和定指不同的是其指代对象被泛化，指代任何与事件相关者。例如：

（9）另外一个这马路上，过去一下雨所谓这道路泥泞啊，这没法儿走。下回雨要像过去现在这雨呀，您一个月也甭想走道，那就老得碴泥，现在您走哪儿都利落的。

（10）完了你要登，登到那个泰山顶儿上，一看那个四，往四外一看，它那个好像你就在那个云里头呆着呢。

（11）外头打听路，办事儿，也要讲究礼节。……你这么说了，人家就接受，那么说了人就生气。

上述例句中的“你”“您”泛指任何相关人员，当然也包括说话人和听话人。

2.2 “你”“您”实指用法的功能

当代北京口语日常交际中“您”的使用频率还是比较高的。《语料》中301人均使用了“你”，其中131人使用了“您”，占总数的43.52%，这131人使用“您”的情况较为复杂，有的是对调查人（北京语言大学教职工，年龄在30岁上下）使用了“您”，有的是在叙述某一事件中对他人使用了“您”，还有的是在叙述某一事件中他人对自己使用了“您”。例如：

（12）单位怎么着，您说？政治学习，政治学习不算太多，我们这单位。

（13）您说旅游啊，就是，是我，我不知道是旅游指旅游啊，啊，旅游。

（14）回去以后，老伴儿也照顾，孩子也照顾。回来说：“爸爸，您洗洗脸，洗洗脚，睡觉吧。赶紧歇着，恐怕明儿回头，啊您坐车又挤又忙，回头再有磕磕碰碰的多，多不好啊！”

（15）那时候儿我母亲死也是，我说，明儿您也是，也烧。……我说您死喽，您也就不知道了。后来她也想开了。

例句（12）和（13）中的“您”指代调查人，例句（14）中的“您”指代父亲（孩子对说话人），例句（15）中的“您”指代母亲（说话人对母亲）。

是否使用“您”、使用“您”的频率与年龄无关，我们将《语料》中的说话人按照 18—35 岁、36—55 岁、56 岁以上划分为老中青三个年龄档，其使用“您”的比例分别为 35.88%、34.35% 和 29.77%，年龄差异并不显著。同时，与性别也不相关，男性和女性使用“您”的比例分别为 48.09% 和 51.91%。但与教育程度相关，我们将教育程度分为初中及以下文化程度、高中和中专、大专及以上三类，使用“您”的比例分别为 54.20%、27.48% 和 18.32%，即选择使用“您”的说话人数量随教育程度的降低而增加，教育程度越低，越倾向于使用“您”。

交际中当代北京口语“你”“您”实指用法的最大功能是凸显人际关系。关于代词的实指用法凸显人际关系的功能，美国学者 R. Brown 和 A. Gilman（1960）曾指出，欧洲语言第二人称单数两个代词“与社会生活中最基本的两大因素—权势和同等关系密切相关”（祝畹瑾，1985：170）。其第二人称单数两个代词具有表权势关系（power）和一致关系（solidarity）、表社会距离（social distance）等社会意义（social meaning）。

陈松岑（1986）曾依据这样一对关系统计了解放前夕到 20 世纪 70 年代末 8 部北京文学剧本中“你”“您”的使用情况，发现现代北京人对“你”“您”的选择使用受到交际者年龄、教育程度、职业、社会距离等诸种社会因素的制约，例如北京成年人使用“您”的频率高于儿童，体力劳动者高于脑力劳动者，等等。

我们的观察显示，当代北京人在日常交际中对第二人称代词“你”和“您”的选择使用也体现出权势关系（power）和一致关系（solidarity）。一般说来，体现一致关系时使用“你”，体现权势关系时长对幼、高对低用“你”，幼对长、低对高用“您”。幼与长着重于年龄，低与高则包括比如下级与上级、位卑与位尊、文化程度低与文化程度高、体力劳动者与脑力劳动者等由社会因素形成的各种显示社会地位差别的情况。

需要注意的是，前边我们说“您”是权势关系代词，一般在幼对长、低对高时用，像上边例句使用“您”（12）（13）是文化程度低对文化程度高，（14）

（15）是晚辈对长辈。但是，当代北京口语中“您”的使用并没有完全遵守这一规则，而出现以下两种偏离规则的情况：

第一种，双方处于一致关系时使用“您”。比如：

（16）您是学生？您是老师。您哪年毕业的？噢，八四年。

（17）实际上，咱们国家这个，反正您那儿，可能不太搞这职工教育。

例句（16）说话者为大学文化、医生、汉族、34岁、女性。例句（17）说话者为大专文化、教师、满族、35岁、男性，二者与调查人处于一致关系中。

第二种，双方处于权势关系时高对低使用“您”。比如：

（18）我这个医生往这儿一坐，……认真检查以后，你没有休息的必要，……你是说什么也不能够从我这儿开走。时间长了，……用假，假这个病假条儿的人哪，他不找你了就。您明白这意思吧？

（19）您知道吧？那会儿礼节比较大。满族的礼节比较大。

例句（18）说话者为大学文化、医生、满族、69岁、男性。例句（19）说话者为大专文化、医生、满族、69岁、男性，二者从年龄上与调查人形成长辈对晚辈的权势关系。

如何解释这种偏离行为？我们认为上述两种情况是在凸显人际关系中加入了礼貌原则，老北京最讲究礼数，这个礼数既表客气、尊重，也体现出交际者彼此间的社会距离。

三　“你”“您”的虚指用法及其功能

“你”“您”的虚指用法是指“你”“您”表指代的实在意义被虚化，凸显的是话语的整体描述意义，这也是当代北京口语第二人称代词的一种扩张性用法。例如：

（20）我呢，跟他嫂子呢也不吵架，就是互相看不上。你看不上我，我看不上你。

（21）你说给小孩儿买身新衣服啊，这倒没什么，这倒可以的，你说给压岁钱，我们老觉得你给我，我给你就浪费。

（22）汽车呢，都就是你挨我我挨你，人那么来回撞。

上述例句中的“你”的分布有一最大特点，即处于“你VP我我VP你”（VP为动词或动词性短语）格式中，“你”并不直接对应某一具体对象，而是强调格式整体表“互相”“彼此”的意义。我们认为“你”“您”虚指用法的主要功能就是充当固化格式中的成分，与格式一起凸显格式的整体意义。

由于“你”“您”的虚指用法凸显话语的整体描述意义，所以其结构很易形成“你 VP 我我 VP 你”格式，我们将其模式化为“A（VP）BB（VP）A”，像现代汉语“你追我赶”“你来我往”等固定结构就是此种用法的进一步凝练。

四　“你”“您”的话语标记用法及其功能

4.1　“你”“您”的话语标记用法

“你”“您”为话语标记（discourse markers），这也是当代北京口语第二人称代词的扩张性用法。

话语标记也称话语标记语，是在语音上停顿、独立于句法结构之外、语义上具有非真值条件、语用上具有连接功能的话语形式。《语料》中的“你”“您”作为话语标记也具有以下特征：

首先，在分布上，“你”“您”作为话语标记一般位于话轮前或话语中，在话语中则处于话语起始处。

其次，在形式上，“你”“您”作为话语标记独立于句法结构之外不充当句法结构成分，在话语中似可有可无，但交际时却是一个非常重要的语用标记。

再次，在语义上，“你”“您”作为话语标记时其表指代的意义已经高度虚化，其真值语义关系在其充任话语标记后变成了非真值语义关系。

最后，“你”“您”作为话语标记，在话语层面上承担了话轮转换、话语连接和话语调整等语用功能。

根据“你”“您”作为话语标记的形式特征，我们将其分为独立的话语标记和话语标记成分两种类型。

4.1.1 独立的话语标记

“你”“您”作为独立的话语标记其表指代的意义已经完全虚化，在句法结构中并不参与其中充当句子构成成分。例如：

（23）你水涨船高，你水多高，他这塔起多高。

（24）后来的商场吧，你就拿物价来说吧，反正有的表面儿上来瞧吧，好像是，好像是什么都涨钱了，这个那个的。

（25）过得不太好，反正。您要说，现在不是说有那什么电器儿，像冰箱啊，什么录音机啊，顶多就有一样儿。

（26）那会儿我们兴请安。对，请安。叫，叫，叫一下儿，你好比吧，叫叫，嗯，二大爷吧，请个安什么的，哎，特别多。

例句（23）到（26）中的“你”“您”在句子形式上属于羡余成分，去掉它们并不影响话语内容，但从口语角度说这一成分却非可有可无，它作为话语标记，在交际中所起到的作用往往是不可替代的。

4.1.2 话语标记成分

“你”“您”作为话语标记成分主要与“说”“瞧”“看”等组合成“你（您）说”“你（您）瞧”“你（您）看”等共同构成一个话语标记，在句法结构中也不参与其中充当句子构成成分。例如：

（27）交通还挺好的。您说除了牛街这儿窄点儿，便道少点儿吧，到了，一到牛街南口那儿哈儿特好。

（28）您瞧我们在急诊室没工作多长时间，但是见的这种病人野蛮病人挺多的。

（29）夏天的感觉吧，我觉得，你看小的时候吧，我觉得这个北京，我觉得到夏天特别不好过，特别热。

例句（27）到（29）中的“您说”“您瞧”“你看”等与独立的话语标记不同，作为话语标记成分，“你”“您”和其后的“说”“瞧”“看”等是黏附在一起不可拆离的。

4.2 “你”“您”的话语标记功能

《语料》属主题性即席讲话，说话人的讲话内容受到限定，但事先并未准备，所以说话人的话语是主题性自然话语。在“你”“您”话语标记的使用频率上我们没做具体统计，但《语料》显示的总体倾向是“你”“您”话语标记的使用频率与性别、年龄无关，与文化程度有关，文化程度低者使用频率高于文化程度高者。

从话语功能上看，“你”“您”作为话语标记主要体现出话轮转换、话语连接、话语调整等功能。

4.2.1 话轮转换

话轮转换是会话中交际者之间出现的轮番说话行为，在日常会话中话轮转换频率是很高的。但由于《语料》记录的是说话人一方的话语，所以发生话轮转换的情况很少，“你”“您”作为话语标记出现在话轮转换中只有下面 1 例：

（30）您瞅我这一天生活，也不知道瞎忙的是什么。

例句（30）是出现在说话者话语开头处，说话者通过“您瞅”获得话轮开始发话。

4.2.2 话语连接

表话语连接也是“你”“您”做话语标记的突出功能，其连接有以下两种：

4.2.2.1 单纯式连接

单纯式连接是“你”“您”标记只起话语前后的衔接、连贯作用，有一定的强调或唤起注意意义。例如：

（31）你水涨船高，你水多高，他这塔起多高。

（32）我们家五个孩子，您说，靠父母吃饭，不可能。

（33）我啊，买了这么一个台球案。您说这人，年轻人，没这个户口就没工作。

例句（31）（32）中的“你”和“您说”只起连接前后话语的作用。例句（33）也是通过“您说”引出买台球案子的原因。

4.2.2.2 引证式连接

引证式连接是通过“你”“您”话语标记引出事实进一步阐明说话人的观点或表明立场，由此推进话语。例如：

（34）再一样儿就北京的这个，搞的这些建设特别乱我觉得。这儿还没施工完呢就得赶紧通车。您瞅那个三百七十五到清华西门儿那边儿，那边儿还没弄完呢，你就让它通车？

（35）他就反正，他就一天到晚地买书。你瞧礼拜日你出去。……干嘛去呀？上图书馆，嗯，那个新华书店，就转悠这个去。

例句（34）用相关路段未修好三百七十五路公共汽车就通车这一事实来作为说话人认为北京搞建设很乱的证明。例句（35）通过连星期天休息都要去新华书店买书来证明“他”喜欢买书的程度。

4.2.3 话语调整

我们说话时常常是边组织、调整语言边说，所以话语产出的流利性会受到限制，这时话语中就会出现话语标记协助调节，使说话人通过话语标记等重新组织好话语继续发话。“你”“您”标记也具有这种功能。例如：

（36）所以说牛街人一般玩儿呀，啧，玩儿的地方儿少。……嗯，嗞，您说反正再说，反正，没法再往下说了。

（37）就是父母呢，年龄现在也大了，哦对一些这个老年性疾病吧，也就表现出来了。从这个，你看这个，起码来讲，就是牙齿吧，有时对吃饭上表现挺突出。

例句（36）是说话人在谈牛街能玩儿的地方少的过程中没有找到相关证据，出现语塞后，通过“您说”等重新组织话语。例句（37）是说话人在谈论健康问题时以自己的父母为例，一开始没有找到相关事实，所以话语产出是不流利的，其后找到了事实，又通过“你看”重新组织话语继续话题。

五　余论

前边我们描写了当代北京口语“你”“您”的三种用法及其功能，有一种现象也引起了我们的注意，就是“你”“您”作为话语标记时《语料》出现了同一说话人在同一段话语中“你”和“您”的相互切换情况。例如：

（38）现在上班时间，你瞧一般都是早上起来八点，比较集中。……您说一，一迟到吧，迟到一次，就得扣好几十分儿。

（39）您瞧我们在急诊室没工作多长时间，但是见的这种病人野蛮病人挺多的。有的人呢，就是成心就是找事儿那种。你像有一个病人啊，他可能，大家我不在……

作为话语标记的“你”和“您”由于其指代意义已经高度虚化，所以使用“你”还是“您”在体现交际者的社会关系上也被极度弱化，我们认为说话人使用“您”一是具有一定的强调或唤起注意的作用，二是老北京情结的无意识流露。

主要参考文献

常　春（1987）人称代词“你、您”的时代特征和规范化，《湖北大学学报（哲学社会科学版）》第 2 期。

陈松岑（1986）北京话“你”“您”使用规律初探，《语文研究》第3期。

董秀芳（2007）词汇化与话语标记的形成，《世界汉语教学》第1期。

方　梅（2000）自然口语中弱化连词的话语标记功能，《中国语文》第5期。

郭　丽（1993）浅论“你”与“您”，《深圳大学学报（人文社会科学版）》第1期。

沈家煊（2001）语言的“主观性”和“主观化”，《外语教学与研究》第4期。

许家金（2004）《语用标记和社会语言学变异》述评，《当代语言学》第3期。

曾立英（2005）“我看”与“你看”的主观化，《汉语学习》第2期。

张爱民（2001）现代汉语第二人称代词人称泛化讨论，《徐州师范大学学报（哲学社会科学版）》第1期。

张伯江、方　梅（1996）《汉语功能语法研究》，南昌：江西教育出版社。

祝畹瑾（1985）《社会语言学译文集》，北京：北京大学出版社。

Brown, Gillian & Yule, George.（1983）*Discourse Analysis*（《话语分析》），罗选民导读，外语教学与研究出版社，2000。

Schiffrin, Deborah.（1987）*Discourse Markers*, New York: Cambridge University Press.

北京话的"您"与京味儿文化*

提要 汉语普通话第二人称代词尊称"您"的用法源于北京话,"您"在北京话中是一个具有明示权势关系、凸显京味儿文化双重意义的尊称代词,交际中不仅使用普遍,使用频率较高,而且显示出鲜明的地域文化特色。本文依据《当代北京口语语料》,在对北京话"您"的用法的描写与分析的基础上,进一步探讨京味儿文化对北京话"您"的使用所产生的影响。

关键词 北京话 您 京味儿文化

具有浓厚京味儿文化色彩的土俗俚语、丰富的儿化韵都是北京话的典型特征,学者们对此进行了深入研究,本文拟讨论同样在北京话中使用普遍、出现频率较高、浸润着浓郁地域文化色彩的第二人称代词尊称——您。

本文使用的语料来自北京语言大学在20世纪80年代研制的《当代北京口语语料》,该语料反映的是20世纪80年代的北京日常口语状况,共170万字,收录了374人的专题性即席讲话。其调查源于自然语境下的命题式采访录音,被调查者根据性别、年龄、教育程度、职业、民族、居住地等变量进行了随机组合;谈话话题主要围绕居住条件、社会治安、婚丧嫁娶等命制,谈话语境虽然是在调查者和被调查者之间进行的,但以被调查者大段的个人即兴讲述为主。本文考察了海淀、西城、东城、牛街、天桥5个点18岁以上成年人使用"您"的情况,统计数据范围为301人(其中男性143人,女性158人),语料合计约142万字。

---

* 本研究得到北京市哲学社会科学"十五"规划项目"当代北京话应用研究"(04BJBW034)的资助。原载于《北京社会科学》2008年第4期。

一

现代汉语普通话第二人称代词单数“你”和“您”分别承担着通称和尊称的功能，据学者们的研究，普通话“你”“您”的分工是吸收北京话的结果。

据考察，汉语方言中“您”的使用主要在官话区，而其作为尊称形式则最早兴起于北京民间交际，像清代后期吴趼人在其《二十年目睹之怪现状》里描写京里、京官等事态众生相时使用的就是地道的北京土语，其中“在72回中作者对北京话中的‘您’有过记述：‘你佇，京师土语，尊称人也。发音时唯用一佇字，你字之音，盖藏而不露者。’在此书中，‘你佇’共出现32例，全部用于单数且已成为纯粹的第二人称尊称形式”（谢俊英，1993：31）。“到了现代，‘您’则从京师土语进入到汉民族普通话中，成为广泛的礼貌用语了。”（赵敏，1995：58）而在现代北京话里仍“用您字（最初作儜）做你的礼貌式”（吕叔湘，1992：36）。

虽然普通话中的“您”源于北京话，但其使用范围并没有北京话那么广，使用频率也没有北京话那么高，北京话“您”的使用因北京地域文化的影响更趋复杂。那么，现代北京话“您”的使用是怎样一种情况呢？

陈松岑（1986）曾统计了《龙须沟》《女店员》《左邻右舍》《小井胡同》等8部用现代北京话写的文学剧本，认为“您”的使用频率表现为成人高于儿童、体力劳动者高于脑力劳动者这样一种倾向，而如何使用“您”则受年龄、职业、交际者关系的远近亲疏、交际的具体语境、交际者的情感态度等多种因素的影响。

周一民（1998）也认为，交际时是否使用“您”要受到年龄、辈分、职位、交际者之间关系的亲疏远近及态度等因素的影响。而对同一个交际对象使用“你”“您”的变化是交际者之间关系变化的反映。

毛悦（2003）统计了《茶馆——第一幕》《侵权之争》《空中小姐》《爱情地铁》等16部反映北京人生活的现当代文学作品，结果表明：16部作品中“您”

的平均使用频率不高，占第二人称代词总使用次数的 13.3%，但出现一种趋势，即反映老北京生活的话剧《茶馆》尊称“您”的使用频率（占第二人称代词总使用次数的 51.6%）要高于反映当代北京年轻人生活的小说《空中小姐》和《爱情地铁》（两部小说“您”的使用频率分别占第二人称代词总使用次数的 1% 和 0%）。如何使用“您”则受到交际者性别、年龄、职业、文化程度、交际者之间的关系、交际场合等因素的影响。

学者们的研究表明北京话“您”是一个使用复杂的尊称代词，那么在当代日常交际中北京话“您”的使用是怎样一种情况呢？为此我们对《当代北京口语语料》301 人使用“您”的情况进行了统计，有几组数据值得关注：

第一，“您”在当代北京口语日常交际中的总使用频率还是较高的，在总数 301 人中有 131 人在谈话中使用到了“您”，占其总数的 43.52%。由于“您”的使用受交际者之间的关系影响较大，所以我们认为实际生活中“您”的使用频率还会高于我们的统计数据。

第二，性别在是否使用“您”上没有差异，即无论男性女性都会使用“您”，且使用频率都比较高。在总计 143 名男性中，谈话中使用了“您”的男性为 63 人，占其总数的 44.06%；在总计 158 名女性中，谈话中使用了“您”的女性为 68 人，占其总数的 43.04%，二者之间没有显著性差异。

第三，年龄与是否使用“您”不相关，即无论是哪一年龄段者都会使用“您”。在使用了“您”的总计 131 名被调查者中，谈话中使用了“您”的老年人为 39 人，占总数的 29.77%；中年人为 45 人，占总数的 34.35%；年轻人为 47 人，占总数的 35.88%。三者之间也没有显著性差异。另外，由于《当代北京口语语料》的调查者为年轻人，所以对数据统计有一定影响，被调查者在“您”的使用频率上并未呈现随年龄递减而降低的情况。

第四，教育程度与是否使用“您”有一定关系，低文化水平者交际中往往会更多地使用“您”，“您”使用的频率高于高文化水平者。在使用了“您”的总计 131 名被调查者中，我们将其教育程度分为初中及以下、高中及中专、大专以上三个层级，结果显示：谈话中使用了“您”的初中及以下文化水平者为71人，占总数的54.20%；高中及中专文化水平者为36人，占总数的27.48%；大专以上文化水平者为24人，占总数的18.32%。三者之间的差异显著，即“您”的使用频率随文化水平的提高而有所降低。

美国学者R. Brown和A. Gilman（1960）曾认为，欧洲第二人称代词中单数表通称和表尊称的两个代词，比如德语的du和Sie、法语的tu和vous等使用上的差异主要在交际者之间的关系上，一般说来，交际者之间处于一致关系（solidarity）时使用通称，而处于权势关系（power）时则使用尊称。（祝畹瑾，1985：170）与此相同，北京话第二人称代词单数尊称“您”的使用也体现这种权势关系，即“您”用于交际者之间构成的幼对长、下对上、卑对尊的权势关系中，但与此不同的是北京话“您”还会在交际者之间处于一致关系中使用，甚至在不表交际者之间关系时也使用。我们认为，这些常态和超常态用法除受交际者关系、交际者的社会身份、交际情境、情感态度等因素的影响外，深层原因当是老北京地域文化作用的结果，可以说，“您”在北京话中是一个具有明示权势关系、凸显北京地域文化——京味儿文化双重意义的尊称代词。

二

排除交际者关系、交际者社会特征、交际情境、情感态度等因素，我们将《当代北京口语语料》中北京话“您”的使用特点归纳为以下三点：

第一，“您”指称交际对象，即在交际过程中交际一方指称另一方，我们概括为对人用。

第二，“您”指称交际者本人，我们概括为对己用。

第三，“您”泛化到指称任何人甚至无所指，我们概括为泛化用。

上述三种用法在交际时还会出现“你”“您”的反复切换等现象，我们认为这些用法与现象既受交际者之间的关系所决定，也与北京地域文化的长期浸润直接相关，以下我们描写三种用法的具体使用情况。

2.1 对人用

北京话“您”用来指称交际对象是其基本用法、常态用法，该用法具有两种功能：功能一表权势关系，功能二表礼貌客气。

2.1.1 表权势关系

表权势关系也是《当代北京口语语料》中出现频率最高的用法，只要彼此因年龄、职业、文化水平等不同而处于幼对长、下对上、卑对尊等构成的权势关系中就会使用“您”。例如：

（1）一般老年人过生日，……像我妈，……大家也都得去。说买东西的，有时候儿呢，嗯，先提前问问哈，看您需要什么呀，是我们是给您提前把东西买好了，还是需要给您买什么。

（2）本来组织上呢，这个，跟我谈了让我接西直门有，有，有个车务段，哎。……我说您就给我调到家门口儿就完了，我还当替班班长。

（3）我们俩倒能有一样好，跟您说，没孩子。

例句（1）中的“您”是晚辈对长辈用，例句（2）是下级对上级用，例句（3）是体力劳动者对脑力劳动者用。

2.1.2 表礼貌客气

表礼貌客气，交际者无论处于何种关系都会使用，这也是北京话“您”的特色性用法。例如：

（4）我们就组织了一个红医站，……我们就到家里去，也不怕麻烦。反正做医务工作的就是这样儿，不能怕麻烦。……嗯到人家以后以后吧，人家特别感谢：“谢谢您，谢谢，我们都给您磕头了！您看要不然我们要去，还得，找车了。”

（5）其实像一些什么，刚才您说那“颠儿”了，什么这，这些好像听得少了。

（6）我来向，向您奉告，我从小儿六岁上学，上小学。

例句（4）交际者为医患关系，患者及其家属对医生使用“您”，表达的是礼貌中充满感激之情。例句（5）交际者为一致关系，说话人与听话人（调查者）在年龄、职业、文化程度等方面是一致的，说话人对听话人使用“您”体现的是礼貌与尊重。例句（6）从年龄上看说话人（65岁）和听话人（30岁左右）处于权势关系中，从职业、受教育程度看，二者又处于一致关系中，说话人对听话人使用“您”，透出的则是老北京式的客气、礼貌。

2.2 对己用

对己用是北京话“您”表指代的超常态用法，据统计，《当代北京口语语料》中“您”对己用的使用者基本为老年人，且以女性居多，指自己时有的一直用“您”，有的则会在“你”“您”间不停切换。例如：

（7）你瞅我这不，斗大的字儿啊，不认得多少来着，我还不会说。您怎么着，还得催促孩子写作业。

（8）就说我，我那往儿结婚那往儿，那礼节，早起您起来叫还得鞠躬。

（9）那往儿，那个选举时候儿，选举投票，一到晚半晌儿，您头天晚上都先通知通知人家，你要这是第二天去了，人家有不在家的呀。

例句（7）和例句（8）中的说话人是两位老年女性，二者用“您”指称自己，其中一位甚至谈到老北京礼俗时特别强调其家族内部不仅幼对长、辈分低对辈分高者要使用“您”，家里一旦来了客人更要称“您”以示礼貌客气。例句（9）中的说话人也是老年女性，其话语中在指称自己时还出现了“您”和“你”的切换。

2.3 泛化用

泛化用也是北京话“您”的超常态用法，这一用法有用于泛指任何人和做话语标记（discourse markers）两种情况。

“您”泛指任何人时仍具指代意义。例如：

（10）另外一个这马路上，过去一下雨所谓这道路泥泞啊，这没法儿走。下回雨要像过去现在这雨呀，您一个月也甭想走道，那就老得碴泥，现在您走哪儿都利落的。

（11）你不信，那谁家要一办事儿您上饭庄子去出份子去，你就就就，哎，十个人十个样，看不出来，看不出来。你不戴这朵花儿啊，您看不出来。

例句（10）（11）中的“您”泛指任何人，当然也包括说话人和听话人，例句（11）在泛指时还出现了“您”和“你”的反复切换情况。

“您”做话语标记则是其表指代的意义已经高度虚化，在话语中突出的是其转换话轮、连接话语、调整话语等功能，“您”可以单独做话语标记，也可以和“看”“说”“瞧”“瞅”等黏合在一起做话语标记，郭风岚（2008）曾对此做过详细描写，这里再简单举例说明：

（12）您像四级升三级吧，长六块。三级升二级就长十块。它这个，这个这个级差越高的话，它这个就说是，这个这钱越差得越多。您要九级跟八级呢，也是五块六块。

（13）作为我们来讲，啧，嗞，你要说过去那会儿，家里头生活条件不那么富裕时候啊，门口儿下棋了。您说现在您说有电视了，或者有什么看看娱乐什么的啧，看看球儿啊，看看文艺节目什么的。

（14）您看我就看电视，我不知别的，别的咱也看不出来。……你看人家汽车上都有，空调，这个半导体，全有。

例句（12）（13）和（14）中的“您”“您说”“您看”都是话语标记，其表指代的意义被高度虚化，例句（12）中的“您”单独做话语标记，表引证事实；例句（13）和（14）中的“您”和“说”“看”黏合起来做话语标记，表话语间的连接与强调。另外值得注意的是，例句（13）和（14）也出现了“你”“您”互相切换的情况，从《当代北京口语语料》中我们发现做话语标记时“你”和“您”、“你说”和“您说”等相互间的切换还是比较频繁的，这一原因我们看成是说话人老北京情结的无意识流露。

三

如前所述，关于北京话第二人称代词尊称“您”的使用情况，以往学者们从交际者关系以及影响选择使用“您”的各种社会因素角度进行了探讨。我们的调查进一步证实了学者们的研究，同时也发现了北京话“您”使用的复杂性，像“您”可以用于一致关系中、对己用、泛指用、用于话语标记中，等等，这种复杂性我们认为是北京地域文化——京味儿文化长期浸润的结果。可以说，“您”在北京话中是一个具有体现权势关系和凸显京味儿文化双重意义的尊称代词。体现权势关系学者们已经有较全面的分析，而京味儿文化对北京话“您”的使用所产生的影响同样是巨大的、不容忽视的，我们认为有进一步阐释的必要。

何谓京味儿？“京味儿不是味儿，是音儿，乃语言之谓也，非味觉之谓也，可是深层的则是社会文化心理和政治文化心理问题。”（焦国标，2000：77）语言与文化息息相关，京味儿文化蕴含着丰富的内容，“您”的如何使用与京味儿文化两个因素直接相关：一为老北京的交际礼俗，北京人称为“礼儿”；二为北京人对生养自己这块土地的特殊情感，即老北京情结。

3.1 “您”的使用与老北京礼俗文化

北京明清以来一直为国家政治、文化中心，老北京人传说北京话的形成与满族入主中原直接相关，作为一个文化落后的半游牧民族，满清统治者进入北京后其家眷老小均住在皇城根儿内，满清统治时期发生的一个最大事件就是满清政府放弃了自己的母语——满语，而规定本朝文武官员上上下下都须学习汉语，由此带来满语与汉语的大融合。融合的结果自然是汉语很快战胜了满语，而满语对北京话也产生了重要影响，像北京话丰富的儿化现象据说就是满语影响的结果，紫禁城的满清统治者意味着权力的至高至大，其下均微不足道，所以具有示小意义的儿化最初都是皇城根儿里的人用来称呼小人物及其相关事物的。

皇城根儿内的尊卑贵贱思想不可避免地影响到皇城根儿外的平民百姓，慢慢地天子脚下的臣民也在民间形成了一套交际规则，即交际中讲究规矩，讲究彼此关系的上下尊卑、亲疏远近。平民百姓虽然没有受教育的机会，但“您”首先出现在民间交际中恐怕就是这种观念的反映与强化。久而久之随着社会的发展变化，这一最初体现交际者权势关系的“您”则成了老北京地域文化的一部分，即“您”不仅体现了交际者之间的权势关系，而且扩展了其内涵和外延，表礼貌、尊敬与客气，甚至成了标志个人归属地的象征性符号。

北京人自己也认为老北京是最讲究礼数的，接人待客要有礼，见面打招呼要有礼，所谓礼多人不怪。幼对长、下对上、卑对尊要使用“您”，而街坊邻居间见面打招呼也必称“您”以示礼貌客气。在《当代北京口语语料》里，年长的老北京人对“您”所体现的礼貌客气是非常认同和怀念的，且特别强调长幼有序。

3.2 “您”的使用与老北京情结

焦国标（2000）在剖析北京作家的京味儿心态时曾写到：“土生土长的北京作家乐写乐道在哪条胡同生，对哪个小吃神往，除了客观信息，还有一层意思，即告诉读者、告诉其他作家，他是北京作家，他不是外地作家，也不是外地后来的北京作家。半道来京的作家说哪年来京、已经多少年，除了客观信息，还有一层心意，他来京了，他现在身在北京。这些意思和心意又有什么‘所指呢’？他生来就是皇都子民或他已经是皇都子民了。”并认为这种心态是一种帝都崇拜或帝都优越感。

任何人对养育自己的土地都会怀有特殊的情感，而北京人对作为国家政治文化中心的北京恐怕感情尤其强烈。前面我们谈到作为首都北京自明清以来一直是国家政治心脏、文化中心，在国家发展建设中具有特殊地位，这种特殊性当然也会惠及当地百姓，所谓近水楼台先得月，北京人庆幸并自豪自己生长在首善之区，生于斯长于斯，久而久之自然会形成一种地域优越感，并通过生活的各个方面得以强化，最终形成了具有首都特色的京味儿文化。北京人从小就熏染于京味儿文化中，自然而然会形成一种情结。“您”在表交际者关系时使用，在不表交际者关系时也使用，表权势关系时使用，不表权势关系时也使用，这些都是老北京情结或京味儿文化情结的具体体现。

随着时代的发展，京味儿文化也开始受到挑战，许多老北京津津乐道并恪守的传统已经在新北京人中间发生变异，我们预测，作为中国的首善之区，作为各方人才汇聚的现代大都市，北京话“您”的使用也将会出现频率下降的趋势。

主要参考文献

常　春（1987）人称代词“你、您”的时代特征和规范化，《湖北大学学报（哲学社会科学版）》第2期。

陈松岑（1986）北京话“你”“您”使用规律初探，《语文研究》第3期。

郭风岚（2008）当代北京口语第二人称代词的用法与功能，《语言教学与研究》第3期。

郭　丽（1993）浅论“你”与“您”，《深圳大学学报（人文社会科学版）》第1期。

焦国标（2000）京味儿现象：一种群体自恋，《北京文学》第6期。

吕叔湘（1992）《吕叔湘文集》，北京：商务印书馆。

毛　悦（2003）影响汉语第二人称代词使用的社会文化因素，北京语言大学硕士学位论文。

谢俊英（1993）汉语人称代词“您”的变异研究，《语文研究》第 4 期。

张爱民（2001）现代汉语第二人称代词人称泛化讨论，《徐州师范大学学报（哲学社会科学版）》第 1 期。

赵　敏（1995）从“您”的历史轨迹看“您们”的使用，《广西师院学报（哲学社会科学版）》第 1 期。

周一民（1998）《北京口语语法（词法卷）》，北京：语文出版社。

祝畹瑾（1985）《社会语言学译文集》，北京：北京大学出版社。

Brown, Gillian & Yule, George.（1983）*Discourse Analysis*（《话语分析》），罗选民导读，外语教学与研究出版社，2000。

Schiffrin, Deborah.（1987）*Discourse Markers*, New York: Cambridge University Press.

北京市城区地名标识语标写存在的问题及规制途径*

提要 地名标识语是城市形象的窗口，其标写既要实用，又要科学规范，符合国际标准与国家标准。作为城市景观的重要组成部分，北京城区地名标识语标写目前有待进一步标准化、规范化。本文根据实地考察与对部分外国人的调查与访谈，提出北京城区地名标识语标写应坚持分级分层分类管理原则，并依此设计两种标写文本格式，即“汉字＋全拼写”和“汉字＋全拼写＋括注英释”。其中，“汉字＋全拼写”为标准格式，用于标写所有地名标识语；“汉字＋全拼写＋括注英释”为标准补充格式，主要用于部分地点类标识语标写，方便外国游人。

关键词 北京城区 地名标识语 标写 标准格式 标准补充格式

以语言文字符号为重要载体的城市地名标识语是城市管理的重要内容之一，作为城市景观的重要组成部分，地名标识语主要用于标示地理位置及方向，其功能是准确地为需求者提供所需空间位置信息。由于置于公共场所，地名标识语不仅具有实用功能，也是体现地区形象乃至国家形象的文化符号，在某些情况下，更是体现国家政策、国家语言政策的风向标，因此，需要科学规范地标写。

作为首善之区和国际化大都市，北京地名标识语的标写对内具有示范、引领作用，对外是体现国家形象的重要窗口，但我们在对城区部分街巷道路类和公共交通类地名标识语进行实地考察和调查时发现，标识语标写不统一、不规范、不实用等问题较为突出，希望引起重视。

* 北京市社会科学基金项目（12WYB005），原载于《城市问题》2015 年第 6 期。

一　北京地名标识语标写特点

地名是指自然地理实体名称、行政区划名称、居民地名称、各专业部门使用的具有地名意义的台、站、港、场等名称。地名标识语主要以标牌为载体，标示地名的地理位置及方向，人们通过它可以准确地获取所需空间位置信息。

本文主要考察记录了北京原东城区和西城区 1827 个地名标识语，主要为街巷道路类标识语和公共交通类标识语两类，街巷道路类标识语是指街、巷、路、桥、胡同等标识语（以下简称“街巷标识语”），我们主要考察了其中部分指明地点标识语（简称“指地标识语”）和指示方向标识语（简称“指向标识语”）；公共交通类标识语主要指人们日常出行所使用的公共汽车站、轨道交通站等标识语（以下简称“公交标识语”），我们主要考察了其中部分公共汽车站标识语（简称“公汽标识语”）和轨道标识语。本文分析的基础就是所记录的 1827 个地名标识语。

1.1　结构形式

北京地名标识语主要依照地名结构顺序标写，一般为专名 + 通名形式，专名表示地名的个体性、独有性特征，通名表示地名的类别和属性。由于其功能是为了指示方位、地点，其结构形式又分为以下几种：

1.1.1　基本型

即专名 + 通名形式，地名标识语有完整清晰的专名和表示类别的通名，如长安街、爱民街、官园桥、张自忠路、协作胡同等。

1.1.2　省缺型

即地名标识语只有专名没有通名或很难划分出通名，如沙滩、鼓楼、木樨地、新街口等。

1.1.3 叠加型

即标识中有两个以上（包括两个）的专名或通名相互叠加成“专名+通名+通名”形式或“专名 + 通名 + 专名 + 通名”形式，组成新的地名标识，如三座桥胡同、地安门内大街、东四十条桥西、西皇城根北街北口，等等。

1.2 文本形式

北京地名标识语标写文本从所使用的语言看，主要为汉语和英语；从文本形式看，主要包括单一文本和混合文本，其中混合文本又包括四种形式。①

1.2.1 单一文本

单一文本是标识语只有汉字文本形式，如图 1 的“安贞桥”“德胜门桥”“鼓楼”等。其中“安贞桥”“德胜门桥”原图为纵向标写，为节省篇幅在此一律图示为横向。

安贞桥	德胜门桥	鼓楼

图 1 单一文本标识语示例

1.2.2 混合文本

根据标写用语，混合文本分为以下几种形式。

（1）汉字 + 全拼写

拼写是指用罗马字母书写，这也是国际标准，由于汉语拼音采用的就是罗马字母拼写，所以，有时也被称为用拼音拼写，本文的拼写一律指用罗马字母大写。如图 2 的“安定路”“平安里”“新街口”的拼写形式“ANDING LU”“PING’ANLI”“XINJIEKOU”都是使用罗马字母。

① 为了更清楚地展示地名标识牌的文本内容，我们将调研时所拍摄的地名标识牌照片转写为文本形式并以简图形式呈现。

安定路	平安里	新街口
ANDING LU	PING’ANLI	XINJIEKOU

图 2　汉字 + 全拼写形式标识语示例

（2）汉字 + 专名拼写 + 通名英译

“专名拼写 + 通名英译”是指同一地名标识语专名部分采用罗马字母拼写，通名部分采用英语译写。如图 3 的“安贞路”“官园桥”“西便门东街”写成“ANZHEN Rd”“GUANYUAN Bridge”“XIBIANMEN East St”。

安贞路	官园桥	西便门东街
ANZHEN Rd	GUANYUAN Bridge	XIBIANMEN East St

图 3　汉字 + 专名拼写 + 通名英译形式标识语示例

（3）汉字 + 全拼写 + 通名英译

“全拼写 + 通名英译”是整个名称用罗马字母拼写，末尾对通名进行英译，如图 4 的“东四十条”“仓夹道”“灵光东巷”写成“DONGSISHITIAO St”“CANGJIADAO St”“LINGGUANGDONGXIANG Alley”。

东四十条	仓夹道	灵光东巷
DONGSISHITIAO St	CANGJIADAO St	LINGGUANGDONGXIANG Alley

图 4　汉字 + 全拼写 + 通名英译形式标识语示例

（4）汉字 + 英译

“汉字 + 英译”指文本除了汉字外，整个地名标识语都使用英文翻译，如图 5 的“北三环东路”“北京西站”写成“N.3rd Ring Rd East”“Beijing West Railway Station”。

北三环东路	北京西站
N.3rd Ring Rd East	Beijing West Railway Station

图 5　汉字 + 英译形式标识语示例

从考察结果看，1827个地名标识语中，单一汉字文本共38个，混合文本共1789个，去除重复出现的地名标识语，混合文本为1027个，其中“汉字+全拼写”形式有212个，“汉字+专名拼写+通名英译”形式有649个，“汉字+全拼写+通名英译”有145个，“汉字+英译”形式有21个。

从各种形式在空间区域中的分布看，小街巷类指地标识语常用单一文本形式；小街巷类以外的指地标识语和公汽标识语多使用混合文本“汉字+全拼写”形式；指向标识语多使用混合文本“汉字+专名拼写+通名英译”形式；轨道标识语则使用混合文本“汉字+专名拼写+通名英译”“汉字+全拼写+通名英译”和“汉字+英译”三种形式；环路以及北京站、医院等少数本身具有准地名性质的标识语则全部为“汉字+英译”形式。

二　北京地名标识语标写问题

北京地名标识语标写的最突出问题仍然是科学化问题，其中，通名、方位词、数字词标写形式的不统一、不一致、不规范情况最为突出。

2.1　通名标写问题

第一，同一通名，采用不同标写代码，导致专通名分合不一。

主要表现在，街巷标识语采用英译形式，通名和专名分开写，如“金果胡同”为“JINGUO Hutong”，“大茶叶胡同”为“DACHAYE Hutong”；公汽标识语采用罗马字母拼写形式，通名和专名合写在一起，如“宝产胡同”采用拼写形式“BAOCHANHUTONG”，“报子胡同”标写为“BAOZIHUTONG”。

第二，同一功能的通名，拼写、英译并用。

第一点除专通名分合问题外，也是典型的同一通名采用了拼写和英译两种形式，其他还如指向类街巷标识语，其功能都是指向，但“地安门东大街”的

“大街”采用拼写形式“DI’ ANMEN DONGDAJIE”，“百万庄大街”的“大街”则采用英译形式“BAIWANZHUANG St”；“安定路”的“路”采用拼写形式“ANDING LU”，而“安贞路”的“路”则采用英译形式“ANZHEN Rd”。

第三，省缺型标识语，有的追加英译，有的则没有。

有些没有通名标识的地名，有的采取了先整体拼写该地名，其后再用追加英译方式标注出通名属性，如“东四九条”为“DONGSIJIUTIAO Alley”，“柳巷”为“LIUXIANG Alley”，“仓夹道”为“CANGJIADAO St”；有的则没有，如“锣鼓巷”为“LUOGUXIANG”，“西楼巷”则为“XILOU XIANG”。

总体看，排除全英译式、单一汉字式两种情况，在总计1770个地名标识语中，通名拼写共出现471次，通名直接英译出现1004次，通名追加英译出现295次。通名拼写形式远远低于英译形式。

2.2 方位词标写问题

北京城的街道大多是正南正北，民居坐北朝南，因而，北京人指路时总是使用东西南北方位词，以方位词形成的地名也不少，在我们调查的1827个地名标识语中，仅含有“东”“南”“西”“北”四个方位词的地名标识语就有近600个。这些方位词或附加于地名开头，如南新仓桥、西便门内大街、西绒线胡同，等等；或附加于中部，如胜古北路、地安门东大街、交道口南大街，等等；或附加于结尾，如安贞桥北、大屯路东、立水桥南，等等。方位词标识语标写问题主要有：

第一，同一功能方位词，有的拼写，有的英译。

如“地安门东大街”的方位词“东”，有的是拼写，即“DI’ANMEN DONGDAJIE”，有的则是英译，即“DI’ANMEN East St”；此外，“安贞桥北”“南新仓桥”的“北”“南”都是拼写，即“ANZHENQIAO BEI”“NAN XIN CANG Bridge”，而“胜古北路”“美术馆后街”“大屯路东”中的“北”“后”“东”

则是英译，即“SHENGGU North Rd”“MEISHUGUAN Back St”“DATUNLU East”。

第二，同类方位词英译标准不统一。

同类方位词在英译时标准不统一，有的后置，有的前置，如“北三环东路”为“N. 3rd Ring Rd East”，“东”后置，“北三环中路”为“Middle Rd of N. 3rd Ring Rd”，“中”前置。有的则按汉语语序直接翻译，如“胜古北路”“和平里中街”“美术馆后街”为“SHENGGU North Rd”“HEPINGLI Middle St”“MEISHUGUAN Back St”。

2.3 数字词标写问题

有些地名标识语，如五路居、东四十条等，其中含有“五”“四”“十”这样的数字词。这些数字词在标写中不但存在英文翻译、罗马字母拼写、阿拉伯数字等不同标写形式，而且还存在一个标识语中各个数字词的标写形式不同，内部不统一的现象。如“东四十条”有的标成“DONGSISHITIAO St”，有的则标成了“DONGSI 10 TIAO”，“东四九条”有的标成“DONGSIJIUTIAO Alley”，有的则标成了“DONGSI 9 TIAO”。

2.4 其他问题

2.4.1 专通名分写与连写问题

按照有关规定，地名标识语专名与通名应该分开，我们的考察发现，有的分开了，有的则没分，如“锣鼓巷”为“LUOGUXIANG”，“西楼巷”则为“XILOU XIANG”。有的拼写时全部分写，“五路居”拼写成“WU LU JU”，“安贞桥北”拼写成“AN ZHEN QIAO BEI”；有的难以分开时，则是或分或不分，如“东四九条”有的标成“DONGSIJIUTIAO Alley”，有的则标成了“DONGSI 9 TIAO”，而“东四二条”“东四三条”标成了“DONGSI ERTIAO Alley”“DONGSI SANTIAO Alley”。

2.4.2 英译标准统一问题

关于英译方面，在通名缩写时是否加“.”不够统一，大多数没加“.”，但个别地名则加了“.”，如“东四南大街”写成“DONGSI South St.”，“灯市口大街”写成“DENGSHIKOU St.”。

2.4.3 标写错误问题

有的是标写错误问题，如公汽标识语“平安医院”拼写成了“PINGAN-YIYUAN”，正确的应在“PINGAN”中间使用隔音符号，为“PING'ANYIYUAN”；“健安东路”拼写成“JIANAN DONGLU”也如此。有的不需要隔音符号的却标了隔音符号，如“东四十条桥西”拼写成“DONGSI' SHITIAOQIAO XI”。有的则纯粹拼错，如“青年沟路”拼写成了“QING NIAN GUO LU”，把“沟”错拼成“GUO”。

三 外国人对地名标识语的认知

前边谈到，北京城区地名标识语的标写文本主要为汉字、汉字 + 全拼写、汉字 + 拼写 + 英译、汉字 + 英译四种形式。一般说来，英译的服务对象主要是外国人，那么，外国人对此有什么看法？2013 年 5 月—2014 年 3 月，我们曾对来自 37 个国家 160 位在京外国人（主要是留学生）进行了北京地名标识语标写文本选择倾向的问卷调查。

调查结果显示，有 74% 的人表示北京城区地名标识语曾或多或少给其出行带来困扰。排除必有项汉字文本，在标写文本为全部拼写、拼写 + 英译、全英译三种选项时，只有 7% 的被调查人喜欢“全英译”文本，而 74.38% 的被调查人更喜欢“拼写 + 英译”形式。可见，外国人对全英译地名标识语并不认可，甚至对非英语国家的外国人特别是英文水平有限者来说还有些许困惑。

在前期导航性调查中我们了解到，很多外国人也建议，“英译”形式不一定是中文的翻译，以注解的形式简要解释帮助外国人了解和理解其性质或属性更佳，为此，我们尝试设计了一种全新的文本形式——全拼写 + 括注英释，即在全拼写文本形式后，通过括注加入英文解释，“括注英释”可以对整个地名予以解释，也可以只对通名部分单独释义。结果受到被调查人的普遍欢迎，比如“雍和宫”“北京站”“北京西站”“南锣鼓巷”的非汉字标识语，我们设计的“YONGHE GONG (Lama Temple)”“BEIJING ZHAN (Beijing Railway Station)”“BEIJING XIZHAN (Beijing West Railway Station)”“NANLUOGU XIANG (Alley)”文本形式，受到超过半数被调查人的欢迎，比例分别达 70%、65%、63.75% 和 61.25%。

这种形式之所以受到欢迎，原因在于，对外国人来说，地名全部拼写比只拼写专名更方便问路，一个地名中国人都是整体说出来的，整体拼写更便于听觉认知，当一个外国人向中国人问路时，“DONGZHIMEN NANXIAOJIE”比“DONGZHIMEN South Alley”更能得到中国人的迅速回应，如果在全拼写形式外，再对通名部分加入英释，即“DONGZHIMEN NANXIAOJIE（South Alley）”，无疑更能方便外国人理解该地名的性质或特征。也可以说“全拼写 + 括注英释”文本能够最大程度地满足在京外国人对北京城区地名标识语标写文本形式的需求。

四　有关建议

城市地名标识语是城市形象和国家形象的窗口，是城市管理的重要内容之一，因此，科学、规范地标写是其基本标准。作为首善之区和国际化大都市，北京城区地名标识语承载着服务本国人和外国人的双重功能。对地名标识语如何标写，显然应该认真对待，加强管理，科学、统筹规划，务求合法、合理、合情。为此，我们提出以下两点建议。

第一，执行国际标准和国家标准，维护地名标写的严肃性。

由于世界语言书写形式的复杂多样，为了更好地发挥地名标识语的功用，便于国际交往，1972 年 5 月，在联合国第二届地名标准化会议上，联合国提出了地名书写“单一罗马化”的国际标准，要求每个国家都使用罗马字母对地名进行拼写，使用非罗马字母文字的国家需要提供一套罗马字母拼写的标准方案，从而实现一地一名、一名一拼，使地球上的每个地名的书写形式最大限度地单一化。作为全球范围内各个国家统一、规范的地名书写方式，地名的单一罗马化即成为地名书写的国际标准。（郭建中，2007）

在国际标准颁布后，中国的国家标准也正式出台。1977 年 9 月，联合国第三届地名标准化会议通过了中国政府代表团提出的以汉语拼音方案作为中国地名罗马字母拼写法的国际标准，这一标准成为中国的国家标准。1978 年，国务院批准了《关于改用汉语拼音方案作为我国人名地名罗马字母拼写法的统一规范的报告》，明确了“改用汉语拼音字母作为我国人名地名罗马字母拼法”，由此，我国正式改用《汉语拼音方案》作为我国地名罗马字母拼写法的统一规范。美国地名委员会和英国皇家地理学会地名常设委员会也决定于 1979 年采用《汉语拼音方案》拼写中国地名。1996 年民政部颁发《地名管理条例实施细则》，进一步明确：“《汉语拼音方案》是使用罗马字母拼写中国地名的统一规范。它不仅适用于汉语和国内其他少数民族语，同时也适用于英语、法语、德语、西班牙语、世界语等罗马字母书写的各种语文。”1998 年，民政部办公厅下发《关于重申地名标志不得采用外文拼写的通知》，再次重申“用汉语拼音方案作为我国地名的罗马字母拼写统一规范是经联合国第三届地名标准化大会通过的国际标准，也是经国务院批准的国家标准”，“地名标志为国家法定的标志物，地名标志上的书写、拼写内容及形式具有严肃的政治性”。因此，“各地在设立各类地名标志时，其罗马字母拼写一律采用汉语拼音字母拼写形式，不得采用英文等其他有损于民族尊严的外文拼写”。1999 年，民政部制定了《中华人民共和国国家标准〈地名标牌 城乡〉》，明确规定地名汉语拼音拼写规则，如“地名中的数词用拼音书写”，“标牌上的汉语拼音一律大写”，“标牌上的汉语拼音不标声调”，等等。2008 年，民政部发布了《中华人民共和国国家标准（GB17733-2008）〈地名 标志〉》，在 1999 年制定的标准基础上又增加了附录“汉语拼音字母字样和阿拉伯数字字样”，汉语拼音字母均统一为大写字母。2001 年，《中华人民共和国国家通用语言文字法》发布施行，其第二章第十八条明确规定“国家通用语言文字以《汉语拼音方案》作为拼写和注音工具。《汉语拼音方案》是中国人名、地名和中文文献罗马字母拼写法的统一规范，并用于汉字不便或不能使用的领域”。再次强调了《汉语拼音方案》作为我国地名罗马化拼写工具的合法地位。实践证明，地名单一罗马化“便于国际情报检索，便于国际文化交流，便于国际贸易进出，便于国际旅游往来，是人类社会现代化的生活需要”（周有光，1980）。

不过，尽管地名拼写国际标准和国家标准已经实施三四十年了，效果却不尽如人意，国内地名标识语不规范现象十分突出。（乌永志，2012）北京地名标识语标写的不规范现象也很突出，比如同一个地名标识语存在两个甚至多个标写形式，在事实上造成一地多名的现象，这不仅给地名标识语的使用者造成困扰，也在无形中损害着城市形象。法律法规在语言生活中占有十分重要的地位，语言生活需要通过法律法规调节约束，语文生活需要规范化管理。（王际桐，1996；李宇明，2010）北京是中国的首都，更应率先垂范。

第二，标识语标写分级分层分类处理。

地名标识语标写，既涉及法律法规问题，也涉及学术问题，更和大众语言生活息息相关。在日常交际中，标识语具有以音领形特点，即其视觉形象常常要转化为声音表达，比如，一个外国人向中国人问路，即便我们看到了汉字或拼音书写形式，但念出来的首先还是音，如果外国人将地名翻译成英文去问路，对中国人来说也会造成一定的困扰，要把“北三环东路”“东直门南小街”“白塔寺”说成“N. 3rd Ring Road East”“DONGZHIMEN South Alley”“BAITA Temple”去问路，会更容易造成费解。

因此，我们认为，执行国际标准和国家标准是地名标识语标写的前提，但在执行过程中，为更好地服务受众，方便实用，可分级分类处理。根据调查结果，我们建议北京城区地名标识语标写文本统一采用“汉字＋全拼写”和“汉字＋全拼写＋括注英释”两种形式，其中，“汉字＋全拼写”文本形式为基本标写标准与规范。在执行过程中，指向类标识语采用基本标准形式，比如指向类的“和平里北街”“西绒线胡同”等采用“和平里北街＋HEPINGLI BEIJIE”“西绒线胡同＋XIRONGXIAN HUTONG”形式标写，其完整的文本形式如下图所示：

和平里北街 HEPINGLI BEIJIE	西绒线胡同 XIRONGXIAN HUTONG

图 6　汉字＋全拼写形式标识语示例

而对外国游人较为集中的地点类标识语，可采取“汉字＋全拼写＋括注英释”形式，括注英释形式，既达到了标识语标示的目的，又没有破坏地名标识语标准的规范性、一致性，我们以指地类地名“白塔寺”和“雍和宫”为例，其文本形式如下图：

白塔寺 BAITA SI (Temple)	雍和宫 YONGHE GONG (Lama Temple)

图 7　汉字＋全拼写＋括注英释形式标识语示例

地名标识语标写是为大众生活服务的，据考察，世界很多以非拉丁字母为书写形式的国家，其地名标识语都以使用本国文字为主，在此基础上采用罗马化拼写标准。然而，在国内，如今很多城市地名标识语都采用“汉字＋英译”形式，这既不符合中国国情，也不符合国际化标准需求。因此，北京地名标识语的标写更应率先标准化、规范化，同时兼顾实用性，以更好地彰显其首善之区和国际化大都市的独特魅力。

主要参考文献

郭建中（2007）街道路牌书写的国家标准与国际标准，《中国翻译》第 5 期。

李宇明（2010）语言生活需要用法调节，《语言文字应用》第 3 期。

王际桐（1996）语文规范化是地名标准化的基础，《中国地名》第 3 期。

乌永志（2012）地名标识译写亟待国家规范，《上海翻译》第 2 期。

周有光（1980）地名的音译转写法和单一罗马化，《民族语文》第 7 期。

外国人对北京地名标识语标写形式的选择倾向调查*

提要 北京城区地名标识语是其作为国际化大都市的文化名片，也是国家形象的重要窗口之一，如何标写才能更好地体现其作为首善之区和国际化大都市的双重功能？本文对在京外国人进行了北京城区部分地名标识语标写形式的选择倾向调查，依据实地调查结果，我们建议：北京城区地名标识语标写文本应率先执行国家标准和国际标准，推广“汉字＋拼写”形式，在个别区域，可采用“汉字＋全拼写＋通名括注英译”或“汉字＋全拼写＋括注英译”形式，以实现规范化和人性化的有机统一。

关键词 北京城区地名标识语　标写　外国人　选择倾向　调查

一　引言

地名标识语是公共标识语之一，主要用于标示地理位置及方向，人们通过它可以准确地获取所需空间位置信息，其标牌的主要文本信息也是由语言文字符号构成，使用哪种语言符号书写以及如何书写，对信息获取者获取所需的信息量至关重要。我们将地名标识语的书写使用的语言以及书写符号统称为标写。

城市地名标识语是彰显城市魅力的文化符号，作为国际化大都市和首善之

* 此文与前一篇《北京市城区地名标识语标写存在的问题及规制途径》属于姊妹篇，为完整呈现调查结果及作者的观点，今将其编入文集中。

区，北京地名标识语不仅是其作为国际化大都市的重要名片，也是国家形象的重要窗口。但由于缺乏对服务对象的了解，北京城区地名标识语的标写形式尚不尽如人意，主要问题就是标写形式的不统一、不一致。

根据实地考察，北京城区地名标识语的标写主要使用汉字、汉语拼音拼写（简称“拼写”）和英文译写（简称“英译”）三种书写符号，其文本形式可归纳为：汉字、汉字+全拼写、汉字+拼写+英译、汉字+英译。一般说来，汉字文本的服务对象是本国人，拼写和英译的服务对象是外国人。那么，就外国人来说，他们对拼写、译写形式是否认同？对北京城区地名标识语几种拼写、英译文本做何选择？哪种文本结构最受认可？为此，我们对在京部分外国人对北京城区地名标识语标写形式的选择倾向进行了问卷调查，并依据调查结果，对北京城区地名标识语标写文本提出相关建议。

二　调查结果及分析

2.1　调查说明

本调查选择外国留学生较为集中的高校区，被试主要为北京大学、清华大学、北京语言大学和对外经济贸易大学的留学生。调查以问卷为主，访谈为辅，问卷语言除中文文本外，还有英语文本、西班牙语文本、韩语文本、越南语文本和印尼语文本。调查采用偶遇抽样和滚雪球抽样方式进行。

根据前期导航性调查及访谈，我们提出以下假设：虽然英译标识语方便、实用，但未必会受到在京外国人普遍欢迎。汉语水平、英语水平、在京时长、地名熟悉度以及是否来自汉字文化圈等是影响其选择的可能性因素。

由此，我们设定了汉语水平、英语水平、在京时长、地名熟悉度、是否来自汉字文化圈作为影响在京外国人对北京城区部分地名标识语文本选择倾向的因素。其中，汉语水平和英语水平均设定零、初级、中级、高级 4 个等级。

排除汉字文本形式，就拼写与英译来说，根据我们对北京城区部分地名标识语标写文本的实际考察，其文本有六种结构形式，从文本使用的符号特点说，我们将其归并为以下三种类型四种结构形式，详见表1。

表1　拼写与英译文本类型与结构形式

类型	结构形式	示例
全拼写	专名＋通名	安定路：ANDING LU
拼写＋英译	全拼写＋通名英译	外馆斜街：WAIGUANXIEJIE Byway
	专名拼写＋通名英译	外馆斜街：WAIGUAN Byway
英译	全名英译＋通名追加意译	雍和宫：Yonghe Gong Lama Temple

表1列出的文本类型及结构形式是否都受外国人欢迎？哪一个更受欢迎？在我们直接设定的“拼写”“拼写＋英译”“英译”和“其他”4个选项中，被调查人的选择结果如下：

表2　文本类型选择结果

文本类型	选择结果	
	人数（人）	比例（%）
拼写	25	15.63
拼写＋英译	119	74.38
英译	7	4.37
其他	9	5.62
合计	160	100

表2显示，选择“拼写＋英译”的比例最高，而“英译”比例最低。由于实际生活中，“拼写＋英译”又有两种结构形式，有时使用者面对标识语，并不明白英译部分是全部翻译还是部分翻译，给其辨识带来了一定的麻烦。同时，一些标识语还存在一名多译和一名多形现象，也给使用者带来了困扰。调查数据显示，有74%的人表示北京地名标识语标写曾或多或少给其辨识带来困扰。而关于“英译”问题，我们在前期导航性访谈时就发现，被访者均不赞

同北京地名标识语文本只有“汉字 + 英译”样式，有些被访者很奇怪为什么北京地名标识语会有那么多英文译本，认为这样做没有必要，有拼写形式就可以帮助他们，如果有必要，英译也最好以标注的形式呈现。

2.2 调查结果

2.2.1 整体情况

那么，在具体标识语文本的选择上，哪种文本形式最受欢迎呢？依据前期导航性调查和部分地名标识语文本实际，我们又设计了三种选项类型：类型 1 是将表 2 中的“英译”选项拿掉，换成“全拼写 + 括注英译”形式，“全拼写 + 括注英译”中的英译只是对通名部分进行英译，例如：外馆斜街——WAIGUAN XIEJIE（Byway）；类型 2 是将类型 1 中的“其他”选项拿掉，将“拼写+英译”中的两种结构形式分别作为选项；类型 3 也是将类型 1 中的“其他”选项拿掉，添加“英译”作为选项。

我们选取了 20 个地名标识语，类型 1 有 13 个，类型 2 有 2 个，类型 3 有 5 个。这些地名有的是外国人非常熟悉的，比如“长安街”“雍和宫”等，有的则是他们不熟悉的，比如“鲁疃南”“西绒线胡同”等。

本次共发放调查问卷 175 份，最后获得 37 个国家 160 份有效问卷，有效率为 91.43%。

就三种类型选项的总体选择结果看，选择“全拼写 + 括注英译”的比例最高，均超过 50%，其次是“拼写”形式，而选择“英译”的比例最低。以下我们具体分析。

2.2.2 类型 1 选项的选择倾向

类型 1 包括“西楼巷”共 13 个地名标识语，其中，前 11 个属于指向性地名标识语，后两个“圆明园”和“白塔寺”为指地性地名标识语，具体选择百分比如表 3。

表 3　类型 1 中 13 个地名标识语文本选择率

地名标识语 \ 选项及结果	拼写（%）	专名拼写 + 通名英译（%）	全拼写 + 括注英译（%）	其他（%）
西楼巷	XILOU XIANG	XILOU Alley	XILOU XIANG (Alley)	
	26.88	20.00	53.13	0
长安街	CHANG'AN JIE	CHANG'AN Ave	CHANG'AN JIE（Ave）	
	25.00	22.50	52.50	0
和平里北街	HEPINGLI BEIJIE	HEPINGLI North St	HEPINGLI BEIJIE（North St）	
	18.75	17.5	63.13	0.63
地安门内大街	DI'ANMEN NEIDAJIE	DI'ANMEN Inner St	DI'ANMEN NEIDAJIE（Inner St）	
	23.75	15.63	60.63	0
南锣鼓巷	NANLUOGU XIANG	NANLUOGU Alley	NANLUOGU XIANG (Alley)	
	23.75	15.00	61.25	0
安德路	ANDE LU	ANDE Rd	ANDE LU（Rd）	
	18.75	19.38	61.88	0
鲁疃南	LUTUAN NAN	LUTUAN South	LUTUAN NAN（South）	
	20.00	17.50	62.50	0
东直门南小街	DONGZHIMEN NANXIAOJIE	DONGZHIMEN South Alley	DONGZHIMEN NANXIAOJIE (South Alley)	
	17.50	18.75	63.13	0.63
纪家庙	JIJIA MIAO	JIJIA Temple	JIJIA MIAO (Temple)	
	14.38	20.63	64.38	0.63
千竿胡同	QIANGAN HUTONG	QIANGAN Hutong	QIANGAN HUTONG (Hutong)	
	36.25	26.88	36.88	0
砖塔胡同	ZHUANTA HUTONG	ZHUANTA Hutong	ZHUANTA HUTONG (Hutong)	
	30.63	32.50	36.88	0
圆明园	YUANMING YUAN	YUANMING Park	YUANMING YUAN (Park)	
	18.75	14.38	66.88	0
白塔寺	BAITA SI	BAITA Temple	BAITA SI (Temple)	
	17.50	16.25	66.25	0

由表 3 可知，无论指向类的地名标识语还是指地类的，其选择比例由高到低依次为：全拼写 + 括注英译 > 拼写 > 专名拼写 + 通名英译 > 其他。其中,“全拼写 + 括注英译”的平均比例达 57.64%。

在“全拼写 + 括注英译”选项上，“千竿胡同”(36.88%) 和“砖塔胡同”(36.88%) 比例较低，究其原因，主要是因为“Hutong”一词在英文中属音译借词，在地名标写中其书写形式和拼写形式只在大小写之分，如“千竿胡同”的“拼写”形式和“全拼写 + 括注英译”形式分别为“QIANGAN HUTONG”和“QIANGAN HUTONG (Hutong)”，相较而言，对“HUTONG”再进行括注英译略显冗余，使得被调查人有些困惑。这一点在后来对部分留学生进行的口头访谈中也得到了证实。

我们又对汉语水平、英语水平、在京时间长短、地名的熟悉度以及是否来自汉字文化圈 5 个变量进行了统计，结果发现，外国人对上述文本形式的选择与 5 个变量均无显性相关。

表 3 从标识语标写特点看,“专名拼写 + 通名英译”和“全拼写 + 括注英译”之间的区别除括号外，最重要的就是通名的有无，根据访谈，我们了解到，对外国人来说，地名全部拼写比只是专名拼写更方便，毕竟中国人之间交际时，地名都是整体说出来的，对中国人来说整体拼写更便于理解，当一个外国人问路时，“DONGZHIMEN NANXIAOJIE”比“DONGZHIMEN South Alley”更能得到中国人的迅速回应，如果要在二者之间选择，他们宁可选择全拼写形式，但是，如果部分地名标识语在全拼写形式外，能加入部分英译进行注解，无疑更完美。也即“全拼写 + 括注英译”最大范围地满足了使用者对地名标识语标写的要求，整个地名标识语首先以罗马字母完整拼写，在语音上完整地记录了标识语的发音，倘若使用者在陌生路段需要告诉电话中的对方自己所在的具体位置时，这样完整的形式更能帮助他们确定自己的位置，而在罗马字母拼写后，用括注英译形式注释该地名的类属，外国人一看就明白该地名的性质。

2.2.3 类型 2 中两个地名标识语的选择倾向

类型 2 包括“外馆斜街”“仓夹道”两个指向类地名标识语，其选择结果见表 4。

表 4 类型 2 中两个地名标识语文本选择率

选项及结果 / 地名标识语	拼写（%）	专名拼写 + 通名英译（%）	全拼写 + 通名英译（%）	全拼写 + 括注英译（%）
外馆斜街	WAIGUAN XIEJIE	WAIGUAN Byway	WAIGUAN XIEJIE Byway	WAIGUAN XIEJIE（Byway）
	28.75	10.63	8.13	52.50
仓夹道	CANGJIA DAO	CANGJIA St	CANGJIA DAO St	CANGJIA DAO（St）
	20.00	12.50	18.13	49.38

由表 4 可知，其选择比例由高到低依次为：全拼写 + 括注英译 > 拼写 > 全拼写 + 通名英译 > 专名拼写 + 通名英译。其中，“全拼写 + 括注英译”的平均比例达 50.94%。

我们又对汉语水平、英语水平、在京时间长短、地名的熟悉度以及是否来自汉字文化圈 5 个变量进行了统计，结果发现，外国人对上述文本形式的选择与 5 个变量均无显性相关。

由对被调查者的访谈了解到，“专名拼写 + 通名英译”选择率之所以低于“全拼写 + 通名英译”，是因为前者破坏了地名语音的完整性，不便于交际者整体认知。另外，表 4 有个有趣的现象，即“全拼写 + 通名英译”和“全拼写 + 括注英译”两个选项，二者的区别仅在括号的有无，但选择结果却有巨大差异。访谈中得知，比如“WAIGUAN XIEJIE Byway”这个形式，有时外国人不清楚“Byway”是对“XIEJIE”的注释，而以为是“WAIGUAN XIEJIE”的英译，如果在“XIEJIE”后括注，则一目了然。

2.2.4 类型 3 中 5 个地名标识语的选择倾向

类型 3 包括“北京站”共 5 个地名标识语，其中，“北京站”“北京西站”“雍和宫”和“地坛公园”是指地类地名标识语；“美术馆后街”是指向类地名标识语。被调查者选择结果见表 5。

表 5 类型 3 中 5 个地名标识语文本选择率

选项及结果 / 地名标识语	拼写（%）	专名拼写 + 通名英译（%）	英译（%）	全拼写 + 括注英译（%）
北京站	BEIJING ZHAN	BEIJING Railway Station	Beijing Railway Station	BEIJING ZHAN (Beijing Railway Station)
	9.38	13.75	11.88	65.00
北京西站	BEIJING XIZHAN	BEIJING West Railway Station	Beijing West Railway Station	BEIJING XIZHAN (Beijing West Railway Station)
	9.38	11.88	15.00	63.75
雍和宫	YONGHE GONG	YONGHE Lama Temple	Yonghegong Lama Temple	YONGHE GONG (Lama Temple)
	10.63	8.13	11.25	70.00
地坛公园	DITAN GONGYUAN	DITAN Park	Temple of Earth Park	DITAN GONGYUAN (Park)
	11.88	18.13	13.75	56.25
美术馆后街	MEISHUGUAN HOUJIE	MEISHUGUAN Back St	Back St of China Art Gallery	MEISHUGUAN HOUJIE (Back St)
	18.13	15.00	13.13	53.75

由表 5 可知，其选择比例由高到低依次为：全拼写 + 括注英译 > 专名拼写 + 通名英译 > 英译 > 拼写。其中，“全拼写 + 括注英译”的平均比例达 61.75%。

我们又对汉语水平、英语水平、在京时间长短、地名的熟悉度以及是否来自汉字文化圈 5 个变量进行了统计，结果发现，外国人对上述文本形式的选择与 5 个变量均无显性相关。

与类型 1 和类型 2 一样，类型 3 中外国人仍首选“全拼写 + 括注英译”形式，而“英译”形式却排在了后边，经过访谈我们得知，对外国人来说，如果某一地名标识语与他们的生活息息相关，他们经常要用到，那么，有英译括注形式比只有英译更实用，更受欢迎，其原因也是外国人在北京更经常接触中国人，向中国人问路时，相比“MEISHUGUAN Back St”通名直接英译和“Back St of China Art Gallery”全英译形式，“MEISHUGUAN HOUJIE”完整地记录了该地名的发音，更容易得到快速准确的答案，而加上括注英译，对通名部分追加英译变成“MEISHUGUAN HOUJIE (Back St)”形式，则是真正方便了彼此。

三　有关认识与建议

博纳德・斯波斯基（2011）曾指出：公共标牌（public signs）问题是国家语言政策的风向标之一，在以色列耶路撒冷老城，路牌要用英语、阿拉伯语和希伯来语三种语言标写，不同历史时期，三种语言的标写顺序是不同的。而在其他没有阿拉伯语标写文本的城市，则引起了争讼，最终以色列法院裁决，在犹太人和阿拉伯人混居区，路牌应增加阿拉伯语。可见，地名标识语在国家公共生活中具有重要作用。

通过实地调查数据我们看到，整体上，除“全拼写 + 括注英译”为被调查者首选外，其余类别中，指向类地名标识语更倾向于选择“拼写”形式，指地类地名标识语“专名拼写 + 通名英译”略高于“拼写”形式。地名标识语全英译形式尽管方便、实用，却并未受到在京外国人的普遍欢迎。而外国人倾向于选择什么样的地名标识语文本形式，并非取决于其汉语水平、英语水平、在京时长、地名熟悉度以及是否来自汉字文化圈，究其原因，我们认为，地名标识语是现代社会公共生活的一部分，选择何种标写文本，对外体现的是国家形象，对内则需要满足交际者的实际需求。而交际者的需求并不受相关因素影响，仅取决于是否实用，是否方便辨识。

地名、地名标识语的主要功能是帮助使用者辨识、确认方位地点。在国际交往中，由于国家之间语言书写形式不一，使得地名书写形式也难在国际交往中统一，这大大降低了国家间的交流效率，甚至引起了歧义和纷争。为此，1972 年 5 月，联合国提出了地名书写“单一罗马化”的标准，要求每个国家都使用罗马字母对地名进行拼写，使用非罗马字母文字的国家需提供一套罗马字母拼写的标准方案，使地球上的每个地名的书写形式最大限度地单一化。按照国际标准，国务院在 1978 年批转了《关于改用汉语拼音方案作为我国人名地名罗马字母拼写法的统一规范的报告》，我国正式改用《汉语拼音方案》作为我国地名罗马字母拼写法的统一规范。但时至今日，这一规范仍未很好地贯彻落实，特别是改革开放后，外国人开始涌入中国，在很多场合，英语成为中国人和外国人交际的重要媒介，随之而来的就是公共服务空间的英译化，并由此蔓延至地名、地名标识语服务上，在一些大城市，“汉字 + 英译”地名标识语随处可见。

那么，这样的标识语是否就代表现代化、国际化了呢？答案是否定的，一方面，国际标准和国家标准早已颁布；另一方面，在地名标识语文本设计上一律采用“汉字 + 英译”形式是缺乏实际调查的，而且在英译过程中由于缺乏对英语语言文化的认知，导致英译地名标识语乱象丛生。为此，我们建议：

首先，地名标识语是国家形象的重要窗口，体现国家意志和公共意志是其基本前提，科学、规范的标写文本是其基本要求。北京承载着首善之区与国际化大都市的双重功能，当代北京地名标识语的标写更应首先严格执行国际标准和国家标准，地名标写标准化“便于国际情报检索，便于国际文化交流，便于国际贸易进出，便于国际旅游往来，是人类社会现代化的生活需要”（周有光，1980：52）。因此，规范标准的标写文本，不仅是国家尊严的体现，也是国际交流的需求。

其次，北京地名标识语在标写的文本形式上，可采取依据功能分类处理的办法。

具体说，地名标识语首先一律采用“汉字 + 拼写”文本形式，在此基础上，通过调查研究，对确有必要英译的地名标识语，可采用“汉字 + 全拼写 + 通名括注英译”或“汉字 + 全拼写 + 括注英译”形式，括注英译只是帮助交际者理解地名的性质或属性，括注并不影响其文本的科学性和完整性，体现的则是其人性化。

由于“汉字 + 拼写”文本形式还没有完全普及，需要交际者有个适应过程，但从外国人对我们列出的几种文本形式的选择倾向看，“拼写”形式已越来越被接受，而且，即便括注英译，其前提也是希望全拼写后再括注英译，毕竟全拼写形式是一种表音形式，对缺乏汉字常识的外国人来说，拼写是见形知音，知音即可满足需求。一旦全拼写形式普及起来，括注英译的范围就会越来越小。

举目世界各国，除国际机场外，公共区域见到的多是以本国文字标写或“本国文字 + 拼写”形式构成的地名标识语，中国也应推广符合国家利益和国际标准的“汉字 + 拼写”文本形式。

主要参考文献

[以色列] 博纳德·斯波斯基（2011）《语言政策——社会语言学中的重要论题》(张治国译)，北京：商务印书馆。

陈文安（2010）对地名标识“单一罗马化”普适性的考察，《宁波大学学报》第 3 期。

杜　彬（2012）单一罗马化是世界地名拼写的国际标准不容篡改，《地名规划》

第12期。
段炳仁（2007）《北京胡同志》，北京：北京出版社。
高　芳（2013）中国地名译名单一罗马化的原则和限度，《语言文字应用》第1期。
郭建中（2007）街道路牌书写的国家标准与国际标准，《中国翻译》第5期。
李宇明（2013）和谐语言生活需要用法调节，《语言文字应用》第1期。
商伟凡（2008）中国地名罗马化的困惑与思考，《语言文字应用》第3期。
王际桐（1996）语文规范化是地名标准化的基础，《中国地名》第3期。
吴琼军、刘瑄传（2009）地名“翻译”≠地名标志的拼写，《科技信息》第21期。
杨永林、程绍霖等（2007）北京地区双语公共标识的社会语言学调查——理论方法篇，《语言教学与研究》第3期。
杨永林、李　晋（2010）双语标识译写研究——街名标识篇，《外国语言文字》第4期。
周有光（1980）地名的音译转写法和单一罗马化，《民族语文》第7期。

关注中国周边语言*

提要 中国周边语言主要包括中国周边国家语言和毗邻周边国家的中国边疆、边境地区语言。中国周边语言资源丰富，语言环境复杂，研究中国周边语言，除关注周边语言本体特点外，还应特别关注其语言生活、语言教育、语言安全，后者是了解语言国情，实施语言生态保护、国家语言安全战略的重要基础与条件。

关键词 中国周边语言 语言生活 语言教育 语言安全

一 中国周边语言

1.1 中国周边

中国陆地边界线总长2.2万余千米，海岸线总长1.8万余千米，是世界上陆地边界线最长、边界情况最为复杂的国家之一，从南到北、从西至东多个省份与周边国家接壤。周边问题不仅与周边国家相关，也与和周边国家有着地缘关系的中国边疆、边境地区相关。因此，我们认为中国周边是一个集地理方位与战略内涵于一身的动态概念，并据此将与中国紧邻和近邻的周边国家以及与这些国家接壤的中国边疆、边境地区统称为中国周边。

据此，本文将29个国家纳入中国周边国家，具体包括：与中国紧邻的俄

* 本文曾以“关注周边语言问题”为题发表在《中国语言生活状况报告（2014）》（教育部语言文字信息管理司组编），商务印书馆2014年出版。此次做了修改。

罗斯、蒙古国、哈萨克斯坦、吉尔吉斯斯坦、塔吉克斯坦、阿富汗、巴基斯坦、印度、尼泊尔、不丹、缅甸、老挝、韩国、日本、菲律宾、马来西亚、文莱、印度尼西亚、新加坡、朝鲜、越南 21 个国家，与中国近邻的乌兹别克斯坦、土库曼斯坦、土耳其、伊朗、孟加拉国、斯里兰卡、泰国、柬埔寨 8 个国家。

1.2 中国周边语言

从地缘关系上说，中国周边语言主要包括中国周边国家语言，毗邻周边国家的中国边疆、边境地区语言。中国周边语言以其资源丰富、环境复杂而著称，是语言研究的宝藏。

中国周边国家是世界上语言数量庞杂、语言分布复杂的地区之一。有的国家民族成分较为单一，语言成分简单，如日本，国语和官方语言均是日语。有的国家民族成分复杂，语言成分也非常复杂，如新加坡，官方语言有马来语、英语、华语和泰米尔语 4 个，马来语被定为国语。

毗邻周边国家的中国边疆、边境地区民族成分与语言数量也同样丰富复杂，从国家通用语到汉语方言到少数民族语言达数百种，比如：新疆地处亚欧大陆腹地，与蒙古国、俄罗斯、哈萨克斯坦、吉尔吉斯斯坦、塔吉克斯坦、巴基斯坦、印度、阿富汗 8 个国家接壤，共有 47 个民族成分，自古以来就是世界三大语系——印欧语系、汉藏语系、阿尔泰语系的交汇处，其中阿尔泰语系所属语言最多，有维吾尔语、蒙古语、锡伯语等 8 种，汉藏语系有汉语，印欧语系有塔吉克语和俄语。

跨境语言是中国周边语言一大特色，主要为跨境民族使用，据黄行（2013）统计，周边国家有上百种语言（方言）与中国跨境使用。比如：与俄罗斯跨境使用的俄罗斯语、塔塔尔语、图瓦语、布里亚特蒙古语、卫拉特蒙古语、哈卡斯柯尔克孜语、鄂温克语、赫哲语，与哈萨克斯坦跨境使用的哈萨克语、塔塔尔语、维吾尔语、东干语、北部乌兹别克语、土尔克语、吉尔吉斯斯坦柯尔克孜语、北部乌兹别克语，与尼泊尔跨境使用的藏语卫藏方言、藏语 Thangmi 方言，与新加坡跨境使用的汉语普通话、汉语闽南方言、汉语闽北方言、汉语闽东方言、汉语蒲仙方言、汉语客家方言、汉语粤方言，等等。语言资源丰富，使得跨境民族地区双语、多语者人口众多，据我们调查，生活在阿尔泰山脚下的普通图瓦人，老年人现在一般都会说图瓦语、蒙古语和哈萨克语，而年轻人则都会讲图瓦语、哈萨克语和汉语，有的能讲图瓦语、蒙古语、哈萨克语、维吾尔语、汉语 5 种甚至更多语言。

语言文化是联系中国和周边国家的重要纽带，也是“讲好中国故事，传播好中国声音”的媒介和基础，但由于种种原因，学界有关全面、系统地研究中国周边语言的成果尚不多。李宇明（2013）认为，特殊的地理、政治形势，造成了国境语言研究薄弱，开展中国周边语言研究具有睦邻戍边的重要意义，目前已经到了时已至、势已至的时刻。国家的发展需要了解周边，发展与周边国家的关系。我们认为，研究中国周边语言，除加强其本体研究外，还应特别关注中国周边语言生活、语言教育和语言安全。

二　语言生活

语言是人类生活的重要媒介，语言生活是国家或地区社会、文化生活的直接映射，可以从中看到一种语言的功能、地位、人们的语言认同、语言态度等。语言政策的制定源于语言生活，语言能力的获得源于语言生活，语言认同与语言保持源于语言生活。语言生活质量影响语言生态质量。

2.1　周边国家语言国情

李宇明（2012）将语言生活分为宏观、中观、微观三个层级，宏观层主要包括国家语言生活、超国家语言生活，中观层为各行业、各地区的语言生活，微观层主要为个人、社会终端组织的语言生活。聚焦周边国家语言生活，重在弄清其宏观层面的语言生活即语言国情。

周边国家语言使用状况、语言功能、语言地位、语言政策等，是我们研究其语言国情的重要内容，比如，缅甸有缅族、掸族、若开族、孟族、克伦族、克钦族、克耶族、钦族等135个民族，使用着100余种语言或方言，缅甸还生活着为数不少的华人和印度移民，在1947年独立前，作为英国殖民地，英语和缅甸各地区语言或方言地位突出，独立后，政府将占全国总人口逾70%的缅族所使用的有声望的语言——缅语定为官方语言，缅语地位提高，英语则下降为第二语言。（赵燕，2012）缅甸英语和缅语语言地位的消长，是缅甸社会、缅甸语言国情变化的历史影像。

2.2 边疆、边境地区语言生活

中国有55个少数民族，人口在百万以上的有18个，10万以下的则有20个，其中高山族、塔塔尔族、独龙族、门巴族、珞巴族、赫哲族、鄂伦春族7个少数民族人口在1万以下。少数民族大多生活在边疆、边境地区，他们实际使用的语言约在80种以上。有的少数民族内部使用多种语言，比如：瑶族内部分别使用勉语、布努语、拉珈语，高山族使用布嫩语、排湾语、阿眉斯语等。少数民族语言有的有言有文，比如：维吾尔语、哈萨克语、藏语、傣语、苗语等都有自己的文字；有的则有言无文，比如：鄂温克语、布朗语、普米语、裕固语、门巴语、珞巴语等。在双语、多语环境中，一些少数民族也能使用其他民族的语言，比如：维吾尔语是新疆自治区官方工作语言，在新疆，哈萨克族、锡伯族、乌孜别克族等少数民族也使用维吾尔语，除维吾尔语外，有些民族还能使用其他少数民族语言，比如，锡伯族能用哈萨克语、蒙古语、俄罗斯语交流。不过，随着强势语言的冲击，现在一些使用人口较少的民族语言功能正逐渐衰退，人们对其认同感也在下降。像新疆塔塔尔族的塔塔尔语，由于使用人口减少、族际通婚多、居住分散等原因，塔塔尔族开始转用维吾尔语或哈萨克

语，除少数老年人外，青少年已经普遍不会说塔塔尔语了。（古丽米拉·阿不来提、努尔阿依，2013）

由于地缘关系，中国边疆、边境地区还生活有苗、壮、傣、蒙、藏、维吾尔、哈萨克等30个左右的跨境民族，这些跨境民族使用的是同一语言的不同变体，被称为跨境语言。（戴庆厦、乔翔、邓凤民，2009）跨境语言在中国周边数量多达几十种，但它们在境内外的活力则呈现不同态势，比如：乌兹别克语是乌兹别克斯坦的国语，也分布在中国境内西北地区，在中国境内被称为乌孜别克语，据考察，乌孜别克语在中国主要分布于新疆伊犁哈萨克自治州、木垒哈萨克自治县、塔城地区和喀什地区，这些地区的乌孜别克语目前正在逐渐退出乌孜别克族语言生活，乌孜别克族已开始转用维吾尔语和哈萨克语，双语、多语者增多，出现维吾尔语和汉语兼用（伊宁市、喀什地区）、哈萨克语和汉语兼用（木垒县）、哈萨克语和乌孜别克语兼用（伊宁市、喀什地区，主要是老年人使用）和维汉乌哈混合（伊宁市）等情况。虽然乌兹别克语在乌兹别克斯坦是强势语言，但在新疆却呈濒危之势。（阿达来提，2012）

如今，中国边疆、边境地区语言生态格局正在发生快速改变，全面系统开展其语言使用现状、语言功能、语言地位、语言认同、语言教育、语言活力等调查研究势在必行，同时还需特别关注少数民族、少数族群的濒危语言或方言的调查研究与抢救。语言是人类文化的重要载体，一种语言的消失意味着其文化的消亡。2003年3月，联合国教科文组织在保护濒危语言规划国际专家会议上发布了《行动计划建议书》，确立了判断语言濒危程度的9项标准，按照9项标准，中国阿侬语、布努语、达斡尔语、塔塔尔语、柯尔克孜语、鄂伦春语、乌孜别克语等少数民族语言均处于濒危甚至几近消亡状态，保护濒危语言刻不容缓。

如何更好地保存、保护濒危语言？如何更好地保护语言生态？“面对急剧衰亡的汉语方言，既需要立即开展大规模的收集和保存工作，也需要积极探索在方言区、在使用者当中进行活态保护和发展的方法。传统的博物馆是语言保存的一种有效手段，生态博物馆则为探索语言保护工作指出了一个新的方向。”

（曹志耘，2010：9）中国少数民族、少数族群濒危语言或方言的保护也应如此，同时，在少数民族聚居区，除应继续实行少数民族母语者学习国家通用语言政策外，也应积极倡导本地汉族民众学习少数民族语言，在少数民族地区培养汉通民、民通汉的双语、多语人才，是促进民族地区和谐发展、语言生态共生共荣的有效途径之一。

三　语言教育

关注周边语言教育，既包括关注周边国家语言教育特别是汉语教育，也包括中国边疆、边境少数民族地区的语言教育特别是双语教育，还包括我国开展的周边小语种语言教育。

3.1　周边国家语言教育

尽管中国周边国家语言分布与使用极其复杂，但国语（有的国家将官方语言视为国语，有的国家因有几个官方语言，故会选择其中一个作为国语）作为政府确立的国家语言，其地位的重要性不言而喻，周边国家政府充分认识到了语言与国家、民族的重要关系，以及语言在国家发展建设中的重要性，纷纷出台语言政策来强化国语的地位。比如：俄语曾经是苏联的官方语言，但苏联解体后，哈萨克斯坦、吉尔吉斯斯坦等独联体国家均迅速制定语言政策，将本国主体民族的语言作为官方语言，以强化国家主权意识。除强化国语地位外，很多国家也出台一系列政策措施来加强国语教育，比如：二战后，日本政府非常重视国语教育，将其置于语言教育中，国语教育通过大力弘扬民族文化不断强化国人民族认同感。到 20 世纪 90 年代，日本政府制定的国语教学大纲中，明确提出其母语教育的重要目标就是要加深学生对国语文化、文化传统的认同，尊重国语，提高国语使用能力，培养国际视野，母语课程须紧紧围绕这一目标确定教学内容。现如今，由于民族成分较为单一，99% 的日本人都讲国语。

中国与周边国家一直保持着传统友谊，特别是东南亚一带有很多华裔，像马来西亚、泰国等国华裔人口更多，华人社区普遍使用华语，华语虽未取得官方语言地位，但其影响力却很大。随着中国国力的不断增强，汉语声望越来越高，周边国家形成的“汉语热”持续升温。据不完全统计，2013 年来华留学者达 35.6 万人，同比增长 8.58%；中国政府奖学金学生数增加 4554 人，同比增长 15.83%；接受学历教育的外国留学生为 147890 人，同比增长 10.77%。来华留学人员最多的 5 大生源国分别为韩国、美国、泰国、日本和俄罗斯，中国周边国家就占了 4 个。① 一些国家开始将汉语（华语）纳入国家语言教育体系中。

汉语（华语）走进周边国家，将进一步加深周边国家民众对中国文化的认知与尊重。而如何利用地缘优势和文化共性优势，让周边国家留学生更快地学好汉语，更需要我们进行深入研究。

3.2 少数民族双语教育

推广国家通用语和保护少数民族语言并行一直是中国政府对少数民族地区语言教育的重要方针，经过多年努力，学好国家通用语言文字已经成为少数民族地区干部群众的共识，在少数民族地区开展双语教学也是必要的，有利于克服语言障碍，使儿童更好地接受现代科学文化知识，成为民汉兼通的人才。

但由于各地区教育发展不平衡，民族地区的双语教育也面临一些问题。师资不足特别是低幼儿童双语师资缺乏仍是束缚新疆少数民族双语教育快速发展的瓶颈，如何编写适合少数民族学汉语的教材，如何让偏远地区的少数民族也能学习汉语，如何给学习者创造良好的语言环境，等等，还需要进一步探索。我们在对新疆喀纳斯地区图瓦语语言生态进行调研时发现，自 21 世纪初该地

① 《2013 年我国出国留学人数降幅明显回国人数增多》，《北京考试报》2014 年 3 月 10 日，http://www.jyb.cn/world/gjsx/201403/t20140310_573328.html。

区开设蒙、汉和哈、汉双语学校以来，实行蒙、汉双语教育的图瓦人的语言生活发生了巨大变化，由于图瓦语没有文字，以往图瓦人在学校只接受蒙古语教育，但周边生活的主要是讲图瓦语的图瓦人和讲哈萨克语的哈萨克人，缺乏蒙古语语言环境，使得图瓦学生的蒙古语掌握得并不好。而该地区成为旅游景区后，更多的汉语母语者蜂拥而至，实行蒙、汉双语教育，客观上也为图瓦学习者创造了良好的汉语交际环境，使得图瓦青少年汉语水平得到极大提高，如今除母语图瓦语外，兼通汉语、哈萨克语、蒙古语的多语图瓦人越来越多。这一成功案例值得我们继续研究。

3.3 周边小语种语言教育

作为外语学习大国，中国外语语种的学习分布并不平衡，很多小语种语言的学习及人才储备均不足，这将对国家对外经济、文化发展造成重要影响。改变单一语种外语教育局面，推动多语种特别是加强周边小语种语言教育，培养社会需要的双语、多语人才，也是时代发展所需。

近些年来，中国边境贸易活跃，据报道，2013 年，与俄罗斯、哈萨克斯坦、吉尔吉斯斯坦等 8 个国家接壤的新疆，边境小额贸易进出口已达 143.4 亿美元，与 2012 年比增长了 10.1%。① 与缅甸、老挝、越南三国接壤的云南与东盟边境小额贸易额达 33.3 亿美元，增长了 55.1%；② 与越南紧邻的广西，2013 年 1 至 11 月，与越南贸易额占广西贸易总额的 1/3，边境小额贸易进出口额达 97 亿美元，占双边贸易总额的 90.2%。③

边境贸易活跃，对周边语言人才的需求也越来越旺盛。据报道，随着中

① 《2012 年新疆口岸边境小额贸易进出口双增长》，新疆日报网 2012 年 2 月 1 日，http://www.mofcom.gov.cn/aarticle/difang/bingtuan/201202/20120207946212.html。

② 《云南与东盟贸易增势强劲 一季度进出口贸易额达 176.7 亿》，《云南日报》2014 年 4 月 24 日，http://www.asean-china-center.org/2014-04/24/c_133285491.htm。

③ 《广西—越南合作 2013：十大亮点见证互利共赢》，广西新闻网 2014 年 1 月 10 日，http://news.gxnews.com.cn/staticpages/20140110/newgx52cf280f-9423593.shtml。

越边境贸易的不断发展，广西很多人出于工作或者做生意的需要开始学习越南语，由此催生越来越多的越南语培训机构，像广西东兴与越南芒街仅一河之隔，为了增强语言交流，有的培训中心还在越南芒街设立了越南语实践班。[①]因此，小语种语言教育需要及时根据周边社会经济文化发展做出战略调整。

四　语言安全

周边安则中国安，国家安全历来离不开语言安全，语言引发的冲突问题常常成为国家之间发生冲突的导火索。以最近发生的乌克兰部分地区冲突来说，2014 年 2 月 23 日，乌克兰新议会通过一项法案，取消了《国家语言政策基本原则法》，俄语因此丧失了在乌克兰近半数行政区域内的地区官方语言地位。当天，俄国家杜马（议会下院）独联体事务委员会主席斯卢茨基对俄媒体表示，乌议会做出这一决定的原因是，有人千方百计试图使乌克兰脱离俄罗斯，包括通过语言因素。很快，东部俄语地区有城市掀起示威集会，要求脱离乌克兰。与俄罗斯拥有深厚的种族及文化渊源的克里米亚以全民公投方式加入了俄罗斯。[②]

中国周边政治、宗教等敏感问题以及毒品问题突出，全世界毒品种植和生产主要集中地共 3 个，其中 2 个就在中国周边，即位于老挝、泰国、缅甸三个国家接壤地区的“金三角”地区，位于西南亚的阿富汗、巴基斯坦、伊朗三国接壤地区的“金新月”地区。要保证国家安全，了解这些区域的语言非常重要和必要。

中国企业海外项目和市场在不断增加和扩大，但受环境因素的影响，很多

① 《“越南语热”折射中国越南两国边境贸易不断发展》，新华网 2013 年 9 月 1 日，http://news.gxnews.com.cn/staticpages/20140110/newgx52cf280f-9423593.shtml。

② 《克里米亚民众示威游行要求脱离乌克兰》，凤凰卫视 2013 年 2 月 24 日，http://news.ifeng.com/world/special/wukelanshiwei/content-3/detail_2014_02/24/34121924_0.shtml。

国外项目都或多或少地牵涉到安全问题，特别是人身安全问题。因语言不通，文化习俗差异大，更增加了涉外中方人员施工作业的风险，海外防恐问题越来越突出和严峻。因此，从安全角度对海外中方员工进行防恐培训、语言培训，将大大提高中方员工规避、降低人身安全风险的能力。

跨境语言因跨国界使用，对国家安全更具挑战意义。中国边疆地区与周边国家紧邻，境内外来往密切，特别是边境地区有大量的跨境民族，跨境民族虽跨境而居但讲同一种语言，彼此间的关系更加密切。境外一些极端分子、恐怖势力也往往利用语言便利，打着宗教宣传的幌子，对边民进行文化渗透，愚弄普通民众，进而煽动民族分裂主义情绪，制造一系列暴恐活动。反暴恐、防止利用跨境语言进行文化“倒灌”，维护边疆安全，维护国家安全，维护周边地区安全，迫切需要加强跨境语言的研究。

2014 年 4 月 15 日，国家主席习近平主持召开中央国安委第一次会议，提出了构建集政治安全、国土安全、军事安全、经济安全、文化安全、社会安全、科技安全、信息安全、生态安全、资源安全、核安全等于一体的“国家安全体系”。[①]语言安全是国家安全的重要组成部分，是国家安全体系的基础。“国家在处理海内外各种事务时，都需要得到合适的语言支援。而这取决于国家的语言能力，包括外语能力。”（李宇明，2012：373）国家语言能力是国家处理海内外事务、国家发展所需要的能力，涉及语种能力、国家主要语言的国内外地位、公民语言能力，等等。

为此，我们建议实施中国周边“关键语言”战略，进一步加大对周边“关键语言”人才的培养力度。实施中国周边“关键语言”战略，制定符合中国国情的周边“关键语言”战略，开展周边“关键语言”语情与舆情监测分析，对维护地区和平与稳定、增强国家安全度、提高国家语言能力特别是外语能力、提高全球化竞争力具有重要意义。“关键语言”概念源自美国。911 事件后，美

① 《习近平主持国安委第一次会议 首提总体国家安全观》，《瞭望》2014 年 04 月 21 日，http://www.chinanews.com/gn/2014/04-21/6085880.shtml。

国很快启动了旨在提高改善国家外语能力的“国家安全语言计划”战略，并于2006年正式推出，该计划将阿拉伯语、汉语、朝鲜语、俄语、印地语、日语、波斯语和土耳其语8种语言视为“关键语言”。（王建勤，2011）目前，一些学者从外语语种规划、制定“关键语言”政策等方面建议将国家语言安全问题纳入国家战略发展中。闫秋菊（2011）从中俄两国战略关系角度，提出将俄语纳入国家“关键语言”体系中；张治国（2011）从政治、经济、安全、教育等角度，主张将英语、法语、阿拉伯语、马来语（印尼语）、俄语、日语、印地语（乌尔都语）、德语等21种外语分三个层级纳入中国关键外语中。这些研究进一步表明，建立中国周边“关键语言”系统乃至国家“关键语言”系统迫在眉睫。

主要参考文献

阿达来提（2012）中国乌孜别克族语言使用现状研究，中央民族大学博士学位论文。

曹志耘（2010）关于建设汉语方言博物馆的设想，《语文研究》第2期。

戴庆厦、乔　翔、邓凤民（2009）论跨境语言研究的理论与方法，《云南师范大学学报（哲学社会科学版）》第3期。

范俊军编译（2006）《联合国教科文组织关于保护语言与文化多样性文件汇编》，北京：民族出版社。

古丽米拉·阿不来提、努尔阿依（2013）新疆塔塔尔语濒危状态现状分析，《佳木斯教育学院学报》第4期。

黄　行（2013）中国周边语言研究的意义和价值，《中国语言资源动态》第4期。

李宇明（2012）中国语言生活的时代特征，《中国语文》第 4 期。
李宇明（2013）国境语言研究，时已至，势已至，《中国语言资源动态》第 4 期。
王建勤（2011）语言问题安全化与国家安全对策研究，《语言教学与研究》第 6 期。
闫秋菊（2011）试论俄语在中国国家语言战略中的地位和作用，《中国俄语教学》第 2 期。
张治国（2011）中国的关键外语探讨，《外语教学与研究》第 1 期。
赵　燕（2012）试析缅甸独立后语言地位的演变及其原因，《西南学刊》第三辑。

语言生态与语言保护

黑龙江站话的分布区域与归属*

提要 站话是由北方方言形成的职业变体演化成特殊的“民系”方言，呈斑点式线状分布的北方方言岛。《中国语言地图集》将黑龙江站话定为东北官话内部一个带状型方言小片，分布在黑龙江西部的肇源、肇州到黑河、漠河，根据对史料的详细分析和实地调查，我们认为站话的分布区域当在今黑龙江西部的肇源蜿蜒北上达黑河爱辉附近。

关键词 站话 分布 方言岛

一 引言

《中国语言地图集》(1987)将黑龙江站话定为东北官话内部一个带状型方言小片，分布在黑龙江西部的肇源、肇州到黑河、漠河，我们从2001年起查阅了大量历史文献，在2002年4—5月、2006年8月又做了实地调查，根据对有关史料的详细分析和实地调查、考察，我们认为：(1)站话的形成具有特殊的历史背景，其基础源于以“三藩”降卒为主体的站丁内部形成的北方方言的职业变体，其后遍及整个站人群体并成为一个特殊的“民系”方言，其归属应为北方方言岛。(2)在地理分布区域上，历史上站话分布在茂兴苏苏站(今黑龙江省肇源县茂兴镇)至黑龙江城站(今黑龙江省黑河市爱辉镇)这段驿路上，即今从黑龙江西部的肇源蜿蜒北上，经杜尔伯特蒙古自治县、泰来、富裕、讷河、嫩江到黑河爱辉附近；而未分布于墨尔根至额木尔河口这段

* 本文原载于《方言》2008年第1期。

驿路上，即今从嫩江至漠河段。康熙年间辟建的一条从黑龙江额木尔河口（今漠河县兴安乡二十五站村）经黑龙江城、吉林乌拉（今吉林市附近）等直达京师的驿路在今黑龙江境内是分茂兴苏苏至黑龙江城和墨尔根（今黑龙江省嫩江县）至额木尔河口两段进行的。从康熙二十一年（1682）始清政府成规模地将“三藩”降卒发配到了茂兴苏苏站至黑龙江城站这段驿路上充当站丁，而没有发配到墨尔根至额木尔河口这段驿路上。（3）在地理分布上，从康熙二十一年（1682）始发配到茂兴苏苏站至黑龙江城站的“三藩”降卒并未遍布黑龙江将军最初统辖的该段19个驿站中，而是呈斑点式线状散布在大部分驿站，这种状态即便在驿站人口规模扩大后也未有改变，所以站话在地理上当呈斑点式线状分布状态。（4）站话目前正处于剧烈的消变状态，很快将融于黑龙江方言中。以下予以详细讨论。

二　地理分布

黑龙江站话的形成具有特殊的历史背景，其基础源于以“三藩”降卒为主体的站丁们形成的北方方言的职业变体，其后遍及整个站人群体并成为一个特殊的“民系”方言。其地理分布区域历史上是在茂兴苏苏站至黑龙江城站这段驿路上，即今从黑龙江西部的肇源蜿蜒北上，经杜尔伯特蒙古自治县、泰来、富裕、讷河、嫩江到黑河爱辉附近；而未分布于墨尔根至额木尔河口这段驿路上，即今从嫩江至漠河段。

历史上黑龙江的开发晚于关内，直到12世纪中期元统一中国后才正式辟建驿站，派驻站丁。到清代，为巩固边防，加强地方管理，方便商业往来，黑龙江的驿站得到进一步加强和完善，清政府派驻的站丁数量也在不断增多，但由于黑龙江处荒远之地，经济发展远远落后于关内，所以站丁的派驻就非常困难，其中建于康熙年间由漠河的额木尔河口经黑河、吉林、盛京、山海关直达京师被称为东道或御路的一条驿路尤其特殊。

康熙二十年（1681）清政府平定“三藩之乱”后，其外患也日益加剧，沙俄不断侵犯黑龙江边境，为驱逐沙俄，清政府决定辟建一条从漠河经黑河、吉林、盛京、山海关直达京师的大驿路。该条驿路的辟建是分两段进行的，一段为吉林乌拉经伯都纳（今吉林省扶余市）、茂兴苏苏、多耐（今黑龙江省杜尔伯特蒙古自治县巴彦查干太和村）、温托河（今黑龙江省泰来县大兴乡时雨村）、宁年（今黑龙江省富裕县老街）、拉哈、墨尔根、霍罗勒（今黑龙江省嫩江县科洛乡）通往黑龙江城站，称吉林乌拉至瑷珲段。另一段为墨尔根向北经今呼玛县、塔河县、漠河县直达雅克萨（今俄罗斯阿尔巴律）对岸的额木尔河口，称墨尔根至额木尔河口段。

吉林乌拉至瑷珲段驿路筹划于康熙二十二年（1683），由于地形复杂，里程甚远，从驿站的设定到站丁的派驻历尽艰辛，其方案几经更改，直到康熙二十四年（1685）十一月郎中包奇等人重新勘察地形，丈量里程，户部于同年十二月再次奏呈康熙帝，才获允准，正式辟建。驿站的数目初设 25 驿，全长 1711 里，“以五尺为度精确量之”（中国第一历史档案馆，1982：15）。驿站管辖以黑龙江为界，分归宁古塔将军和黑龙江将军统辖，其中黑龙江将军统辖 19 驿。其后该条驿路不断增设驿站，直到雍正五年（1727），总共设驿 30 个，全长增至 1823 里，黑龙江将军统辖 20 驿，从黑龙江站到拉哈站共 10 站，称北路驿站，也叫上十站，从宁年站到茂兴站共 10 站，称南路驿站，也叫下十站。黑龙江站话的形成当在这一区域，主要分布在黑龙江将军统辖的 19 驿，原站名为：茂兴苏苏、古鲁、塔拉哈池、多克多力、温托珲池、特穆德黑、索伦总管卜奎、塔哈尔、宁年池、拉哈岗、博尔多、喀穆尼喀俄佛罗、伊拉喀池、墨尔根、霍洛尔、喀尔塔尔济河、库穆尔山岗、额叶楞库河、黑龙江城。今即包括黑龙江肇源、杜尔伯特蒙古自治县、泰来、齐齐哈尔、富裕、讷河、嫩江、黑河爱辉等村县乡镇。

黑龙江将军统辖的 19 驿每一驿设驿站官 1—2 名具体管理，驿站官有官阶。驿站的规模最初“每驿计领催在内，共设男丁三十人，马二十匹，牛三十头”（中国第一历史档案馆，1982：15）。由于驿站所设之处自然环境极为恶劣，清政府派驻站丁的原则是“官庄男丁不议”，当时“各驿站共需男丁五百七十人”（中国第一历史档案馆，1982：15）。初拟从盛京沙河站等十三驿选派，但由于驿路路途遥远，自然环境险恶，后康熙帝谕批：“墨尔根至彼端（指至黑龙江城方向）所设之五驿，查索伦、达斡尔之贫穷者，令其驻驿；墨尔根至锦州俄佛罗（今吉林省吉林市北七十五里处）之二十驿，既然由盛京沙河站等驿人员内摊派驻驿，困难重重，即应查抄没户人，令其驻驿。”（中国第一历史档案馆，1982：15）这些被查抄的所谓犯人绝大部分是“三藩之乱”后降服并于康熙二十一年（1682年）始从京城整体发配到东北的吴三桂手下部卒和少数重刑犯。关于对吴三桂及其手下部卒的处置，《清实录》（1985：6—7）里也有记载：康熙二十一年（1682）正月帝下旨，除“逆贼吴三桂骸骨分发各省”，相关臣属予以凌迟或斩首外，其余部卒均贬为奴，例如“田起蛟、金镜、李学诗、陈梦雷据从宽免死，内系旗人，给与伊本主为奴；系民，入官，给披甲新满洲为奴”。

从康熙帝谕批我们可推断，该段驿路的驿站在今黑龙江境内从茂兴到墨尔根曾成规模地将吴三桂手下部卒发配于此驻站。据孟宪振（1982：109）考证满文版《黑龙江将军衙门档》：“《黑龙江将军衙门档》载：‘宁年驿丁李楷供称：我原与伪总兵（即吴三桂属下官）叔父李文渊从云南出来，于康熙二十一年三月来京，后因于京城难以度日，被发往驿站。’又载：‘锦州俄佛罗至墨尔根二十站驿丁，皆属重大罪犯，因圣主仁慈免死，被派往各驿站。’”这些“重大罪犯”主要为“三藩”降卒。而从墨尔根至黑龙江城的站丁最初则是就地取材，源于索伦、达斡尔等少数民族壮丁，但后来由于这些壮丁“不仅不谙驿站事宜，亦不识字，故其所记驿站使用之马牛钱粮、工费银两之数目，多有漏开及差错，或有胡支滥用”（中国第一历史档案馆，1982：15），所以后来又有一些源于“三藩”的降卒被补填于此。

墨尔根至额木尔河口段驿路辟建于康熙二十四年，共设25个驿站，即从墨尔根头站始中经三站（今门鲁河种畜场）、八站（今卧都河一带）、十二站（今呼玛县十二站）、十八站（今塔河十八站）直至漠河东部额木尔河口二十五站，归黑龙江将军统辖，专用于军机。受环境所限，其站丁来源主要为当地少数民族士卒即索伦和蒙古骑兵。中俄雅克萨战役后，康熙二十八年（1689年）该驿路停用，驿站裁撤，此后逐渐荒废，直到光绪二十年（1894）清政府又启用其运送黄金，该驿路变成商路。

根据我们对大量相关史料的细致考察和在2002年4—5月间和2006年8月进行的调查、走访，我们认为黑龙江站话的分布区域并非从肇源、黑河到漠河，或者说站话并未分布在墨尔根到漠河这段驿路上。理由是：

首先，此段驿路虽设驿站，但站丁并非成规模地源于“三藩”降卒，而是就地取材，“分派500名索伦、蒙古骑兵驻于各站，负责传递军情和物资转运”（漠河县志编纂委员会，1993：9）。

其次，墨尔根至漠河25个驿站仅使用4年就被裁撤，其后逐渐荒废，即便有“三藩”降卒驻防，4年之后也应被撤出，所以站话在此段驿路没有形成的时间和土壤。

最后，站话分布区域不大，但作为一种特殊的重要的历史文化现象在所分布地区各地方志都会专门述及，而《漠河县志》却没有提及，在详细描写该段驿路设站时间、地点和驻丁时都未述及站人、站话，其他相关地方志及历史史料也未涉及。我们曾在齐齐哈尔、嫩江等地做过实地调查走访，被访者（有研究历史的学者和普通当地老住户）都肯定从嫩江到漠河并没有站话。这些也可作为佐证。

在地理分布上，站话呈斑点式线状分布。从康熙二十一年（1682）始发配到茂兴苏苏站至黑龙江城站的“三藩”降卒并未遍布黑龙江将军最初统辖的该段19个驿站中，而是呈斑点式线状散布在大部分驿站，这种状态即便在驿站人口规模扩大后也未有所改变，所以站话在地理上当呈斑点式线状分布状态。例如索伦总管卜奎站（今齐齐哈尔城），“在‘卜魁’站建成之前，已经有了‘卜魁村’。这‘村’和‘站’既同地，又同名”（夏家骏、孟宪振，1983：92），卜奎即卜魁，但史料、地方志却未记载历史上曾有“三藩”降卒成规模地到此站做站丁，也没有有关站话的记载。

由此我们认为站话的分布区域当在今肇源蜿蜒向北经杜尔伯特、泰来、富裕、讷河、嫩江到黑河爱辉附近这条线上。郭正彦（1986）、游汝杰（1993）等曾称站话为方言岛，根据其地理分布和站人改归民籍后的流动情况，我们将其进一步描写为分布在肇源蜿蜒向北经杜尔伯特、泰来、富裕、讷河、嫩江到黑河爱辉附近，呈斑点式线状分布的北方方言岛。

三　性质与归属

由于从肇源到黑河爱辉驿站驻守的站丁成规模地源于“三藩”降卒，这些人多为云贵籍、北方籍，徐洪明、姜希俊（2001）就曾根据当时清政府发配884户云南籍兵丁及其家属赴盛京、吉林边台、驿站守护之说考察了杜尔伯特地区站人的族籍，并认为居住在该县他拉哈、多耐的站人系属云南白族人。由于吴三桂在被清政府册封为平西王镇守云南前是在东北统兵，所以镇守云南时也带去了部分东北籍或北方籍士卒。因此，站丁们的交际工具当为北方方言。

“三藩”降卒被发配到荒蛮之地驻站后，清政府一开始采取了不准离开驿站百里，不准应试为官，不准参加科举考试的“三不准”政策高压管理，站丁的地位“比一般旗奴还要低下。一般旗奴于乾隆年间已经谕令出旗为民，可对于驿站人，光绪四年（1878）奉天府丞王家壁奏请‘照庄头及旗民家奴放出例，除编站丁本身及其子孙，再扣足三代所生子孙，旗档有名入旗籍考试，旗档无名入民籍考试’仍未被准允。这个奏章已涉及6代子孙了，仍认为‘系吴逆伪党，本在十世不宥之列’”（张其卓，2006：50）。由于站丁驻守之地异常荒芜，方圆数百里不见人烟，封闭的环境为站丁形成自己的内部方言提供了天然的土壤，而他们也承受着常人难以忍受的折磨，《清实录》记载，康熙二十一年四月至五月，帝旨："上谕大学士等曰：'流徙宁古塔、乌拉人犯，朕向者未悉其苦，今谒。'"又有"陵至彼，目击方知此辈既无屋棲身，又无资力耕种，复重困于差徭，况南人脆弱，来此苦寒之地，风气凛冽，必至颠沛沟壑"。康熙二十七年三月帝旨："戊子，谕大学士等曰：'盛京、宁古塔沿途驿站，往来官员多索车马，鞭挞驿站人役，所在多有。嗣后如此苦累驿站者，管理驿站官即行报部。'"正因如此，站丁宁死也要逃走的事件时有发生，而多数站丁无法逃脱最终只能抱恨客死异乡。

后来清政府不得不鼓励站丁开荒种地，想办法解决站丁无妻等问题，驿站开始人丁兴旺，宣统元年（1909 年）驿站被裁撤，站人才改归民籍，改归民籍后的站人部分开始搬出驿站，到驿站周围甚至更远的地方生活，由于站人已被贴上了政治标签，被看成是特殊的"民系"，甚至被贬称为"站棒子"，所以他们向外的迁移之地也基本上是穷乡僻壤。

站人在生活习俗、文化传统甚至言语交际方面经过百年变迁都已经形成了自己独有的不同于周围社会集团的风格，他们使用的交际工具被称为"站话""站上话"。游汝杰（1993）曾调查了肇源和泰来两地的站话，我们也曾系统地调查了嫩江县科洛乡科后村和科洛村站话。根据相关研究，我们认为，站话最初是一种北方方言的职业变体，其后演变成了通行于站人群体内部的特殊的"民系"方言。站话一直处于黑龙江方言包围之中，为一块孤独的方言岛。

四　余论

站人的命运也注定了站话的消变，站话作为一个特殊的带有历史烙印和职业印记的方言目前正处于急剧消变状态，很快会融合于黑龙江方言中。游汝杰

（1993）认为站话已经呈现出时代层面、年龄层面和地理层面的衰颓。

我们认为，站话衰颓的原因除了新移民的快速涌入等客观因素外，也与站丁后代们希望摆脱历史强加于自己的屈辱性身份相关，站人改归民籍前，其生活毫无自由可言，其后代也为先辈的“罪孽”付出了沉重的代价，站人地位低，站话的地位也低。站人寻找不到自己的精神家园，其社群凝聚力非常脆弱，所以其衰颓也就不可避免了。

主要参考文献

爱辉县修志办公室（1986）《爱辉县志》，哈尔滨：北方文物杂志社。

（清）长　顺修，李澍田等点校（1986）《吉林通志》，长春：吉林文史出版社。

陈立中、刘　宇（2005）黑龙江站话的濒危性质及研究意义，《文史博览》第20期。

陈志贵、平庆林（1981）齐齐哈尔史略（上），《北方论丛》第4期。

刁书仁（1995）论清代东北流民的流向及对东北的开发，《清史研究》第3期。

杜尔伯特地方志编纂委员会（1996）《杜尔伯特蒙古族自治县志》，哈尔滨：黑龙江人民出版社。

方裕谨（1982）清代邮驿制度概述，《历史档案》第3期。

郭风岚（2003）消变中的科洛站话，《中国社会语言学》第1期。

郭风岚（2007）文化缺失与语言的濒危——以站人、站话为例，《中国文化研究（夏之卷）》。

郭正彦（1986）黑龙江方言分区略说，《方言》第3期。

贺　巍（1986）东北官话的分区（稿），《方言》第3期。

李向辰（1995）谈驿站设置及驿丁民族归属问题——与王国志先生商榷，《黑龙江史志》第6期。

孟宪振（1982）清初吉林至瑷珲驿站考，《历史档案》第 4 期。
漠河县志编纂委员会（1993）《漠河县志》，北京：中国大百科全书出版社。
讷河县志编纂委员会（1989）《讷河县志》，哈尔滨：黑龙江人民出版社。
嫩江县地方志编纂委员会（1992）《嫩江县志》，海口：三环出版社。
嫩江县委宣传部编（1991）《嫩江县民间文学集成》，嫩江县委宣传部出版发行。
裴良玉、王　巍（2001）黑龙江地区的古驿站，《黑龙江史志》第 3 期。
谭彦翘（2006）卜奎试解，《北方文物》第 1 期。
王国志（1994）站丁及站上人考略，《黑龙江史志》第 5 期。
温洪清、李志红（2007）清代黑龙江地区的驿道和驿站，《黑龙江史志》第 7 期。
（清）西　清著，梁信义等注释《黑龙江外记》，藏于中国国家图书馆。
夏家骏、孟宪振（1983）“卜奎”考释，《历史档案》第 4 期。
解立红（1992）论康熙帝北部边防的军事战略，《清史研究》第 3 期。
徐洪明、姜希俊（2001）杜蒙“站人”族籍考，《大庆社会科学》第 5 期。
伊双庆纂修《林甸县志略》，民国间林甸县抄本，藏于中国国家图书馆。
游汝杰（1993）黑龙江省的站人和站话述略，《方言》第 2 期。
张其卓（2006）台丁站人，《满族文学》第 3 期。
张铁纲（1989）清代流放制度初探，《历史档案》第 3 期。
肇源县地方志编纂委员会（1986）《肇源县志》，肇源县地方志编纂委员会办公室内部发行。
中国第一历史档案馆（1982）康熙年间吉林至爱珲间的驿站，《历史档案》第 3 期。
中国社会科学院、澳大利亚人文科学院（1987）《中国语言地图集》，香港：香港朗文出版。
《黑龙江志稿》，卷十一、十二，藏于中国国家图书馆。
《清代黑龙江孤本方志四种》，墨尔根志卷之二，藏于中国国家图书馆。
《清实录》（第五册）北京：中华书局，1985。
《盛京通志》，卷十二，藏于中国国家图书馆。

文化缺失与语言的濒危——以站人、站话为例*

提要 语言是文化的物质载体，语言濒危对人类文化的保存与传承会造成巨大影响；文化是语言的精神家园，文化的缺失对一种语言或方言走向濒危极具内部杀伤力，会加快濒危的语言走向消亡的步伐。本文在对黑龙江站人及站话考察过程中发现，作为一种独特的文化景观，站人源于站丁，清以后驻守在黑龙江各驿站的站丁的主体是由清政府发配而来的吴三桂手下的降兵，这些被烙上了“红字”的站丁后来不仅形成了一个特殊的社群——站人，而且形成了由职业变体演变而成的通行于社群内部的交际工具——站话，久而久之站话变成了黑龙江方言中的一个特殊的方言岛。通过查阅大量历史文献以及对几个站人集中居住区的实地考察，我们发现站话目前正处于濒危状态，而站人社群文化的缺失是导致站话濒危的直接原因。

关键词 文化缺失 语言濒危 站人 站话

有史以来语言一直是人类最重要的交际工具，承载着人类文化记录与传播的使命。“语言也不脱离文化而存在，就是说，不脱离社会流传下来的、决定我们生活面貌的风俗和信仰的总体。”（萨丕尔，1985：186）语言是文化的物质载体，没有语言，文化就失去了赖以传播、流传的物质基础，同样文化是语言的精神家园，脱离了文化，语言就成了无源之水、无本之木。语言离不开文化，文化也离不开语言，一个民族或社会语言的丰富性与多样性预示着其文化的丰富多彩，文化的丰富多彩也会进一步推动语言的发展与完善，因此，语言濒危会使人类文化受到巨大损害，同样，人类社会文化的缺失也必将会对语言

* 本文原载于《中国文化研究》2007 年夏之卷。

或方言产生消极影响，甚至导致语言或方言消亡，可以说文化缺失对一种语言或方言走向濒危极具内部杀伤力。

现今中国境内100余种少数民族语言及众多方言中，正处于濒危状态的越来越多，濒危的原因多种多样，有来自外部的因素，如社会开放带来了语言间频繁的接触，一些弱势语言或方言受到强势语言或方言的冲击，像普通话推广使少数民族语言及方言失去了其使用范围、使用场合等。也有来自语言或方言社团内部的因素，其中最重要的就是文化的缺失。本文考察的一个独特的案例——站话之所以处于濒危境地，其直接原因就来自站人的文化缺失。

一　站人与站话形成的历史文化背景

站人源于站丁。明、清以前东北地区人烟稀少，由于沙俄的不断侵扰，清朝以来东北特别是黑龙江流域的重要性越来越显著，为巩固东北疆域，清统治者们不仅继续沿用前代统治者修建的驿路，而且还开始不断增设卫所、驿站，特别是为保持边疆与京畿之间信息畅通，清政府对黑龙江流域的军事防务愈加重视，不断修筑驿路、增设驿站。《清实录》（1985：292）记载，康熙二十四年（1685）九月至十月，帝旨："查墨尔根地方最为紧要，应筑城设兵。……黑龙江设副都统一员，其驻防五百兵，以乌拉、宁古塔兵参用。先流徙宁古塔、乌拉罪人俱入兵数发往。……既于墨尔根设兵，自须增驿。令户部、兵部、理藩院各遣官一员，自吉林乌拉至墨尔根、自墨尔根至黑龙江宜增几驿。"按照康熙帝令，清政府兵部、户部紧急行动，同年十月十二日军部咨黑龙江将军文中就提到："既然设驿事宜甚为紧要，故今仍拟会同将军萨布素将吉林至墨尔根、墨尔根至黑龙江，所设各驿及增设驿站等事议定具题。"（中国第一历史档案馆，1982）同年十一月二十四日，户部咨黑龙江将军文中对驿站设立数量、丈量标准、驿站机构的构成、站丁来源、粮草供应等都做了详细指示和说明。

经过努力，清政府最终建成了一条“以五尺为度精确量之”（中国第一历史档案馆，1982），从乌拉（今吉林一带）至茂兴向北经齐齐哈尔、讷河、墨尔根（今黑龙江省嫩江县）、科洛、塔溪直至黑龙江城（今黑河市爱辉镇）全程总计1711里、设驿站25个的驿路。该驿路在黑龙江境内最初开设了19个驿站，后来雍正五年（1727年）在茂兴附近又增加乌兰诺尔站，最终变成20个驿站，其中始自黑龙江站（坤站）经今黑河地区二站、三站到今嫩江县的塔溪、科洛向南直到今讷河市拉哈镇（原拉哈站）的10个北路驿站也叫上十站，而从宁年站（今富裕县境内）向南经他拉哈、古龙到茂兴站（今肇源境内）的10个南路驿站也叫下十站。

驿站建成后即需人管理守护，黑龙江境内南北两路的驿站最初定为黑龙江将军管辖，将军下设驿站官1—2名管理驿站具体事物，驿站内部人员构成之初是按“每驿计领催在内，共设男丁三十人，马二十匹，牛三十头”设计的（中国第一历史档案馆，1982）。

由于驿站所设之处自然环境和生存环境极为恶劣，站丁的来源开始成了问题，当时“各驿站共需男丁五百七十人”（中国第一历史档案馆，1982）。清政府的原则是，“官庄男丁不议”，“由盛京沙河站、凤凰城等二十四驿、盛京所属柳边、宁古塔将军所属柳边、驿站，计其男丁多寡平均摊派之。”（中国第一历史档案馆，1982）这些驻防男丁都是因抢劫杀戮或政治问题等各种原因而被流放的人员。这一原则最终因摊派困难而无法落实，所以，康熙二十四年十二月，户部遵上谕指示黑龙江将军“锦州俄佛罗（今吉林省吉林市北七十五里处）至黑龙江各异，每驿所需之三十名男丁，既然由沙河站等各驿内摊派，困难重重，即应查索伦、达斡尔之贫穷者，令其驻于霍洛尔河至黑龙江所设置五驿内。至于墨尔根至锦州俄佛罗之二十驿，既然由盛京沙河站等驿人员内摊派驻驿，困难重重，即应查抄没户人，令其驻驿”（中国第一历史档案馆，1982）。而这些所谓的“抄没户人”绝大部分都是“三藩之乱”后降服并于康熙二十二年（1683年）前后从京城被整体发配到东北的吴三桂手下的部卒，少数为关押在京城的重刑犯。关于这段历史《清实录》(1985：6—7）里也有记载，康熙二十一年（1682）正月帝下旨，除“逆贼吴三桂骸骨分发各省”，相关臣属予以凌迟或斩首外，其余部卒均贬为奴，例如“田起蛟、金镜、李学诗、陈梦雷据从宽免死，内系旗人，给与伊本主为奴；系民，入官，给披甲新满洲为奴”。

吴三桂曾被清政府册封为平西王镇守云南，后因反叛而被灭，所以其属下的部卒多源于云贵地区，据孟宪振（1982）考证满文版《黑龙江将军衙门档》:“《黑龙江将军衙门档》载:‘宁年驿丁李楷供称：我原与伪总兵（即吴三桂属下官）叔父李文渊从云南出来，于康熙二十一年三月来京，后因于京城难以度日，被发往驿站。’又载:‘锦州俄佛罗至墨尔根二十站驿丁，皆属重大罪犯，因圣主仁慈免死，被派往各驿站。’”徐洪明、姜希俊（2001）就曾根据当时清政府发配884户云南籍兵丁及其家属赴盛京、吉林边台、驿站守护之说考察了杜蒙（即黑龙江省杜尔伯特蒙古族自治县）地区站人的族籍，并认为居住在该县他拉哈、多耐的站人系属云南白族人。

由于发配来的是被冠以“伪总兵”者和作奸犯科者，所以最初清政府对这些站丁严加管制与防范，直到宣统元年（1909年）驿站被裁撤前，站丁及其眷属一直生活在自然条件极差且非常封闭的驿站区域内。他们世代饱受歧视，背负着沉重的历史包袱，心上刻着无法抹掉的“红字”烙印，过着常人无法忍受的艰难、封闭的生活，并形成了自己内部的交际工具——站话。

站话是相对于民话而言的。清以后，躲避天灾人祸的逃荒者不断涌入，他们开始在驿站周边发展生产，使得冷清的边疆也开始渐渐繁荣起来，最终形成了两个不同的社会群体——原住民站人与新移民民人，同时也形成了两个不同的方言——站话和民话。站人称自己为“站上人”，是一个特殊的民系，称普通民户为“民人”“民户”，是“外来户”；而普通民户也贬称站人为“站棒子”“坐地户”。

从站丁的主要来源看，站话的前身是一种职业变体，即通行于军队内部的社会方言，而后几经变迁发展成了一种特殊的民系方言。郭正彦（1986）、游汝杰（1993）等先生曾称站话为方言岛。作为一个由职业变体慢慢发展起来的交际工具，站话仅通行于站人所居的区域内，在我们所述的此条驿路上从茂兴至黑龙江城最初应该是呈带状分布。根据其分布特点我们将站话的分布区域称为斑点式线状北方方言岛。

二　站人与站话的历史与现实命运

这样的背景也昭示了站人与站话的悲惨命运。由于发配到驿站的都是被清政府认定的参与叛乱或扰乱社会秩序的罪犯，所以站丁在历史上遭受了双重磨难。

其一，受到严格管制与防范，清政府规定站丁“三不准”，即不许离开驿站百里，越百里者死罪处罚；不准为官，最高只能到领催或笔帖式；不准参加科举考试。站丁的地位“比一般旗奴还要低下。一般旗奴于乾隆年间已经谕令出旗为民，可对于驿站人，光绪四年（1878）奉天府丞王家璧奏请‘照庄头及旗民家奴放出例，除编站丁本身及其子孙，再扣足三代所生子孙，旗档有名入旗籍考试，旗档无名入民籍考试’仍未被准允。这个奏章已涉及6代子孙了，仍认为‘系吴逆伪党，本在十世不宥之列’”(张其卓，2006)。直到宣统元年（1909年）驿站被裁撤，站人才改归民籍。

其二，饱受欺凌，发配地条件之艰苦非常人所能承受。我们可以从《清实录》(1985：28）里得到佐证。佐证一：康熙二十一年四月至五月，帝旨：“上谕大学士等曰：‘流徙宁古塔、乌拉人犯，朕向者未悉其苦，今谒。’”又有“陵至彼，目击方知此辈既无屋棲身，又无资力耕种，复重困于差徭，况南人脆弱，来此苦寒之地，风气凛冽，必至颠沛沟壑。”佐证二：康熙二十七年三月帝旨："戊子，谕大学士等曰：'盛京、宁古塔沿途驿站，往来官员多索车马，鞭挞驿站人役，所在多有。嗣后如此苦累驿站者，管理驿站官即行报部。'"（《清实录》，1985：454）正因如此，站丁逃跑事时有发生。而多数站丁无法逃脱最终只能抱憾客死他乡。

有鉴于此，清政府也不得不开始实行一些恩威并举的政策，比如严加看管站丁的同时帮助驿站无妻之男丁娶妻，鼓励站丁在许可的范围内开荒种地自给自足，这些政策使得驿站开始人丁渐旺，也使得站人这样一个特殊的社会群体开始发展起来。

特殊的历史命运，使得站人在驿站一代又一代地繁衍生息，其命运的真正转折点是从宣统元年开始的，这一年站丁终于被改归民籍，归民意味着可以过普通百姓的生活了，可是，政治上的"伪党"标签被拿掉了，站人心灵深处的"红字"创伤及来自周边的偏见却不是轻而易举就能消除的。这一点我们从站人改归民籍后随即纷纷搬迁即可印证。

黑龙江站丁内部人员构成成分较为复杂，既有发配而来的罪孽深重者，又有贫穷的少数民族，人员构成复杂，社会地位卑下，心灵饱受凌辱，自然环境恶劣，加之统治者的高压，使得站人社群内部缺乏凝聚力，文化认知力弱，虽历经二三百年也无法重新整合形成自己的可以不断传承的文化，由此造成站人群体文化的缺失，而部分来源一地的站人所保留的来源地的习俗在站人的卑微心理摧残下也逐渐衰微，直至湮灭。

站话就是在极其封闭的环境下形成的站人社会内部的交际工具，如果要给其一个完整的认识，我们认为"站话的初起当为职业方言，由于历史的、客观的原因和站丁来源特点等等在其内部最终演变成一种特殊的民系方言，因此，站话具有特指性和特定的分布区域，即站话是指生活在黑龙江境内二十个驿站附近的站人语言，该语言是以清代吴三桂手下云贵籍和部分北方籍士卒的方言为主、融入了其他方言和少数民族语言的带有历史烙印和职业印记的北方方言"（郭风岚，2003）。

站人的命运也决定了站话的命运，宣统元年，黑龙江境内上下十站的驿站被裁撤，改为文报局或邮政局，站丁改归民籍，该段驿站所承担的使命告止。禁令被解除后，站人很快向外流动，或单枪匹马流向他处，或三五成群向周围扩展，站话也开始消变。

站人戏称自己是中国 56 个民族以外的独特的一个民系，站话是自己的民系方言，这多少渗透了站人对自己身份归属的一种向往，而同时和驿站后来涌入的新移民以及周边区域一样，站人也评价自己的话“侉”，这又多少表露了站人及其周围社群对其方言的语言态度。“在这方面站人女性更敏感，甚至自觉矫正自己的言语行为。科后村一位 60 岁左右的孙姓老大娘说，自己的孙女总认为奶奶说话太侉，所以她和孙女外出时都不太敢讲话；科洛村范芝山老人 76 岁的老伴认为站话太难听，所以坚称自己现在说的不是站话，尽管我们听到她把‘辣椒’说成 [$la^{53}t\c{c}iau^{412}$]，把‘科后’叫作 [$k^{h}ɤ^{412}xou^{53}$]，而这些发音确是地道的科洛站话。而科后村董亚第的站人儿媳妇不仅不说站话，还尽量使自己的语言行为向来自其他省、市、县、村的移民方言靠近。”（郭风岚，2003）

在二十世纪五六十年代以后，站话急遽消变，现在会说站话的人群只分布在部分 60 岁以上的老年群体中，从使用区域看，站话基本上退缩到了原驿站两侧比较偏僻的乡下，呈斑点式线状分布。我们曾在 2002 年 4—5 月对黑龙江省嫩江县科洛乡站话的使用情况进行过详细调查，科洛站清时曾属北路驿站，现在该地站人最集中的地方是在科后村，科后村人口约 500 户 2200 余人，99.9% 为汉族，其中站人约 270 余户 1200 余人，占当地总人口的 60% 左右。据说 60 年代以前本村居民几乎都是站上人，60 年代以后开始有山东梁山移民，此后陆续有本省知青、外省知青进入。科后村在全乡因自然条件差，交通不便，所以至今经济发展比较落后，当地人一致认为这里还保留着较为完整的站话，而我们在对科后村站人董亚第一家三代 12 口人的语言使用情况的观察中，却发现站话已经处于濒危状态，我们比较详细地记录了董亚第一家三代12口人的语言生活，包括：董亚第夫妇，61岁左右，均为站人后代；4个儿子（31—42岁）及来自附近乡村和本村的儿媳计8人；2个孙女（7岁、13岁）。全家三代人交际时的语言使用情况如下：

董亚第全家三代交际时的语言使用情况表

交际对象 / 交际者及交际工具	董氏夫妇	儿子	外地儿媳	本村站人儿媳	孙女	站人	外人（非站上人）
董氏夫妇	站	站	本	站	本	站	本
儿子	本	本	本	本	本	本	本
外地儿媳	当	当	当	当	当	当	当
本村站人儿媳	混	混	混	混	混	混	混
孙女	普	普	普	普	普	普	普

说明：表中站＝站话，本＝本村东北话，当＝本人母语，混＝本村东北话混杂其他方言（主要是其他儿媳的母语），普＝普通话。

科洛乡政府所在地科洛村，站话濒危程度比科后村要严重得多，像董亚第的岳父范芝山老人今年已经84岁，从其话语中已基本上找不到站话的影子，只零零碎碎地听到一些特殊的站话词语。

三　站话濒危的文化阐释

目前世界上众多语言与方言已经消失或正在走向消失，“语言学家们估计，世界上现有6000多种语言，在21世纪将有大部分语言陆续失去它的交际功能（有人估计将消亡70%－80%）而让位于国家或地区的官方语言”（孙宏开，2001）。在中国100多种少数民族语言中，“有20多种语言已经濒危或临近濒危，有3种语言近期已经消亡（畀语、木佬语和哈卡斯语）”（孙宏开，2006）。

而汉语方言目前不仅弱势方言在迅速萎缩与衰亡，而且强势方言的势力也呈不断萎缩的趋势。（曹志耘，2006）

作为人类文化的载体，语言的消失与濒危是人类文化的巨大损失。“方言是一定地区人民的交际工具和思维工具，是和一定地区的地域文化相联系的。因此，跟民族语言一样，一种方言的消亡，就意味着当地人民世代相传的那种交际和思维工具的永远丧失，就意味着当地独具特色的地域文化的那种载体和重要组成部分的永远丧失，也意味着人类语言文化的多样性受到严重的破坏。”（曹志耘，2001）那么，是什么原因导致语言及方言的消失或濒危呢？原因多种多样，就汉语方言而言，由于普通话的推广，普通话的应用范围与作用在不断扩大，使得很多方言的“‘用途’越来越少，‘作用’越来越小，简而言之，是因为这种方言‘没用’了。在当今的汉语方言中，方言‘没用’的现象越来越普遍和严重，‘没用’的方言越来越多”（曹志耘，2001）。作为一种特殊的文化景观，站话的濒危也是由于其成了“没用”的方言，而导致其“没用”的根本原因则在于站人群体文化的缺失。

总体说，站人群体文化的缺失主要表现在客观现实使得站人无法形成属于自己的可以传承的社群文化，而站人二百多年间一直被刻在心底的“红字”所压制着，这直接导致了其社群人格被扭曲，社会构成松散，社群凝聚力低弱，文化认知力卑下，语言态度卑微。

若从康熙二十一年站人开始被发配到黑龙江上下十个驿站算起，那么至宣统元年站人已经在此生活了二百二十多年，这二百多年来，由于“罪孽深重”到“十世不宥”的程度，一人犯法株连九族，无论是蒙冤受屈，还是真正的罪犯，站人只能生活在驿站方圆百里内，毫无自由可言，这样的管制使得一代又一代站人不得不为自己先辈的“罪孽”付出沉重的代价，生活环境的封闭使得站人自身形成了一种“红字”定势，生活负担的沉重使得站人只能靠幻想中的“神”来解救他们脱离苦海，站人民间传说其神叫董叉魔，是老虎神，他专治疑难杂症。一天一位将军的女儿病了，将军请来了达族的徐叉魔，但徐叉魔神力不抵董叉魔，于是将军又改让董叉魔给女儿治病，而董叉魔却提出一个条件，就是“如果我将小姐病医好，你就将我们站上人种官地任务收回”（嫩江县委宣传部，1991：8）。董叉魔魔力能医治人体疾病，却无力使站人脱离奴役的苦海。这样的处境久而久之也造成站人社群文化缺失，即便站人的婚姻被限制在内部选择，站话成为其内部的重要交际工具，其社群的文化凝聚力仍然很脆弱，站话的地位也就很低。

宣统元年站人归民，自由了的站人并没有携手建设家园，而是开始迅速迁出驿站，向周边扩散，驿站站人数量大幅减少，新移民向驿站附近的涌入，使得移民方言和站话开始接触，最终由于站人群体文化的缺失，移民方言成了该区域的强势方言，这进一步导致站话使用区域快速萎缩，使用人口数量急剧下降，站话最终濒于消亡。

主要参考文献

[美国]爱德华·萨丕尔（1985）《语言论》，北京：商务印书馆。
曹志耘（2001）关于濒危汉语方言问题，《语言教学与研究》第1期。
曹志耘（2006）汉语方言：一体化还是多样性，《语言教学与研究》第1期。
郭风岚（2003）消变中的科洛站话，《中国社会语言学》第1期。
郭正彦（1986）黑龙江方言分区略说，《方言》第3期。
孟宪振（1982）清初吉林至瑷珲驿站考，《历史档案》第4期。
嫩江县委宣传部（1991）《嫩江县民间文学集成》，嫩江县委宣传部编印。
孙宏开（2001）关于濒危语言问题，《语言教学与研究》第1期。
孙宏开（2006）少数民族语言与文化的记录和保护，《中国民族》第5期。

徐洪明、姜希俊（2001）杜蒙“站人”族籍考，《大庆社会科学》第5期。

游汝杰（1993）黑龙江省的站人和站话述略，《方言》第2期。

张其卓（2006）台丁站人，《满族文学》第3期。

中国第一历史档案馆（1982）康熙年间吉林至爱珲间的驿站，《历史档案》第3期。

《清实录·圣祖实录（二）》，卷一〇〇至卷一九六，北京：中华书局，1985。

论北京地名文化的保护——以儿化地名为例*

提要 北京地名历史悠久，承载了丰富的地域历史文化信息，特别是一些音变类地名，更是活在地名里的老北京话，是北京地域文化的象征性符号。现如今，随着北京城区生态环境快速变化，一些传统地名正随其实体的改变而消失，现存的部分音变类地名读音也开始渐失“京味儿”，急需保存与保护。丰富的儿化是北京话的重要特征，也是北京特色性方言文化标志。本文专门以反映北京独特历史文化风貌和认知理念的儿化地名为例，通过梳理儿化地名文化的发展历史，指出北京地名儿化不儿化并非与所使用的字是否适合儿化相关，而是蕴含着丰富的地域文化内容和人文气息，因此更需要很好地保护，保护的重要路径之一就是自觉传承与原态保存，本文特别提出了研发有形加有声、地图加文字的北京地名文化知识库的构想。

关键词 北京地名文化　儿化地名　保护　原态保存

一　引言

地名是历史的见证者，是地域文化的承载者与传承者。众所周知，由于历史原因，现在北京一些地名写法和读法存在着不一致的情况，比如：“大栅栏”在普通话里读成 dàzhàlán 或 dàzhàlan，但在北京话里则有两种读法，不同读法显示的是不同的地方，读 dàshílàr 时，指的是前门外繁华的商业街区，读

* 本文获得北京市社科基金项目“北京城区语言生态格局研究”[12WYB005] 的支持，原载于《中国文化研究》2015 年春之卷。

dàzhàlán 时，指的则是西单电报大楼旁的一个街区。又比如："大山子、花庄子"等在北京人口中"子"绝不会读其本音 zǐ，而一定要读成轻声或发生相关音变。和"前门""崇文门""德胜门"等不同，"西便门""东便门"等在北京人口中"门"后一定是要带上"儿"的，读成"西便门儿""东便门儿"。这些音变现象在北京人交际中早已约定俗成，但对非北京人来说，如果把前门的"大栅栏"读成本音 dàzhàlán，就有可能造成误解。把"前门"读成"前门儿"，更是表达了不同的意义。

作为历史悠久、文化特色鲜明的首善之区与国际化大都市，北京在快速发展的过程中，其地域性文化也在不断经受考验甚至冲击，例如：由于城市建设格局的调整，外来人口的迅速增加，北京城、北京话的生态格局已经发生巨大变化，老北京话在逐渐式微已是不争的事实。但另一方面，我们也注意到，即便在老北京话的生态格局发生了巨大变化的今天，北京地名中的音变类地名依旧保持着顽强的生命力和旺盛的活力，它们成了活在地名里的老北京话，成了北京地域文化的象征性符号。

那么，北京在发展过程中是否仍要保持、保护这些地域文化符号？如何保护它们？本文以北京话儿化地名为例，谈谈我们的想法。

二　北京话儿化地名的文化生态

丰富的儿化是北京话的重要特征，也是北京特色性方言文化标志，北京话儿化究竟起于何时？是自身衍生的结果还是借自其他少数民族语言？由于没有确切的历史文献记载，学者们的推论也是各持立场。但儿化地名的书面记载我们至少可以追溯到元代，很多学者都提到，元人李好古的杂剧《沙门岛张生煮海》里有这样的一组对话：

家童云：梅香姐，你与我些儿甚么信物？

侍女云：我与你把破蒲扇，拿去家里扇煤火去！

家童云：我到那里寻你？

侍女云：你去兀那羊市角头砖塔儿胡同总铺门前来寻我。

对话中说到的“砖塔儿胡同”就是今天位于西四一带的“砖塔胡同”，虽然今天它仍标写为“砖塔胡同”，但通过这一记载，我们了解了北京儿化地名的产生发展情况。

循着这条历史线索，我们很庆幸在不同历史文献里又发现了更多有关儿化地名的真实记录，其中最重要的当属明代张爵编纂的《京师五城坊巷胡同集》。《京师五城坊巷胡同集》较为系统地记录了明代北京城地名及其实体分布情况，按张清常（1990：40）确认，《京师五城坊巷胡同集》记录了当时北京城共1200条街巷名称。我们也特别对《京师五城坊巷胡同集》里的儿化地名进行了统计，共94个地名具有“儿”标记。其中单音节后加“儿”的地名25个，比如：井儿胡同、安儿胡同、铫儿胡同、观儿胡同、簪儿胡同、帽儿胡同、盆儿胡同、庙儿胡同、千儿胡同、席儿胡同、益儿胡同、要儿胡同、局儿胡同、绦儿胡同、罗儿胡同，等等，这些地名中的“儿”究竟仍是儿尾还是已经儿化，尚无从考证，今北京人读之，“儿”总是较本音轻。若将之归入儿化地名，则《京师五城坊巷胡同集》里的儿化地名约占其总街巷名称的7.83%，若不将其划归儿化地名，则约占总街巷名称的5.75%。

有趣的是，元杂剧里的“砖塔儿胡同”在《京师五城坊巷胡同集》里却没有“儿”标记，只记为“砖塔胡同”。两个朝代时间相连，为何“砖塔儿胡同”被记为“砖塔胡同”？难道是北京话儿化在明代衰减了吗？或者是作者记录有疏漏？显然都不是。仔细研读可知，这缘于作者记录地名资料的来源或渠道以及标准，张爵在序言里谈到，该书地名资料一方面来自官方，另一方面来自民间，其处理的办法是，“余见公署所载五城坊巷必录之，遇时俗相传京师胡同亦书之”。既然“公署所载”是第一条件，是一定要采录的，而“时俗相传”是补充条件，那么，“砖塔胡同”当是因源于官方文献而没了“儿”标记。也因为实录地名一部分来自“时俗相传”，使得《京师五城坊巷胡同集》为我们保留了较多的明代儿化地名，这些珍贵的资料对研究北京话儿化、儿化地名的发展变化具有重要价值。

考察《京师五城坊巷胡同集》中儿化地名的儿化类型，我们目前尚无法判断《京师五城坊巷胡同集》里25个单音节地名后加“儿”形式的来源，不过，其余69个儿化地名绝大多数当为民间百姓的口语音。依据“儿”前一音节用字情况，这69个儿化地名的语音结构共有18种情况：小河漕儿、双河儿胡同、石虎儿胡同、吴毡儿胡同、木厂儿、八家儿、三桥儿、新店儿、长巷儿、下庄儿、石碑儿、刑部铁门儿、宽街儿、枣林儿、小营儿、深沟儿、沙窝儿、小屯儿。

由此我们进一步推想，明时儿化已经广泛存在于北京人日常交际中，如果《京师五城坊巷胡同集》全部记录的是“时俗相传”的地名，相信儿化地名数量会更多，“儿”音结构类型更丰富。

地名是标示空间地理实体的名称，也是文化的积淀，历史的见证。儿化地名在当代北京地名中也占相当比例。“北京街巷名的地方特色和地方‘味儿’固表现于多方面，但‘儿化’音无疑居于引人瞩目的重要地位，没有‘儿化’音，北京的街巷名也就丢了好大的‘京味儿’。”（姜纬堂，1992：41）北京的儿化地名除单音节形式外，虽然在书写时常常失去“儿”标记，但在口耳交际之间是必不可少的，哪些地名儿化，哪些地名不能儿化，北京人分得很清楚，比如：同是“街”，读成儿化的地名有“朝内小街儿、北小街儿”等，但“长安街、西直门大街”等是绝不儿化的；同是“桥”，读成儿化的地名有“天桥儿（原宣武区东）、厂桥儿”等，但“航天桥”等是绝对不儿化的；同是“园”，读成儿化的地名有“（北京）植物园儿、（北京）动物园儿、西路园儿、南菜园儿”等，但“颐和园、圆明园”等是绝不儿化的；同是“门”，读成儿化的地名有“西便门儿、东便门儿”，但“前门、天安门”等又是绝不儿化的，而“广渠门（儿）”则有的人儿化，有的人不儿化，我们将一定儿化和一定不儿化的地名举例列表如下：

表 1　北京话儿化地名与不儿化地名对比

地名用字	不儿化	儿化
门	天安门，前门	西便门$_{儿}$，北宫门$_{儿}$
楼	钟楼，鼓楼	骑河楼$_{儿}$，赵家楼$_{儿}$
园	颐和园，圆明园	植物园$_{儿}$，南菜园$_{儿}$
庙	帝王庙，三官庙	红庙$_{儿}$
街	长安街，西四北大街	南小街$_{儿}$，北小街$_{儿}$
桥	航天桥	天桥$_{儿}$，厂桥$_{儿}$
河	护城河	三里河$_{儿}$
山	香山，玉泉山	小汤山$_{儿}$

可以说，北京地名儿化不儿化并非与所使用的字是否适合儿化相关，而是蕴含着丰富的地域文化内容和人文气息，“~门”与“~门$_{儿}$”、“街”与“街$_{儿}$”、“园”与“园$_{儿}$”等的不同，反映了北京独特的历史文化风貌和北京人独特的认知理念，我们将之概括为以下几点。

第一，讲求规矩。

自元大都以来，北京成为历朝历代之都，尊与卑、上与下、大与小的规矩是帝都文化秩序的重要体现，上至达官贵人，下至民间百姓无不遵之。由此“天安门”“前门”“崇文门”等皇城、内城象征皇权威仪的位尊之“门”皆不儿化，“颐和园”“圆明园”这类皇家园林等皆不儿化，儿化的只是外城诸如“西便门$_{儿}$”“东便门$_{儿}$”之类的位卑之地，“植物园”“动物园”这类后起的普通百姓休闲娱乐场所。“隆福寺”“白塔寺”“帝王庙”“三官庙”“城隍庙街”等具有寺庙之实的庄严肃穆之地皆不儿化，儿化的只是徒有“寺庙”之名，规模小的诸如“双寺$_{儿}$胡同”“红庙$_{儿}$”等地；“长安街”“王府井大街”“西四北大街”属于大街的皆不儿化，而“朝内南小街$_{儿}$”“宽街$_{儿}$”“中街$_{儿}$”“横街$_{儿}$”或冠以“小街”或比大街规模小的“街”则均儿化。由规矩生成的儿化或不儿化地名还有很多。时至今日，凡涉及庄重之地，其名一定不儿化，这已经渗透到了北京人的血液中，不懂规矩就会被耻笑。

第二，遵从约定俗成。

北京话儿化词丰富，儿化形式不仅仅是为了区分高低尊卑，也有表达情感的意义，人们对弱小事物总有怜爱之情，“小孩儿”“月牙儿”“铃铛儿”等，无一例外都增加了情感分量。因此，儿化也被认为是一种小称形式，用以表达爱怜之情，词语儿化后，或更好地区分了词性和事物的性质，比如“缝儿”“弯儿”“管儿”等，或减轻了语言成分原有的语义分量，使其具有词义轻化、弱化等特点和喜爱、亲昵、轻松等风格或语气，比如“玩儿命”“玩儿完”“玩儿去”等。（曹志耘，2011）

正因如此，北京话丰富的儿化词进入地名后，仍保留了其原有的儿化形态，即便有些地名表面看似乎不适合儿化，但还是遵从了约定俗成，比如：“王府井”，从地理位置、规模和地位看，似乎与小不相干，但北京的水井历史实在悠久，人们对其的依赖程度曾经非常高，水井占地面积有限，人们的生产生活都离不开它，所以“井儿”这个高频儿化词，即便到了“王府井”这样尊贵的地方也保持着旺盛的生命力，称为“王府井儿”。直到今天，由“井”构成的地名老北京人也都无一例外地将其儿化，比如：“琉璃井儿路”“三眼井儿胡同”“沙井儿胡同”“罗家井儿胡同”“西水井儿胡同”“大甜水井儿胡同”等。

此外，像“九道湾胡同”“月牙胡同”“花园胡同”“南菜园”“柴棒胡同”“花梗胡同”“大取灯胡同”“小细管胡同”“石板胡同”“锥把胡同”“麻线胡同”“竹杆胡同”“东石槽胡同”“炒豆胡同”里边的“湾”“月牙”“花园”“菜园”“柴棒”“花梗”“取灯”“细管”“石板”“锥把”“麻线”“竹杆”“石槽”“炒豆”也都是儿化词，最后一个音节均须儿化，即“湾儿”“月牙儿”“花园儿”“菜园儿”“柴棒儿”“花梗儿”“取灯儿”“细管儿”“石板儿”“锥把儿”“麻线儿”“竹杆儿”“石槽儿”“炒豆儿”，所以，由它们构成的地名也无一例外地成了“九道湾儿胡同”“月牙儿胡同”“花园儿胡同”“南菜园儿”“柴棒儿胡同”“花梗儿胡同”“大取灯儿胡同”“小细管儿胡同”“石板儿胡同”“锥把儿胡同”“麻线儿胡同”“竹杆儿胡同”“东石槽儿胡同”“炒豆儿胡同”，等等。

尽管儿化地名很丰富，但儿化地名在哪个音节上儿化还是很有讲究的，如果要儿化的两个音节不相邻，则可同时儿化，比如，“磁器口$_{\text{儿}}$东一巷$_{\text{儿}}$”“郭庄$_{\text{儿}}$西巷$_{\text{儿}}$”“铁营$_{\text{儿}}$北巷$_{\text{儿}}$”“花园$_{\text{儿}}$前巷$_{\text{儿}}$”，等等；若两个原本独立的儿化音节相邻，北京人则习惯取其一儿化，一般会取其后一音节儿化，比如，“花园$_{\text{儿}}$胡同”“桃条$_{\text{儿}}$胡同”“鸟枪$_{\text{儿}}$胡同”，等等，原本儿化的“花”“桃”“鸟”都不再儿化。

第三，遵从历史、地理风貌原本。

“儿化据保守估算也有千年以上的历史，它在北京话中的遗留痕迹很多，是语言考古的重要线索。”（周一民，2011：77）儿化地名历史悠久，负载了北京社会丰富的历史文化风貌信息，是北京地域文化的重要组成部分。20世纪40年代以前的中国，尚不属工业社会，更多的是小规模的或家庭作坊式的生产方式，所以，以“厂”形成的地名都是儿化的，像“小经厂$_{\text{儿}}$胡同”“草厂$_{\text{儿}}$胡同”“箭厂$_{\text{儿}}$胡同”“亮果厂$_{\text{儿}}$胡同”“方砖厂$_{\text{儿}}$胡同”“东厂$_{\text{儿}}$胡同”“台基厂$_{\text{儿}}$头条”“盔甲厂$_{\text{儿}}$胡同”“西打磨厂$_{\text{儿}}$街”，等等，这些儿化地名为我们展示了当时北京的生产生活实态与规模。

此外，我们也能从北京儿化地名看到北京人对其自然地理空间的认识，比如，通过是否儿化来区分空间规模大小的街道，规模大的街一律不儿化，比如“东长安街”“西直门外大街”等，规模小的街则儿化，比如“朝内南小街$_{\text{儿}}$”“新中街$_{\text{儿}}$”“横街$_{\text{儿}}$”，等等。

地名是活在现实里的历史，尽管当代北京地名产生时间不一，但是否儿化在老北京人那里更多体现的是历史、文化、实体、语言等特征的集合风貌。我们曾随机抽取了26个北京地名请一位老北京发音人①读说，其儿化情况如下：

表2　北京26个地名发音情况

不儿化地名	儿化地名
东华门、天安门、广渠门、前门、长安街、颐和园、圆明园、香山、石景山、玉泉山、鼓楼、钟楼、航天桥、小后仓	西便门$_{\text{儿}}$、北宫门$_{\text{儿}}$、朝内南小街$_{\text{儿}}$、王府井$_{\text{儿}}$大街、植物园$_{\text{儿}}$、南菜园$_{\text{儿}}$、动物园$_{\text{儿}}$、小汤山$_{\text{儿}}$、骑河楼$_{\text{儿}}$、天桥$_{\text{儿}}$、厂桥$_{\text{儿}}$、三里河$_{\text{儿}}$

① 发音人金凌琨，男，79岁，中专学历，老北京人，世居北京城内。本文有关北京地名的有声材料均来自金凌琨老人，在此特别致谢。

统计发现，26 个地名中有 12 个是儿化地名，占总数的 46.15%，儿化位置主要在地名尾部，个别在中间。

我们又以《北京胡同志》（2003）收录的北京街巷名称为底本，请该发音人读说其熟悉的街巷名称，在发音人读说出的原东城区和崇文区共 727 个街巷名称中，儿化 342 个，占总街巷名称的 47.04%。儿化位置有的在音节中，有的在音节末尾，有的则同时在音节中间和末尾两处，示例如下：

表 3　原东城、崇文两区部分儿化地名“儿”标记位置

儿化位置 / 所属区域	音节中儿化	音节尾儿化	音节中与尾双儿化
原东城区	台基厂儿头条	交林夹道儿	花园儿前巷儿
	月牙儿胡同	永康胡同儿	骑河楼儿北巷儿
	东板桥儿街	新中街儿	九道湾儿南巷儿
原崇文区	东花儿市大街	义兴巷儿	西花儿市北一巷儿
	标杆儿胡同	北武胜巷儿	山涧口儿一巷儿
	郭庄儿二条	广渠门南小街儿	郭庄儿西巷儿

那么，这一独特的方言文化特征在当代是否活力依旧？周晨萌（2005）通过当代北京口语语料库研究了 20 世纪 80 年代北京人的口语，认为虽然儿化在 20 世纪 80 年代北京人的口语中总体使用频率高，非常活跃，但在青年人和高文化群体中已经呈现衰减的趋势。彭宗平（2005）研究了北京地名通名部分的儿化现象，发现由于普通话的力量、新北京人的增加等因素的影响，北京人地名通名中的儿化正呈现递减趋势，目前递减带来的还只是量上的变化。

三　保护建议

语言“在人类漫长的历史发展过程中，积淀了丰厚的文化信息。语言中含有人们的价值观念、思维方式、文化心理以及对自然、社会的认知和表达。甚至一些已经消亡的文化现象，也会在语言中留下痕迹”，“语言是非物质文化遗产，而且是最典型、最重要的非物质文化遗产。”（曹志耘，2009：2）同样，地名也是非物质文化遗产，它的产生与发展变化更会受到自然环境和社会生态环境的双重制约，生态环境改变，地名就会受影响，北京自 20 世纪 80 年代起移民迅速增加，市政建设突飞猛进，城内一些胡同四合院被拆除或改造。随着外来移民的大量涌入，随着城市建设速度的提升，原来居住在胡同四合院的老北京人散居于城市核心区外，北京话正以前所未有的速度发生着变异和变化，老北京话在快速消变，北京地名的生态环境也同样发生了重要改变，一些老北京地名变成了历史，一些年代久远的地名，随着其实体的消失而湮没。“地名不仅仅是标示方位，而且也是文化的瑰宝。它包含着人类的历史记忆。……某些时候，某些领域，地名还是主权的象征，体现着国家尊严。”（李宇明，2010：319）因此，作为历史悠久的首善之区，北京地名文化的保护工作已刻不容缓。

语言文化保护工作是一项系统工程，涉及以下四个层面的协同：

层面一是政府行为，即政府制定相应的语言保护政策，规范、引导优秀语言文化的保护工作。

层面二是族群自觉，即语言当事主体自觉传承本族群的优秀语言文化，自觉传承直接关系到语言的命运，没有传承就没有未来，没有自觉传承就无法树立良好的保护意识。只有自觉传承，语言文化的生命力才会更为长久。

层面三是大众珍视，即整个社会形成尊重、珍视优秀语言文化传统的氛围，大众与政府、族群共同筑起保护优秀语言文化的城墙。

层面四是学者行为，即学者既要为政府制定语言文化保护政策提供咨询，又要具体规划、参与语言文化的原态保存工作。

这里我们专门谈谈北京地名文化的原态保存问题，语言文化的原态保存即通过技术手段原汁原味地保存语言文化。那么该如何做好北京地名文化的原态保存工作？我们建议实施北京地名文化保护工程。

北京地名文化保护工程的首要工作是建设北京地名文化知识库，知识库的信息内容主要包括：老北京地名有声语料、口述老北京地名文化史声像资料、老北京地名文化信息系统、新老北京地名对照系统、新老北京地名地图系统，等等。根据调研，我们认为建设北京地名文化知识库是可行的。

首先，从技术层面说，随着信息技术的迅猛发展，知识库建设技术日益成熟与完善，知识库是人工智能与数据库的结合，它通过信息系统对人们已有的知识进行获取、组织、加工、整合，信息量大、功能全、易操作是知识库的主要特点。北京地名文化知识库在技术挖掘上已经没有特别困难之处。

其次，北京地名文化文献信息保存得较为完整和系统，像老北京地名文化信息、新老北京地名地图、新老北京地名对照等，自古至今都保存得很完整，收集整理后可以直接进行技术加工整合，进入知识库，这些文献不仅可以很好地保存下来，而且非常便于利用。

最后，关于老北京地名有声语料、口述老北京地名文化史声像资料，需要专业人员进行田野调查，实地录制，这一部分也是知识库中最重要的内容，这两项工作弥补了历史上只通过文字记录北京地名的不足，从听觉上保留了活生生的老北京地名文化，使人能够更好地了解北京人对自己地名的读音。老北京地名有声语料需要选取老北京人进行录制，录制后进行文本转写与加工，转写时里边的儿化等音变信息均完整保留，由于是原汁原味地转写，可以直观地展示地道的老北京话地名音效。而口述老北京地名文化史也如此，由老北京人口述老北京地名文化史，录制后进行文本转写与加工。

关于转写，要保护好北京地名文化，录制后的转写非常关键，忠于原貌是转写的重要原则。以北京儿化地名为例，可以通过两种方式进行转写，一是通过汉字加“儿”标记记录该地名是儿化地名；二是按照国际通行做法，用国际音标精准记录其发音特征，这样可以更为直观地显示出地名的音变信息。我们简单予以示例：

表 4　北京儿化地名转写示例

区域＼地名	标准写法	实际读音	汉字形式
原东城区	柴棒胡同	tʂ'ai^{35}pãr^{51}xu^{35}t'uŋ^{51}	柴棒$_{\text{儿}}$胡同
	嵩祝院北巷	suŋ^{55}tʂu^{35}yar^{51}pei^{214}ɕiãr^{51}	嵩祝院$_{\text{儿}}$北巷$_{\text{儿}}$
	交道口北头条	tɕiau^{55}tau^{0}k'our^{214}pei^{214}t'ou^{35}t'iau^{35}	交道口$_{\text{儿}}$北头条
	蒋家大院	tɕiaŋ^{214}tɕia^{0}ta^{51}yar^{51}	蒋家大院$_{\text{儿}}$
	石雀胡同	ʂ^{35}tɕ'iaur^{214}xu^{35}t'uŋ^{51}	石雀$_{\text{儿}}$胡同
原崇文区	东马尾帽胡同	tuŋ^{55}ma^{35}i^{214}maur^{51}xu^{35}t'uŋ^{51}	东马尾帽$_{\text{儿}}$胡同
	银闸胡同	in^{35}tʂar^{35}xu^{35}t'uŋ^{51}	银闸$_{\text{儿}}$胡同

有形加有声、地图加文字构成的地名知识库系统，从视觉到听觉全方位地展示北京儿化地名文化，也是北京地名文化知识库的突出特色。

总之，我们认为，建立北京地名文化知识库，一方面可以满足人们浏览、查询、研究北京地名文化的需要；另一方面，可以更好地保护北京地名文化，是一件功在当代利在千秋的工程。

主要参考文献

曹志耘（2009）论语言保存，《语言教学与研究》第 1 期。

曹志耘（2011）吴语汤溪方言合变式小称调的功能，《中国语文》第 4 期。

姜纬堂（1992）北京街巷命名刍议之二——“儿化”音不该丢，《城市问题》第 4 期。

李宇明（2010）《中国语言规划续论》，北京：商务印书馆。

彭宗平（2005）《北京话儿化词研究》，北京：中国传媒大学出版社。

（明）张　爵（1982）《京师五城坊巷胡同集》，北京：北京古籍出版社。

张清常（1990）《胡同及其他——社会语言学的探索》，北京：北京语言学院出版社。

周晨萌（2005）20 世纪 80 年代北京口语儿化词的使用情况,《语言教学与研究》第 5 期。

周一民（2011）北京话儿化的社会文化内涵,《北京社会科学》第 5 期。

新疆图瓦语生态状况与保护建议*

提要 新疆目前讲图瓦语者约2000人左右，喀纳斯地区不足1800人。喀纳斯地区图瓦语现今保持着一定的活力，但在语言保持、语言传承等方面已开始衰减，保护图瓦语刻不容缓。本文认为政府重视、民众自觉与立法护航是减缓图瓦语濒危乃至消亡的重要措施。

关键词 新疆喀纳斯地区 图瓦语 语言保持 语言传承 语言保护

联合国教科文组织曾以使用人数多寡、语言使用领域宽窄等指标来判断一种语言是否处于濒危状态，按其标准，分布在中国新疆的图瓦语被划归濒危语言。

为了解图瓦语生态现状，经过充分准备，2014年8月和2015年7月，我们数次深入新疆图瓦人聚居区，现归喀纳斯景区管委会管理的白哈巴村（又名阿克哈巴，原属哈巴河县）、喀纳斯村和禾木村（原属布尔津县）三村，对图瓦语生态状况做了实地考察、入户调查与访谈。

一 图瓦人与图瓦语

新疆喀纳斯景区位于阿尔泰山南麓，素有“人间净土”“东方瑞士”等美誉，20世纪80年代被国务院批准，确定为国家级自然保护区，并首批入选《中

* 本文曾在第二届中国周边语言文化论坛（2014年12月于北京）上宣读，此次进行了修改。部分内容作为咨询报告获得教育部语用司采纳。

国国家自然遗产、国家自然与文化双遗产预备名录》。中国图瓦人数百年来主要生活在新疆，约 2000 人，人口集中居住地为喀纳斯景区的白哈巴村、喀纳斯村和禾木村，三村现有图瓦人不足 1800。

据我们 2014 年 8 月和 2015 年 7—8 月的实地调查，喀纳斯最吸引游客的不仅仅在其美轮美奂的自然景观，还因其拥有完整的独一无二的人文景观，即百年来以游牧生活方式生活在该地区的蒙古族图瓦人所创造并一直保持着的游牧文化，该地区也因此“被誉为人类农耕文明之前游牧文化的活博物馆”。[①]

图瓦人的文化、历史缺少母语书面文献记载，其民族归属也历经波折，图瓦人一直将自己的社会集团称为部落，并主观认定自己的民族属性为蒙古族，排斥被称为图瓦族，即便 1985 年新疆政府专门组织专家重新识别认定其民族属性，但最终还是尊重图瓦人自己的意愿，仍将其归为蒙古族。

即便属于蒙古族，但图瓦语却不是蒙古语的方言，而是独立的语言，与蒙古语分属不同的语族，蒙古语属于阿尔泰语系蒙古语族，而图瓦语据研究当归属阿尔泰语系突厥语族。（宋正纯，1985；程适良，1992）同时，图瓦语是典型的跨境语言，在中国境内主要分布在新疆阿勒泰地区，在境外则主要分布在俄罗斯联邦图瓦共和国（为其主体民族语言）、蒙古国北部。不同于俄罗斯联邦图瓦共和国，新疆图瓦语有言无文，没有自己的文字，这也是该地区图瓦人的文化、历史缺少母语文献记载的重要原因。

图瓦语属于喀纳斯图瓦古村寨人文景观的重要组成部分，是游牧民族图瓦人的精神家园，与其有形的木屋、牧场、森林、河流呼应，共同组成了图瓦社会文化的完整生态链。据我们了解，在国内小少民族、小少族群语言生态环境持续恶化的今天，得益于独特的自然、地理环境和强烈的自觉传承意识，21 世纪初以前，图瓦语生态环境尚好，与其他处于濒危或几近消亡状态的小少民族、小少族群语言相比，可以说是保存和传承得最好的语言。

① 引自喀纳斯景区管委会政府网站，http://www.kns.gov.cn/sy/zfxxgk/yjgh/2012/11140.htm。

二　图瓦语生态近况

当濒危、衰颓这些词被用来描述一种语言在人类社会生活中的状态时，我们是把语言当作一个有生命的生态系统来对待的，的确，作为自然生态系统和人类文化系统的链接，语言时刻伴随着人类社会发展变化，是与人类同呼吸共命运的生态系统。

随着全球化时代的到来，语言生态系统也开始发生快速改变，在这一背景与趋势下，在开放的喀纳斯地区，图瓦语的消变也是不可逆转的。据我们调查，近些年来，图瓦语生态环境已开始发生变化，主要面临以下问题。

2.1　民族语言教育的困惑

图瓦人自认族群坚忍，在喀纳斯地区，当地社会都说图瓦人是语言天才，几乎所有图瓦人都是双语者或多语者，双语、多语类型有：图瓦语—哈萨克语、图瓦语—蒙古语、图瓦语—哈萨克语—蒙古语、图瓦语—哈萨克语—汉语、图瓦语—蒙古语—汉语、图瓦语—哈萨克语—蒙古语—其他少数民族语言、图瓦语—哈萨克语—蒙古语—汉语、图瓦语—哈萨克语—蒙古语—其他少数民族语言—汉语，等等。这既反映了图瓦人对当地多语环境的积极适应，也是一种无奈。

由于民族归属为蒙古族，图瓦人在学校教育中接受的民族语言教育是蒙古语，但当地又没有多少母语为蒙古语的蒙古族，因此，图瓦人家的孩子学完了蒙古语，如果不继续升学，几乎无用武之地，缺少使用环境，蒙古语语言能力很快退化。喀纳斯地区人口最多的民族首先是哈萨克族，其次就是图瓦人，在实际生活中，蒙古语的使用环境远远不如哈萨克语，这使得图瓦人十分困惑。

2.2　图瓦人的母语保持心态开始改变

观察中国小少民族及小少族群的语言生活，其母语活力整体趋衰已成事实，基本呈已经衰颓、正在衰颓和开始衰颓三种状态，前两种状态占多数。衰颓原因由显性因素和隐性因素合力为之，显性因素主要是经济的发展、生活方式的改变等，隐性因素则是在其语言生活过程中产生的语言心态变异。显性因素通过直接压力作用于隐性因素，后者在压力催化下，对母语的守护或全心动摇，或产生坚定又彷徨的心态，无论何种情感认知，最终都会外化为行为，进而推动母语走向衰颓。可以说，族群的语言心态决定了语言活力的质量和时量，是语言活力的内在动力。我们希望通过对图瓦人及其语言状况的考察，探求小少族群语言心态变异问题。

图瓦人社会早期属于封闭的多元民族共居型社会，该地区除图瓦人外，还有哈萨克族等。由于地处边境，气候条件恶劣，在 20 世纪 80 年代前，图瓦人过的还是原始部落生活，社会封闭，冬季十分寒冷。到了 20 世纪 90 年代后，其优美的自然环境和独特的人文景观不断吸引着国内外游人，当地政府开始将其打造成旅游胜地，并以古村寨、图瓦人文包括图瓦社会丰富的多语景观为噱头，可以说，图瓦文化也是当地发展旅游经济的关键要素之一。旅游业的日益繁荣，也使得图瓦人的心态慢慢发生变化，图瓦人越来越意识到学习国家通用语的重要性，一方面他们积极主动去学习，另一方面一些富裕起来的图瓦人开始将孩子送到哈巴河、布尔津县城直接上普通学校而非蒙汉双语学校，在他们看来，蒙古语非其母语，学习后使用的环境也受限，与其上双语学校接受蒙古语教育，不如让孩子学好汉语更实用。由此导致越来越多的图瓦下一代母语能力或急遽下降，或已完全转用，城里上学的儿童假期从学校回村后，在和其他未出村的图瓦儿童交流时，时不时会将语码切换成汉语，和不懂汉语的老年图瓦长辈交流更加困难。我们在喀纳斯村调查时，多次在村长班增家里遇到一位在布尔津汉族学校读书的二年级小学生，只要她来，班增女儿和她交流时大部分时间都使用汉语。询问缘由，答曰图瓦语说得不如汉语好，本人喜欢说汉语。

我们曾对图瓦成年人的语言态度做过问卷调查与访谈，所有被访者都认为讲图瓦语对图瓦人的族群认同、族群独立存在很重要，但对图瓦语的未来，他们又是迷茫无助的，难以平衡好国家通用语、民族语言和母语学习之间的关系，既希望下一代人能继承并保持好图瓦语，又找不到保持、传承母语的有效路径。年轻人在不断走出大山走向城市，未来图瓦社会发生语言转用似乎只是时间问题。

2.3　图瓦语保护措施尚未到位

在中国一些景区，过于追求短期经济效益，忽视高品质的旅游文化建设，导致宰客现象、欺客现象时有发生，喀纳斯景区也未能幸免，由于监管不到位，鱼龙混杂，一些图瓦文化项目被扭曲，比如景点开设了“图瓦人家访”项目，打的是展示图瓦人语言、文化的招牌，实际却不是图瓦人用图瓦语在展示，而是非图瓦人操着非图瓦语在展示，游客常常有上当受骗感，这不仅给当地旅游业的发展带来了极大的负面影响，对图瓦文化也是极大的伤害。

由此也延伸出另外一个问题，即对图瓦语言、图瓦文化的重视与保护意识不强，甚至很弱，比如当地政府目前正在对本地古村落建筑群等有形的物质实态进行保护和规划，邀请了国内一些知名高校的学者进行设计，但对图瓦语、图瓦文化的保护并没有什么设想与规划，也可以说究竟是否该保护图瓦语以及如何保护图瓦语、图瓦文化，有关部门十分困惑，有心无力，无所适从。

以上问题直接导致生态良好的图瓦语有了开始衰颓的迹象，图瓦人的母语忠诚度在下降。悲观人士认为，如不采取有效措施，再过若干年，我们会眼睁睁看着这个具有特殊意义和历史价值的文化在我们面前消失。

三　图瓦语的保护建议

在多语地区，语言的活力往往是多种因素相互作用的结果，客观环境是基础，包括自然地理、居住方式、人口数量等要素；主观意识是条件，包括语言认同、语言态度、语言幸福感等要素。当客观环境缺少某一要素时，只要主观条件非常充足，语言生态的平衡依然会较好地维持，我们在对新疆喀纳斯地区图瓦语考察过程中特别感受到了这一点。

在加大非物质文化遗产保护力度的呼声越来越高的今天，在小少民族、小少族群语言濒危速度越来越快的今天，我们特别呼吁要切实采取措施，通过政策引导，做好小少民族、小少族群语言的保护规划工作。以图瓦语来说，其亟待保护的重要性及意义主要在于以下几点。

第一，图瓦语在中国境内的使用者仅 2000 人左右，按照联合国教科文组织判定语言濒危的标准，它被划归濒危语言，其生态环境虽良好却极脆弱，一旦衰颓，难以逆转。

第二，因自然、历史等因素的作用，使得图瓦语成为当前我国为数有限的生态状况最好的小少族群语言之一，但图瓦语没有自己的文字系统，做好其保护工作，使之成为我国成功保护小少民族、小少族群语言的典范，对世界濒危语言的保护来说具有示范意义。

第三，图瓦语有能够保护的条件及土壤，比如，对喀纳斯旅游的深度、良性的开发与规划，起码可以有效地降低其衰颓的速度，形成良性循环后，还可以更好地促进其旅游业的繁荣与发展。

为此，我们提出以下建议。

第一，在多民族地区，语言生活和谐是促进各民族团结、和谐的基础。“双语是否和谐主要取决于语言之外的社会、人文因素，其中人为的因素往往起到很重要的作用。双语关系如果处理得当，双语就会融洽；反之亦然。也就是说，人们有可能通过自己的主观努力，驾驭双语关系朝着有利于社会需要的方向发展。”（戴庆厦，2007：56）可见，对于小少族群语言文化的保护，政府的关心、引导与支持至关重要，由此我们建议尽快推动喀纳斯景区管委会重视图瓦语在其人文景观中的重要作用和价值，将图瓦语列入当地景区文化保护的整体规划之中，自然景观与人文景观相互映衬、和谐发展，喀纳斯的旅游经济才是可持续的。

第二，保护不仅仅是将其语言通过现代技术手段保存起来，更重要的是要采取有效措施，提高图瓦人自觉保护其母语的意识，族群的语言心态决定了语言活力的质量和时量，是语言活力的内在动力。“要科学保护各民族语言文字，必须增强全社会的语言资源观念和语言保护意识。人们虽然天天都在使用自己的语言，但对语言的重要性并非都会认识到位。许多人对‘社会和谐、民族和谐’能理解、接受，能很快就认识其重要性；但对语言和谐却不易很快就理解、接受，在实际生活中往往缺乏语言资源观念和语言保护意识。”（戴庆厦，2013：17）因此，建议地方宣传好保护图瓦文化的重要性，组织图瓦人自觉保护自己的母语，帮助其协调好国家通用语、民族语言（蒙古语）和母语（图瓦语）之间的关系，在语言教育中实施三语教育。

第三，多样性不仅适合自然界生物的生长与发展，也是人类社会和谐发展的必由之路，在全球化纵深发展的今天，保持文化多样性已成为人类的共识，越来越多的国家开始通过立法来保护语言，促进文化的多样发展。建议国家也对濒危语言的保护予以立法，通过科学手段、法律手段唤起全社会对濒危语言保护的自觉性，使各民族优秀文化共生共荣。

上述三点一言以蔽之就是建议政府重视、民众自觉与立法护航，我们认为，这既是保护图瓦语的有效途径，也是中国乃至世界濒危语言保护的重要路径。

主要参考文献

曹志耘（2009）论语言保存，《语言教学与研究》第 1 期。

程适良（1992）阿尔泰图瓦人语言概况，《语言与翻译》第 3 期。

程适良（1994）新疆阿尔泰山区的图瓦人，《中央民族大学学报》第5期。

戴庆厦（2007）构建双语和谐的多语社会，《民族教育研究》第2期。

戴庆厦（2010）语言关系与国家安全，《云南师范大学学报（哲学社会科学版）》第2期。

戴庆厦（2013）论“科学保护各民族语言文字”，《语言文字应用》第1期。

侯豫新（2010）从“双语教育”看文化接触与文化认同——以濒危语言图瓦语为考察对象，《西南民族大学学报（人文社会科学版）》第3期。

黄　行（2011）我国民族语言的沟通度与语言群体认同，《云南师范大学学报（哲学社会科学版）》第2期。

李宇明（2012）中国语言生活的时代特征，《中国语文》第4期。

宋正纯（1985）图瓦语概况，《民族语文》第1期。

宋正纯（1988）新疆图瓦人的多语家庭，《民族语文》第3期。

新疆维吾尔自治区民族语言文字工作委员会编（2002）《新疆民族语言分布状况与发展趋势》，北京：北京语言大学出版社。

曾和平（2011）走近图瓦人（上）——阿勒泰图瓦人社会历史调查，《新疆地方志》第1期。

关于环中国海域标准地名建设的几点建议*

提要 海洋地理地名建设是维护国家海洋权益的重要手段之一，根据中国海洋地理地名研究现状，本文提出了建立环中国海域、岛屿地名系统的构想，包括进一步完善海洋地名标准化、规范化、系统化建设工作，加大海洋标准地名的宣传力度，建立环中国海域、岛屿地名信息数据库，加大环中国海域、岛屿地名文化的纵向与横向研究。

关键词 环中国海域地名 地名文化 数据库 标准化

一 引言

21 世纪是海洋的世纪，也是中国经略海洋、建设海洋强国的重要时期，与其相适应的相关工作一一展开，2012 年 6 月，经国务院批准，民政部宣布撤销海南省西沙群岛、南沙群岛、中沙群岛办事处，设立地级三沙市，表明中国政府对中国南海水域岛屿的管理进一步规范化。我们认为，在建设海洋强国的过程中，涉及国家主权、国家安全的环中国海域、岛屿地名的系统化、标准化工作也应专项开展起来。

地名是空间地理实体的名称，包括自然地理实体名称、行政区域名称、街巷居住地等名称。标示空间方位是其基本功用，但“地名不仅仅是标示方位，而且也是文化的瑰宝。它包含着人类的历史记忆。一些重要的地名，历时长久

* 本文得到北京语言大学校级重大应用研究专项委托项目（12ZDYW01）“中国东海、南海水域岛屿地名研究”的资助。部分内容曾以《关于环中国海域标准地名建设的几点建议》（第二作者）为题获得中国社会科学院 2014 年优秀对策信息对策研究类三等奖。

的地名，还应视作人类的非物质文化遗产。某些时候，某些领域，地名还是主权的象征，体现着国家尊严”（李宇明，2010：319）。据此，我们将海洋地理地名的功能主要归纳为以下三种。

首先，定位功能。

海洋地理地名是海洋空间实体的专有名称，是海洋实体的重要标志，是人们交际中不可或缺的指称工具，在海上航行、渔业生产、卫星定位等方面发挥着重要作用，可以说，定位功能是海洋地理地名的基本功能。

其次，属权功能。

由于国际法规定岛屿归属地属权需满足最早发现、最早命名、最早开发经营、最早连续不断地有效行政管辖 4 个条件，因此，“名从主人”成为处理相关国际事务的基本原则，作为主权标志之一的海洋地理地名也因此特别受到各个国家及政府的高度重视。

比如，关于钓鱼岛主权问题，证明其归属中国的最有力证据之一，就是中国是最早实施对钓鱼岛命名的国家，早在明朝永乐元年（1403 年）的《顺风相送》中已经有了“钓鱼屿”之名，其后文献和官方舆图也使用该名称。关于“岛屿”通名称名，我国北方习惯使用“岛”，南方特别是闽南地区习惯使用“屿”，“钓鱼屿”之名说明钓鱼岛的最早发现者、命名者是中国闽南地区的渔民。历史上英国、美国出版的地图（比如 1811 年英国出版的《最新中国地图》、1859 年美国出版的《柯顿的中国》、1877 年英国海军编制的《中国东海沿海自香港至辽东湾海图》等）都将钓鱼岛列入中国版图，甚至日本学者井上清在其《钓鱼岛——历史与主权》一书中也通过中日历史文献证明钓鱼岛的主权为中国所有。

又比如，黄岩岛是中国南海的固有领土，早在 1279 年天文学家郭守敬在南海进行“四海测验”时，选择的测量点就是黄岩岛。黄岩岛最早也是由中国人发现并命名的，其命名依据源于其自然状貌，即黄岩岛是三沙市中沙群岛中唯一露出水面的岛屿，岛石犹如山岩，以土黄色为主。这也显示出中国人很早就对该区域地理地貌特征有了非常清晰、准确、科学的认识，按照“名从主人”的惯例，黄岩岛的主权当属中国。

最后，文化功能。

和所有地理地名一样，海洋地理地名的命名及沿革也同样是特定时代的自然、人文地理特征的反映，是文化的积淀、历史的传承，它昭示了一个国家、民族命名的心理特征、风俗习惯，每个地名的背后都藏着一段美丽的故事，因此，研究海洋地理地名文化，对更好地认识海洋文化具有重要价值。

基于对海洋地理地名重要功能及当前研究状况的认识，我们认为专项开展环中国海域、岛屿地名系统建设与研究工作十分必要，也十分紧迫。

二　当前面临的有关问题

中国政府历来重视地理研究、地理地名研究，特别是在地名标准化方面做了大量卓有成效的工作。但由于多种原因，海洋地理地名系统的研究与建设还没能系统有效地开展起来，地名标准化特别是环中国海域、岛屿地名标准化工作在快速变化的国际海洋局势面前还有待进一步加强。目前主要存在以下问题。

2.1　海洋地理地名建设尚未形成全面完整的系统

中国是海疆大国，拥有 18000 多千米海岸线，内海和边海的水域面积约 470 多万平方千米，但由于历史上重陆轻海，使得我们对海洋的认识与研究、对中国海疆的建设与研究还很不够。在海洋地理地名方面，多专注于个体地理地名或小区域地理地名的零散性研究，忽视其规模化、系统化建设。比如，尽管历史上中国政府曾有过四次对南海诸岛地名的标准化工作，2012 年 3 月，经国务院批准，国家海洋局、民政部又公布了钓鱼岛及其部分附属岛屿的标准名称，但直到今天，融地名现实信息、历史沿革、地名文化等内容于一体的中国海洋地理地名信息系统尚未建立起来。

2.2　海洋地理地名标准化工作尚不够完善

标准地名顾名思义是地名使用的规范，具有法律效力，随着“信息时代的到来，卫星定位系统的广泛应用，地名还必须实现标准化和信息化”（李宇明，2010：319）。标准化越清楚越详尽，信息量越大，使用起来越方便。但由于我国地理地名历史悠久，其沿革复杂，不同时期的正名、俗名、别名、全称、简称、中文名、外文名等相互交叠，地名的规范化、标准化工作尚有待进一步厘清历史，有序推进。

根据我们的研究，当前已有的海洋地理标准地名所涉内容并不完善，尚有以下几个问题亟待研究解决。

第一，部分标准名称系统缺乏层级性，通名与专名层次不清，导致名称指称不够严谨。

海洋地理地名标准化工作应该像国家行政区域规范一样设立类属层级，这样更利于管理，方便指称，否则会使人产生指代不明之感。比如，东海、南海应该包括水域地名和岛屿地名，岛屿地名有群岛、列岛、个体岛屿地名，彼此间有不同层级的包含关系，像东海岛屿之一的“钓鱼岛及其附属岛屿”应是东海总岛屿的下一层级单位，而个体岛屿名称“钓鱼岛”则是“钓鱼岛及其附属岛屿”的下一层级单位。若忽略分级，使用不严谨，就会引致不必要的误解甚至曲解。

第二，标准地名没有体现全称、简称之分，没有举尽俗称，在解决国际争端方面易陷入被动。比如，钓鱼岛及其附属岛屿之名，其全称形式是“钓鱼岛及其附属岛屿”，简称形式则是“钓鱼岛”，但在标准地名中并没有清楚标示，人们的使用也不规范。简要梳理“钓鱼岛”名称的历史，就历时维度看，其全称、简称、民间称名、正名等就有二十余个，比如作为集合通名使用时有钓鱼岛及其附属岛屿、钓鱼岛（钓鱼岛及其附属岛屿的简称）、钓鱼屿、钓屿、钓鱼台、钓鱼山、花鸟山、钓鱼岛列岛、钓鱼台列屿、钓鱼列岛、鱼屿、台湾附属岛屿东北诸岛等诸多名称；作为个体专名，也有钓鱼岛（指位于钓鱼列岛的中心岛屿）、高英屿、好鱼须、和平山、花瓶山、花瓶屿、Hua-Pin-San、Hoa-pin-su、花矸屿、和平山岛、凸列岛、众尖岛等名称，这些名称应该进行系统的梳理并置于地名信息系统中，以方便了解。

第三，未建立自己的标准译名系统。

海疆地名涉及国家主权、民族尊严，用名随意，易授人以柄。比如“钓鱼岛”之名，由于其兼有集合称名和个体称名两个实体指称之职，现在官方常用“钓鱼岛及其附属岛屿”和“钓鱼岛”分别对应，但民间在使用时则缺乏科学意识、国家安全意识，明明讨论的是钓鱼岛及其附属岛屿的问题，译名却较随意，有的标译为“Diaoyu Island”，有的则标译为“Fishing Islands”等。

又比如，南海诸岛标准地名，尽管1983年4月24日中国地名委员会受权公布了我国南海诸岛部分标准地名（共计287个），但该标准地名只包括了标准名称、汉语拼音和当地渔民习用名称三部分内容，没有标准译名，我们认为，应将标准译名加入其中。

历史上，外国人进入环中国海域，给了这些区域各种外文名称，甚至引起混乱。有些名称具有科学性，比如称南海为“South China Sea”；也有一些名称未能做到名实相应，比如黄岩岛，美国译为“Scarborugh Shoal”，用“礁”（Shoal）命名说明对黄岩岛地理地貌的认识并不全面。今天，国际交往日益频繁，中国政府应该对其进行规范，所有的海洋地理地名都应该有合乎汉语规范、合乎国家规定、合乎国际规则的标准译名。

三　我们的构想

博纳德·斯波斯基（Bernard Spolsky，2011：2）曾谈到，以色列耶路撒冷老城的路牌要使用英语、阿拉伯语和希伯来语三种语言标示，三种语言的排列顺序历史上曾因政权更迭而不断变更，表面看公共标牌的语言问题似乎是件区区小事，实际上，这些语言问题却可引发重大冲突，“或许语言不会经常引发战争，但是，霍洛维茨（Horowitz，2001：1）认为，在引起重大伤亡的民族暴乱中，语言肯定是一个主要因素”，因而，各国政府都非常重视以语言本体规划和语言地位规划为主要内容的语言规划。同样，边境地名与国家安全息息相关，也须纳入国家语言发展战略规划中。

俗话说，名不正则言不顺，在南海、钓鱼岛问题日益凸显的今天，我们特别呼吁要建立环中国海域、岛屿地名信息系统，加大对环中国海域、岛屿地名的系统化、标准化建设力度，加强地名文化研究。具体建议如下。

3.1 将环中国海域、岛屿地名研究纳入国家安全战略之中

随着中国东海、南海等海域的战略地位不断得到加强，应将环中国海域、岛屿地名研究纳入国家安全战略计划中，建立研究机构，设立研究项目，加强理论与实践的研究，加强历史的梳理和现实的调查与研究，开展多部门、多机构、多学科协同攻关，对一些焦点问题进行扎实深入的探索。

3.2 尽快首先启动环中国海域、岛屿地名系统建设工作

3.2.1 建立环中国海域、岛屿地名信息数据库

信息化社会，信息的重要价值不言而喻，环中国海域、岛屿地名信息系统的建立也更为迫切。建议该项工程尽快启动，广泛收集各种史料，开展实地调查研究，统筹规划，将其建设成为规模最大、信息最全、最权威的信息资源库。

环中国海域、岛屿地名信息数据库应包括地名现实信息、沿革信息、地名文化信息三个子系统。地名现实信息部分主要体现其标示作用、交际作用，地

名沿革信息主要展示其历时发展变化脉络，而地名文化信息则特别体现其文化功能。三个子系统相互勾连，共同组成环中国海域、岛屿地名信息系统。

3.2.2 系统规划环中国海域、岛屿地名规范化、标准化建设工作

近些年来，我们看到政府在不断加大海疆地名普查工作的力度，并陆续公布了一些海岛标准地名，特别是2012年9月20日，国家海洋局印发了《国家海洋局海岛管理司关于下达2012年全国海域海岛地名普查工作任务的通知》。据知，2011年，我国已经完成了1660个海岛的名称标志设置，2013年4月底前，将完成省级海域海岛地名志的编制及省内海岛地名普查成果验收、归档工作，2013年8月前，将完成1664个海岛的名称标志设置工作。

环中国海域、岛屿地名标准化工作是一项系统工程，应统观历史与现实、统观海内与海外、统观民间与官方，坚持准确、科学、易记、有利于我的原则，规范定名。在具体操作上，我们的建议如下。

第一，建立环中国海域、岛屿地名分类分层系统。

前边我们也谈到，由于部分相关地理地名系统缺乏明确的分类分层，使得在使用过程中易造成歧义，比如，“钓鱼岛”之称，是指钓鱼岛及其附属岛屿还是指钓鱼岛及其附属岛屿中的中心岛屿钓鱼岛？表面看我们很明白，就是指钓鱼岛及其附属岛屿，但在表述过程中，“钓鱼岛”和“钓鱼岛及其附属岛屿”这两种表述都存在时，很容易被误解甚至曲解，需要对其有明确的界定或说法，应通过分类分层区别之。

环中国海域、岛屿标准地名应按地名类属关系并参考行政隶属关系划分明确的层级，目前我们建议暂设两类四级。

两类是指在海洋地名总称下划分为海域地名和岛屿地名两类（如图1所示），以南海为例，“南海”作为总称，其下分为南海海域地名和南海岛屿地名两类，分别以“南海”（也可称为“南海海域”）和“南海诸岛”称之，两类地名下再进行内部分层分级。

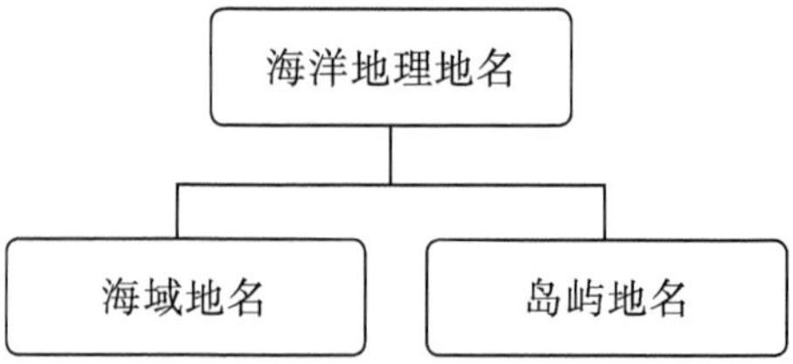

海洋地理地名类别图

四级是指海域地名、岛屿地名内部再划分为四个层级，它是开放的、动态的。四级只是我们的初步设想，具体应该划分几个层级还需进一步论证，今后也可根据实际需要继续调整。

层级一为集合称名或总称，通名部分以“诸岛”作为特征词，比如“南海诸岛”“东海诸岛”为岛屿一级地名，包括南海海域、东海海域里的所有岛屿。

层级二为层级一的下位称名，属于次集合称名，通名部分以“群岛”或“列岛”作为特征词，比如南海诸岛的下位地名有东沙群岛、西沙群岛等。东海诸岛的下位地名有钓鱼列岛等。

层级三为层级二的下位称名，包括次次集合地名和岛屿个体专名，通名部分以“群岛”“列岛”“群礁”“暗沙”或“岛”“屿”“滩”“礁”等作为特征词，比如西沙群岛的下位地名有永乐群岛和宣德群岛，永乐群岛和宣德群岛就是次次集合称名，其下还继续分级。而东沙群岛则直接包括东沙岛、东沙礁、北卫滩、南卫滩等岛屿，它们属层级三中的个体专名。钓鱼列岛包括钓鱼岛、黄尾屿、赤尾屿、南屿等，也属层级三中的个体专名。

层级四为层级三次次集合称名的下位称名，为岛屿个体专名，以“岛”“屿”“滩”“礁”为特征词，比如：西沙群岛中的永乐群岛，其下包括了甘泉岛、珊瑚岛、森屏滩等，它们属层级四的个体专名。

我们以南海岛屿地名系统南海诸岛为例，描摹其内部岛屿名称间的层级关系如下：

南海诸岛地名类属层级表

<table>
<tr><th>一级</th><th>二级</th><th>三级</th><th>四级</th></tr>
<tr><td rowspan="10">南海诸岛</td><td rowspan="3">东沙群岛</td><td>东沙岛</td><td></td></tr>
<tr><td>东沙礁</td><td></td></tr>
<tr><td>……</td><td></td></tr>
<tr><td rowspan="6">西沙群岛</td><td rowspan="4">永乐群岛</td><td>甘泉岛</td></tr>
<tr><td>珊瑚岛</td></tr>
<tr><td>森屏滩</td></tr>
<tr><td>……</td></tr>
<tr><td rowspan="2">宣德群岛</td><td>……</td></tr>
<tr><td>……</td></tr>
<tr><td>……</td><td>……</td><td>……</td></tr>
</table>

其描写可直接以斜线标明上下位关系，比如：南海诸岛 / 西沙群岛 / 永乐群岛 / 甘泉岛。

第二，标准地名表内容应丰富、科学。

1983 年 4 月 24 日中国地名委员会受权公布的我国南海诸岛共计 287 个标准地名中，其内容只列出了标准名称、汉语拼音、当地渔民习用名称三部分。在南海诸岛地名研究成果越来越丰富的今天，有必要对其进一步修订，增加相关内容。其他海洋标准地名也如此。为此，我们建议：

（1）对已有标准地名进行修订，调整其中不合适的内容或说法。

比如：1983 年公布的南海诸岛部分标准地名中有一项“当地渔民习用名称”，其中的“当地渔民”建议改为“中国沿海渔民习用名称”或“沿海渔民习用名称”更为妥帖，因为现在命名的大量岛礁并无“当地渔民”，使用“当地渔民”易产生歧义。当然，该部分内容在我们设计构想的系统中可移到地名沿革部分详细标注、描写。

此外，要特别重视“中国沿海渔民习用名称”的搜集，该栏目必要时应加入名称命名时间、名字意义。比如，作为个体专名，钓鱼岛还有“好鱼须”等民间名称，“好鱼须”之名被记载在清乾隆三十二年（1767 年）乾隆皇帝钦命绘制的《坤舆全图》里，“好鱼须”就是“钓鱼屿”的闽南话称法，闽南话“屿”字，有的地方读音同“须”，古代“屿”的反切读音也同“须”，用“屿、须”命名，证明这些岛屿最早的发现者、命名者就是说闽语的中国渔民。

（2）标准地名应增加全称、简称形式。

增加全称、简称形式，两相呼应，可在出现争议时有案可查、有据可依。比如:“钓鱼岛”既为集合地名，属于“钓鱼岛及其附属岛屿”的简称形式，也为个体地名，专指钓鱼岛及其附属岛屿中的中心岛屿。如果标准地名还沿用此，就须注明全称和简称形式。这里我们进一步建议，钓鱼岛岛屿标准地名使用“东海诸岛”作为其一级名称，“钓鱼群岛”或“钓鱼岛群岛”作为其二级名称，全称形式为“钓鱼群岛”或“钓鱼岛群岛”，简称形式仍沿用“钓鱼岛”。

另外，借调整之机，南海海疆一级海域名称、岛屿名称全称形式可采纳历史上的曾用名“南中国海”“南中国海诸岛”，这也呼应了国际社会曾普遍使用的英文名称“South China Sea”和“South China Sea Islands”，简称形式可仍为“南海”“南海诸岛”。

（3）标准地名应增加更多的俗名信息。

历史上，一些岛屿的最早发现及命名者基本上都是中国沿海渔民，其命名的史料价值极其重要，1983 年公布的我国南海诸岛部分标准地名中就包括了当地渔民习用名称，我们建议其他海域、岛屿标准地名也应增加该内容。要丰富民间用名信息，还需要我们加大实地调查工作，到民间获取宝贵的第一手资料。

（4）标准地名应增加标准译名。

在国际交往日益频繁、国际局势日益复杂的今天，从战略角度说，环中国海域标准地名应该增加符合国家标准、符合国际标准的译名，以罗马字母拼写之，比如“钓鱼岛”个体名称拼写为“Diaoyu Dao”，“东沙群岛”拼写为“Dongsha Qundao”。这样既合法，又具民族性，同时统一了国际社会对其给予的各种称呼，也统一了国内不同的译名，可谓一举多得。

我们也建议，为指称更明确，在对外交往中，其通名部分可重复加上比如英文意译，比如“Diaoyu Dao Island”“Dongsha Qundao Islands”，等等。

（5）标准地名应增加地理实体。

增加地理实体标示也是实现名实之间的相互对应，从国家安全战略角度说，通过地理实体的标注明确名称所指范围是非常必要的。

3.3 加大标准地名的宣传力度

标准地名应由国家权威部门统一向国内外发布，一经发布，即具法律法规效力。相关部门要广而告之，广泛宣传，使之深入人心，在正式文件特别是政府公文中须严格执行，在民间交往中须习惯使用，在工具书、教材编纂以及地图绘制、电子设备等方面严格使用标准地名，避免随意性。

总之，我们认为开展环中国海域、岛屿地名系统的建设与研究是一项十分必要且迫在眉睫的工作。地理地名研究是一项跨学科系统工程，作为一项重要的基础性工作，我们进一步设想，在环中国海域、岛屿地名系统建设工作启动后，还应尽快开展环中国陆路地名系统建设工作，最终建设一个完整版环中国境域地理地名信息系统，为解决海陆领土争端和戍边睦邻服务，为维护国家权益、领土安全、边境安宁提供重要的基础性保障。

主要参考文献

［以色列］博纳德·斯波斯基（2011）《语言政策——社会语言学中的重要论题》（张治国译），北京：商务印书馆。
陈克勤主编（1996）《中国南海诸岛》，海口：海南国际新闻出版中心。
广东地名委员会（1987）《南海诸岛地名资料汇编》，广州：广东省地图出版社。
郭建中（2007）街道路牌书写的国家标准与国际标准，《中国翻译》第5期。
韩振华（1996）《南海诸岛史地研究》，北京：社会科学文献出版社。

鞠德源（2001）《日本国窃土源流：钓鱼列屿主权辨》，北京：首都师范大学出版社。

李德元（2006）海疆迷失：对中国传统海疆观念的反思，《厦门大学学报（哲学社会科学版）》第2期。

李国强（2009）新中国海疆史研究60年，《新华文摘》第22期。

李国强（2011）从地名演变看中国南海疆域的历史形成，《中国边疆史地研究》第4期。

李宇明（2010）《中国语言规划续论》，北京：商务印书馆。

联合国第三届地名标准化会议（1994）关于中国地名拼法的决议，《语文建设》第6期。

刘剑三（1993）海南地名的史料价值，《海南史志》第2期。

刘南威（1996）《中国南海诸岛地名论稿》，北京：科学出版社。

刘南威（2005）现行南海诸岛地名中的渔民习用地名，《热带地理》第2期。

吕一燃主编（1992）《南海诸岛：地理·历史·主权》，哈尔滨：黑龙江教育出版社。

商伟凡（2009）地名标准化与语言文字建设60年，《语言文字应用》第3期。

王际桐（2002）我国岛礁地名普查与地名标准化工作回顾，《海洋测绘》第4期。

吴士存、朱华友主编（2009）《聚焦南海——地缘政治、资源、航道》，北京：中国经济出版社。

吴天颖（1994）《甲午战前钓鱼列屿归属考——兼质日本奥原敏雄诸教授》，北京：社会科学文献出版社。

张文木（2009）《论中国海权》，北京：海洋出版社。

赵建文（2003）联合国海洋法公约与中国在南海的既得权利，《法学研究》第2期。

周　峰（2004）关于我国政区地名标准化问题的思考，《河南社会科学》第3期。

语言教学

对外汉语教学目标的定位、分层与陈述*

提要 本文以语言学、第二语言教学、跨文化交际等相关学科理论为指导，基于对外汉语教学的研究特点与现状，在综合前人研究成果的基础上，对对外汉语教学目标的定位、分层与陈述进行了重新描写与讨论。本文认为：（1）对外汉语教学属第二语言教学，因此其总目标应明确定位为培养将汉语作为第二语言的学习者的跨文化交际能力，这一定位不仅符合第二语言教学特点与实际，而且对贯彻第二语言教学中的"语言—语用—文化"三位一体的教学原则具有重要意义；（2）对外汉语教学目标是有层次的，下层目标与上层目标层层衔接，共同构成对外汉语教学目标系统；（3）对外汉语教学目标的陈述应特别关注陈述的有效性，总目标层的目标陈述应是纲领性、方向性的，分目标层的目标陈述应既具指导性、示范性，又具可操作性，而底层的目标陈述则应完全是具体、明确、规范、可操作的。

关键词 对外汉语教学　跨文化交际能力　目标分层　目标陈述

一　问题的提出

对外汉语教学作为对外国人的汉语教学已经有了几十年的历史，作为一门交叉性学科，人们对其认识与研究也在不断加深，本文以语言学、第二语言教学、跨文化交际等相关理论为指导，从对外汉语教学学科视角出发进一步探讨对外汉语教学的目标定位、目标分层与目标陈述问题，我们认为，"研究对外

* 本文原载于《汉语学习》2007 年第 5 期。

汉语教学的目的和目标，以及对对外汉语教学目标作系统的分类，有利于对外汉语教学的进一步发展。它与对外汉语教学目标与教学内容的确立、教材的编写以及教师队伍的建设都有着直接的关系，对学生考试题目的设计也是很重要的（教学目标分类学最早就是因考试问题而出现的）。不但教学内容、教材等都是为教学目标服务的，而且教师队伍的建设，特别是教师的能力结构的培养也将服从于教学目标”（杨金成，2006：56）。明确阐释对外汉语教学的目标定位、目标分层、目标陈述，对对外汉语教学任务的有效实施、教材编写、师资培养等均具有重要意义。

总体说，在对外汉语教学界，对外汉语教学目标包括两个方面的含义：一是指教学实践上对对外汉语教学目标所做的具体定位与陈述等；二是指在学术层面上对对外汉语教学目标进行的研究与探索。

1.1 关于对外汉语教学目标的陈述

概括地说，关于对外汉语教学目标的陈述，从对外汉语教学开展之日起我们在目标陈述的必要性方面就已经取得了共识，即认为目标的描写是对外汉语教学任务的实施方向，因此任何性质或层次的教学均需设立目标，在课堂教学、教材编写等方面这一共识也得到了很好的贯彻。但在如何陈述对外汉语教学目标方面，从 20 世纪 50 年代到今天则经历了从培养汉语听、说、读、写语言技能到培养语言交际能力的陈述转变。（程棠，1999）

1.2 关于对对外汉语教学目标的研究

随着对对外汉语教学目标陈述的转变，人们对其目标的研究也在不断深入，从研究特点看，由于对外汉语教学的“理论基础是语言学（包括心理语言学、社会语言学、人类语言学）理论、心理学理论、教育学理论”（赵金铭，2001：5），因此学者们往往根据自身的研究特点与方向从不同角度进行研究与描写。吕必松（1993）从对外汉语教学学科总体设计角度提出“对外汉语教学教的是汉语，目的是培养学生的汉语能力和用汉语进行交际的能力”（刘珣，1997：92），刘珣（1994）从教材编写的角度也提出培养交际能力应是对外汉语教材编写的基本目标。姜丽萍（2006、2007）、王添淼（2006）、杨金成（2006）从教学论等角度对对外汉语课堂教学与学习的目标陈述与分类等进行了细致描写与研究。

1.3 问题及问题的提出

（1）目前对外汉语教学目标的定位滞后于第二语言教学学科的发展。

几十年来我们在对外汉语教学理论与实践的探索上取得了毋庸置疑的成就，但直到今天我们对对外汉语教学目标的研究仍处于理论和实践的不断探索认识阶段，从第二语言教学学科的发展变化看，从汉语国际推广战略的推行速度看，我们对对外汉语教学目标的定位尚需调整或整合（目前已经有学者从跨文化交际角度提出了跨文化交际能力对对外汉语教学的重要意义），对外汉语教学目标的设立尚缺乏系统性与层次意识，具体教学中目标的陈述缺乏有效性、可操作性，等等。为此，我们认为有必要对对外汉语教学目标的定位、目标分层、目标陈述做进一步研究、讨论。

（2）我国英语教学界有关第二语言教学目标研究成果给予的启示。

在过去几十年的发展中，我国外语教学界特别是英语教学界对其教学目标的定位越来越清晰，“教学目标已经从‘语言能力’扩展到‘交际能力’（Hymes，1972），又扩展到‘跨文化交际能力’（intercultural communication competence）。越来越多的人认识到，目的语使用的‘适宜性’是在跨文化交际的框架中定义的，‘学生需要一种跨文化交际能力，他们能够受益于语言文化教育’（Byram & Morgan, 1994：62）。”（高一虹，2002：27）英语教学目标定位的变化显示了学界对第二语言教学的实质认识得越来越清楚，对外汉语教学应当有所借鉴。

（3）学术界在“跨文化交际”（intercultural communication）、“跨文化交际能力”（intercultural communication competence）研究方面取得的成果。

目前，学术界关于“跨文化交际”（intercultural communication）、“跨文化交际能力”（intercultural communication competence）的研究取得了丰硕的成果，尽管学界对“跨文化交际”（intercultural communication）的认识存在理论上的分歧，但在其主要内容上大家的认识是一致的，即跨文化交际内容主要涉及思想观念、语言的和非语言的三方面内容。我们认为其中语言的跨文化交际在对外汉语教学中应当得到充分认识与实践。

二 对外汉语教学目标的定位

2.1 对外汉语教学目标的定位

对外汉语教学目标的定位源于对外汉语教学的性质，对外汉语教学是对外国人的汉语教学，作为一门交叉性学科它既与外语教学有共同点，又有自己的独特之处。

赵金铭（2005：99）曾引邢福义对对外汉语教学学科所做的精准描述，我们转引之：“作为一门学科，‘对外汉语教学’具有两属性、三要素。学科以汉语为主，以教学为用。汉语是学科的本质属性，是学科构成的第一要素。对外教学是学科的应用属性，‘对外’是学科构成的第二要素，‘教学’是学科构成的第三要素。两属性、三要素的相互制约，形成学科的内在机制，编织成学科的自身系统。这一学科的发展与成型，有赖于两属性、三要素的有效结合。”

正因如此，我们认为，如果说对外汉语教学目标定位的认识经历了从培养汉语听、说、读、写等语言技能到培养汉语交际能力的陈述的转变，那么目前还需要一个新的转变，那就是对外汉语教学的总体目标应定位为培养将汉语作为第二语言的学习者的跨文化交际能力（以下简称“培养跨文化交际能力”）。

2.2 对对外汉语教学目标定位的认识

为什么我们主张将培养跨文化交际能力作为对外汉语教学的总目标呢？主要基于以下三点认识。

（1）对外汉语教学是汉语教学，也即教学内容的核心是汉语，所以教学安排应始终围绕这一核心来进行。这一点我们不用多加解释。

（2）对外汉语教学是对外国学习者的汉语教学，既然是对外教学，当然符合第二语言教学规律，即语言教学过程始终处于跨文化语境教学中，其言语交际活动也总是在跨文化交际语境中开展。由此我们用"跨文化交际能力"取代了"交际能力"，表面看只是一词之差，但"交际能力"的陈述并没有直接显示出第二语言教学与习得的特色和培养目标特色，而用"跨文化交际能力"不仅凸显了不同于母语教学的第二语言教学与习得的特色，在第二语言教学、第二语言习得上的理论与实践意义也是很突出的。

（3）对外汉语教学是在跨文化语境中由汉语教学（主要由教师实现）和汉语习得（主要由第二语言学习者实现）互动构成的系统，我们将目标定位为培养跨文化交际能力，是源于对外汉语教学对象的特殊性，同时也对教师的教学能力、知识结构提出了要求。

首先，对外汉语教学的对象主要是外国学习者，所以我们的汉语教学不是母语教学，而是第二语言教学，我们对学习者的培养目标也不是简单的交际能力，而是跨文化交际能力。外国学习者的学习动机尽管五花八门，但学会用汉语进行交际是其基本目的，而其交际过程又总是在跨文化交际语境中进行的，这一点无论学习者是否意识到，意识到的程度有多深，其使用汉语进行的交际活动是一种跨文化交际活动的事实是客观存在的。事实上第二语言学习者的跨文化交际意识还是存在的，施家炜（2000）曾对汉语作为第二语言的学习者的跨文化交际意识进行过问卷调查，调查结果显示：第二语言习得效果与跨文化交际意识呈正相关且相互促进，第二语言学习者的汉语水平越高，其跨文化交际意识越显著，同样，第二语言学习者的跨文化交际意识等级越高，其汉语习得的效果也越好。可见，对第二语言学习者来说跨文化交际意识形成得越早，其语言习得的效果就越好。

其次，对教学者来说，由于“对跨文化交际意识的培养与增强是第二语言习得过程中一项应贯穿始终的、紧迫的重要任务，它对于促进语言习得进程、提高学习者的语言运用与生成能力有不可忽视的作用”（施家炜，2000：70）。所以，将培养跨文化交际能力明确作为对外汉语教学的培养目标，使教学始终围绕这一中心进行是必须的，它不仅可以使我们倡导的对外汉语教学应坚持“语言—语用—文化”三位一体的原则（有学者称“结构—功能—文化”原则，关于此问题我们将另撰文讨论）得到切实贯彻，而且可以不断强化教师在具体汉语教学任务实施过程中的跨文化教学意识，减少自身在教学中出现的跨文化交际失误，进而有意识、有步骤地培养第二语言学习者的跨文化交际意识与行为，使其在跨文化交际活动中顺利完成交际任务。这一点也越来越被学界所认识，有学者就明确提出，跨文化交际能力是对外汉语教师应具备的基本的、核心的能力。“这种能力可以说是对外汉语教学获得成功的关键，即具有跨文化交际能力的对外汉语教师能够有效地满足外国学生学习的要求，使外国学生成功地获得语言交际的能力。”（袁新，2003：31）

（4）关于跨文化交际能力的培养，我们认为对外汉语教学中的跨文化交际能力的培养主要包括三方面内容：语言能力、语用能力、文化能力。三者的关系犹如一棵根植于跨文化交际活动中的参天大树，语言能力是干，语用能力、文化能力是枝，没有树干，树枝就无所依附，没有树枝，树干也达不到枝繁叶茂，三者的协调发展可以共同为跨文化交际活动的顺利进行提供良好的营养。

语言能力是指第二语言学习者在跨文化交际活动中应具备的语言知识与技能，诸如语音、词汇、语义、语法知识以及听、说、读、写技能，等等，语言能力是跨文化交际的基础性、前提性条件，是第二语言学习者汉语学习的第一步。

语用能力是指第二语言学习者在跨文化交际活动中应具备的语境理解与认知能力，既包括所谓到什么山唱什么歌，在什么场合说什么话的能力，也包括能够把握住基于交际场景的“言外之意”的能力。如果说语言能力是体，那么语用能力就是用，是第二语言学习者能否得体地运用汉语进行跨文化交际的能力，在教学中应与语言教学同时展开。

文化能力是指第二语言学习者在跨文化交际活动中应具备的多元文化理解与认知能力，要能够使用汉语对什么人说什么话，能够较好地理解、把握基于汉语文化背景下的“言外之意”，能够恰切地处理两种或多种文化背景者之间在跨文化交际活动中出现的矛盾冲突。相对语言能力和语用能力来说，文化能力是最复杂的，其交际中“只可意会不可言传”的特点最突出，所以要培养第二语言学习者的这一能力，对教师来说也是一种挑战。但毋庸讳言，文化能力也是第二语言学习者能否得体地运用汉语进行跨文化交际的能力，在教学中应与语言教学、语用教学同时展开，但需缓慢渗透。

三　对外汉语教学目标的分层与陈述

3.1　对外汉语教学目标的分层

一般说来，任何事物的系统都是有层次的，对外汉语教学目标系统也如此，前边我们论述的对外汉语教学总目标之下还有不同层次的分目标。各层次目标之间是上下位关系，我们图示为：

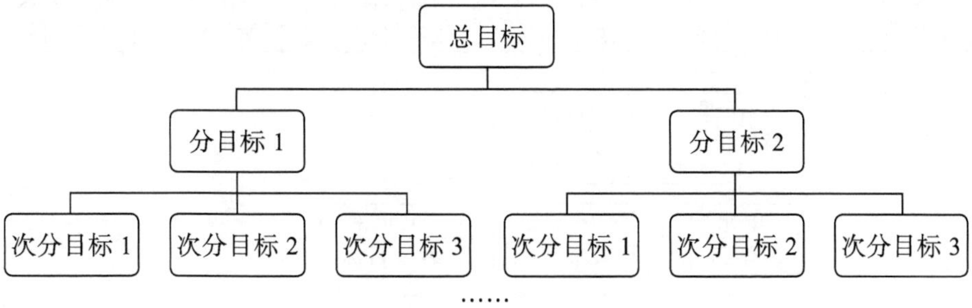

图 1　对外汉语教学目标的分层

如前所述，对外汉语教学的总目标是培养将汉语作为第二语言的学习者的跨文化交际能力，那么在对外汉语教学目标层次系统中，这一目标当位列最高层，是对外汉语教学第一层次目标，我们简称为总目标层。其下位目标可以依据具体内容层层设立，比如与总目标相接的下位目标我们可叫作分目标，其下可叫作次分目标，等等，在目标层次系统中分目标可以简称为分目标层 1、分目标层 2、分目标层 3……，其下可以依次简称为次分目标层 1、次分目标层 2、次分目标层 3……各分目标层设立的目标当是总目标的层层细化，所以分目标层上下层之间更应彼此衔接。最后一个层次我们称为底层，底层目标的设立一定是具体明确的、直接有效的、可操作的。

当然，教学实施过程是一个复杂的系统工程，在培养跨文化交际能力总目标下的各分目标层中，目标的设定也并不是有定的或一成不变的，可依据教学类型（比如短期教学、速成教学、非学历进修教学等）设定，可依据教学时间（比如短期 4 周、6 周、8 周、12 周等）设定，可依据学习要求（比如听说、读写）设定，等等。现在我们以国家汉办组织编写的《高等学校外国留学生汉语教学大纲》)（杨金成，2006：58）关于短期强化类教学和长期进修类教学的内容为底本，进一步扩展上一图示，将其具体模拟为：

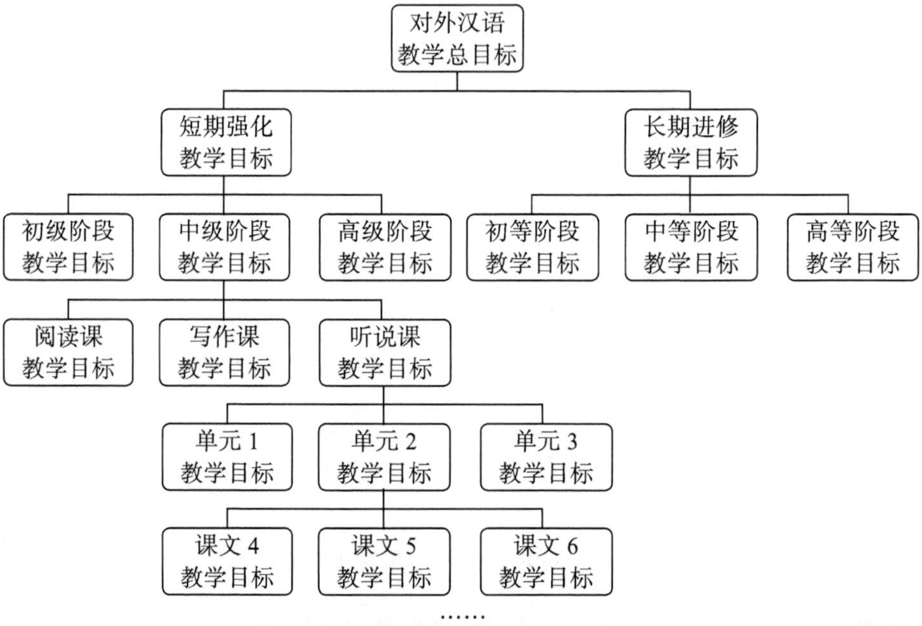

图 2　对外汉语教学目标的分层示例

模拟图示从阶段目标以下仅为举例性质，以短期强化中级阶段教学为例，其下涉及的就是相关课程类型的教学目标，在听说课类型下有可能会涉及单元性教学目标，而单元性教学目标下则为具体的课文教学目标。如果我们将课文教学目标看成是教学目标的底层的话，那么课文教学目标对教师和学习者共同完成任务来说就应是看得见摸得着的、可直接操作的。

我们认为，对外汉语教学目标的分层反映了对外汉语教学目标的客观层次性，认识其层次性可以使教师能够从对外汉语教学目标的整体出发，有的放矢地完成教学任务，而作为教学实施的主体——教师，更应该是整个对外汉语教学目标系统的主要参与者和编写者。

3.2 对外汉语教学目标的陈述

姜丽萍（2006）指出，目前对外汉语教师在其课堂教学目标的设立方面由于缺乏系统的理论指导，教学中不仅目标陈述方向发生偏离，而且目标陈述用语也是笼统、含混的，这样的陈述或者毫无意义，或者无法操作。

那么究竟如何有效地陈述对外汉语教学目标？对目标编写者来说，在具体陈述中除应知晓目标陈述间的层次关系外，还需恰切地把握住本层次陈述与其上各个层次陈述间的相关、相衔关系，目标陈述的内涵实质。对此，我们从对外汉语教学目标系统出发提出以下几点认识。

（1）总目标层陈述对其下所有层次的目标陈述都是纲领性、方向性的，所以各层次目标的编写均要接受总目标的指导。比如“培养将汉语作为第二语言的学习者的跨文化交际能力”是对外汉语教学的总目标，所有的教学活动都应以该目标为方向开展。

（2）分目标层陈述，其上层目标陈述和下层目标陈述之间须相互衔接，对下层目标陈述来说，其上层目标陈述既应是指导性的、示范性的，又应具可操作性。

（3）底层目标陈述应是具体的、明确的、规范的、可操作的。

姜丽萍（2006：21—22）根据布卢姆等人提出的教学目标分类理论，以《基础汉语40课》（上册）第十一课“去商店买东西”为例编写了该课文的教学目标。比如，在技能领域要求达到以下3个目标：“①学生在学完课文（全文约265个字）后能在3分半钟内朗读一遍，发音声调基本正确，语调比较自然；②复习时听写3个句子，共45个字，要求学生以平均每分钟10个字的速度听写，错字不超过5个；③复习时口头回答问题或复述课文，语音正确，语法基本正确，语速不低于每分钟90个字。”在情感领域要求达到以下2个目标：“①学生有去商店买东西的愿望，并把自己学到的知识用于询问价格、尺寸、选择商品等；②学生想学更多的购物习惯，比如讨价还价。”这样的目标编写围绕着语言能力、语用能力和文化能力这一中心内容，既与总体目标相一致，又具很强的操作性，落实在课堂上可直接实现，所以我们说其目标陈述是一种有效的陈述。

（4）各分目标层和底层的目标陈述无论采取何种分层理论，在编写目标过程中均应贯彻语言—语用—文化三位一体的原则，坚持在培养第二语言学习者跨文化交际能力的框架下促使语言能力、语用能力和文化能力协调发展。当然语言能力、语用能力和文化能力的培养并不是齐头并进的，而是要根据教学对象、教学类型、教学内容、教学时间等有所侧重，但不可偏废，所以其目标的编写也要从教学实际出发，在语言能力、语用能力和文化能力协调发展的前提下灵活处理三者的关系，使教师和第二语言学习者更好地完成教学与学习任务。

主要参考文献

程　棠（1999）关于对外汉语教学目的的理论探索，《世界汉语教学》第3期。

崔永华（1997）对外汉语教学学科概说，《中国文化研究（春之卷）》。

崔永华（1998）汉语教学的教学类型，《语言文字应用》第 2 期。

高一虹（2002）跨文化交际能力的培养："跨越"与"超越"，《外语与外语教学》第 10 期。

胡文仲（1994）跨文化交际学在美国，《外语研究》第 1 期。

胡文仲、高一虹（1997）《外语教学与文化》，长沙：湖南教育出版社。

姜丽萍（2006）关于有效陈述对外汉语教学目标的思考，《云南师范大学学报（对外汉语教学与研究版）》第 4 期。

姜丽萍（2007）关于构建"以培养交际能力为目标"的对外汉语教学框架的思考，《汉语学习》第 1 期。

刘　珣主编（1997）《对外汉语教学概论》，北京：北京语言大学出版社。

吕必松（1999）对外汉语教学学科理论建设的现状和面临的问题，《语言文字应用》第 4 期。

王添淼（2006）教学目标的有效陈述与对外汉语教学，《汉语学习》第 3 期。

杨金成（2006）试论对外汉语教学目标分类，《汉语学习》第 1 期。

袁　新（2003）跨文化交际与对外汉语教学，《云南师范大学学报（对外汉语教学与研究版）》第 2 期。

赵金铭（1997）对外汉语教材创新略论，《世界汉语教学》第 2 期。

赵金铭（2005）《汉语与对外汉语研究文录》，北京：外语教学与研究出版社。

张　莹（2004）对外汉语中的文化教学模式比较和策略分析，《合肥工业大学学报（哲学社会科学版）》第 5 期。

社会建构主义视域中的对外汉语教学原则*

提要 本文在社会建构主义（social constructivism）视域中提出“语言—语用—文化”三位一体的教学原则是对外汉语教学总则的主张，认为：(1)“语言—语用—文化”三位一体的教学原则是培养将汉语作为外语的学习者的跨文化交际能力的前提与保障。(2)“语言—语用—文化”原则为三位一体，“三位”表明三者既独立又密不可分，语用是轮轴，语言与文化是双轮，教学中当坚持以语用轴带动语言轮与文化轮。(3)“语言—语用—文化”三位一体原则的实施在教学过程中涉及学生、教师、任务、交际情境四方面观念的转变。学生是教学的中心，教师是中介，教学任务的设计应将“语言—语用—文化”贯通起来，以交际情境为核心，使学生在交际情境中通过自我建构知识和社会互动最大化地发展知识，完成任务。

关键词 对外汉语教学原则　社会建构主义　语言—语用—文化　跨文化交际

一　引言

教学原则是有效实施教学目标的前提与保障，新中国开展对外汉语教学以来，对对外汉语教学目标和原则的研究一直处于不断认识和探索中，并取得了部分共识。

从 20 世纪 50 年代到 90 年代，随着语言教学、语言学习理论和理念的不

* 本文原载于《汉语学习》2010 年第 6 期。

断出现与更新，随着对对外汉语教学实践认识的不断深入，对外汉语教学原则的研究也经历了实践性原则到“结构—功能”结合原则到“结构—功能—文化”相结合原则的转变，教学原则的每一次转变对对外汉语教学事业的发展都起到了重要推动作用。

关于对外汉语教学原则，刘珣（1997）曾依据前人的研究与实践总结出了10条对外汉语教学的基本原则，归纳起来包括以下三大方面内容：第一，总则，即培养运用汉语进行交际的能力；第二，教与学的关系原则，即以学生为中心，以教师为主导；第三，教学与学习原则，包括结构、功能、文化相结合原则；强化汉语学习环境，扩大学生汉语接触面原则；精讲多练，以言语技能和交际训练为中心原则；以句子和话语为重点，语音、语法、词汇、汉字综合教学原则；听、说、读、写全面要求，分阶段侧重原则；利用但控制使用母语或媒介语原则；循序渐进，螺旋式提高，加强重现率原则；充分利用现代化教学技术手段原则，等等。崔永华（1998）从对外汉语教学的教学类型角度有针对性地提出了具体教学类型应坚持的具体原则，比如针对汉语预备教育，特别强调了汉语知识与技能的培养与跨文化交际知识的学习；针对非学历进修教育，特别强调了学生综合运用汉语能力的培养，等等。无论教学类型如何，其原则的制定都是围绕语言、语用、文化三方面进行的。

对外汉语教学原则是围绕其教学目标制定的，制定什么样的原则既需要语言学、语言教学、语言学习、第二语言教学、第二语言学习等理论的指导，又要符合对外汉语教学实际。根据对外汉语教学的性质，我们曾提出对外汉语教学的总目标应为培养将汉语作为第二语言的学习者的跨文化交际能力，而要实现这一目标就需坚持“语言（language）—语用（pragmatics）—文化（culture）”三位一体的教学原则。（郭风岚，2007）本文以社会建构主义（social constructivism）的相关主张为理论基础，以对外汉语教学实际为实践依据，进一步阐释“语言—语用—文化”三位一体教学原则的总体思路。

二 “语言—语用—文化”原则提出的依据

我们将“语言—语用—文化”三位一体的教学原则视为对外汉语教学总则，主要依据如下。

2.1 基于对外汉语教学的目标与实践

对外汉语教学的对象是非母语者，所以对外汉语教学不是母语教学，而是跨文化汉语教学，其目标是培养将汉语作为外语（或称第二语言）的学习者的跨文化交际能力，而“语言—语用—文化”三位一体的教学原则则是培养学习者跨文化交际能力的前提与保障。

戴尔·海姆斯曾指出，“语言行为的规则对整个语言形式来说是一个起控制作用的因素”，“缺少了使用规则，语法规则就会毫无用处”，所以母语文化圈“正常的儿童掌握句子知识时，不仅考虑是否合乎语法，还要考虑是否得体。他们所掌握的语言能力包括什么时候说话，什么时候不说话，跟谁谈什么事，什么时候谈，在什么场合谈，用什么方式谈”（祝畹瑾，1985：58—59）。海姆斯的语言行为实际上包括了儿童交际能力获得的完整的过程，一个孩子来到世上虽然已经具备了一定的语言能力，但尚未获得交际能力，我们教孩子学说话、学会说话、学会怎样说话，就是要使他们一步一步获得交际能力，学会建构知识。孩子对世界的认识始于具体直观，对人的认识始于母亲等亲人，他们首先是在与亲人的交往中习得了语言知识，获得了一定的交际能力，即学会了说话，而后逐渐扩大交际范围，学会了怎样说话、怎样交际，积累了建构知识的经验，获得了可以自我建构知识的能力。儿童交际能力的获得与应用过程即语言、语用和文化三方面知识的输入和建构过程。

在跨文化交际活动中，两个来自不同文化圈的交际者之间的交际活动更凸显语言、语用和文化三方面知识与能力培养的重要性，我们知道人类跨文化交际不单是语言层面的交际，它还涉及交际双方共有的和非共有的、共知的和非共知的语用、文化等层面的知识或信息，它是在语言—语用—文化共涉域中进行的（见图 1），所以要较好地完成一项跨文化交际任务，顺利地实现交际目标，交际者就需将语言—语用—文化三个层面的知识有效地提取出来，为此，我们将跨文化交际能力归纳为语言能力、语用能力和文化能力，跨文化交际能力的培养就涉及语言能力、语用能力和文化能力的培养。

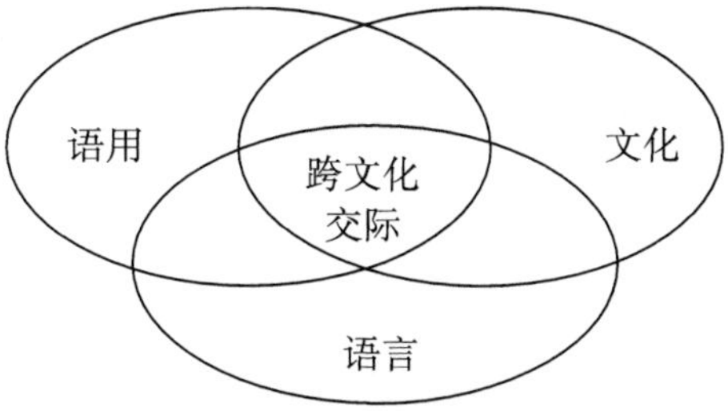

图 1　跨文化交际所涉因素

2.2　基于社会建构主义的教学理论

语言教学原则、教学方法的确立总是在相关理论指导下进行的，比如 20 世纪 80 年代到 90 年代，对外汉语教学界提出的“结构—功能—文化”相结合原则就是基于功能语言学、社会语言学等学科的理论成果。

我们提出“语言—语用—文化”三位一体的教学原则也是基于语言教学、语言学习理论的发展实际和学界逐渐形成的共识。“过去二三十年，世界主流语言教学与实践已经从以教师为中心转向以学生为中心，从以知识传授为重点转向学生的参与与互动和知识发展为重点，从过去注重语言形式和意义转向注重意义的吸收和表达的同时又不忽视语言形式的任务型教学，从过去重视认知能力的培养转向包括认知和情感在内的全人教育（whole-person education）。”（陈莉，2003：143）而最能体现这一转向的即是社会建构主义理论的兴起对语言教学改革所起的推动性作用。

20 世纪 60 年代以后，建构主义（constructivism）理论开始发展起来，并迅速对哲学、教育学、社会语言学、语言教学、第二语言教学诸多领域产生重要影响，国外语言教学界借鉴了建构主义有关学派的基本主张并付诸教学实践，出现了诸如情境式教学、支架式教学、交互式教学、任务式教学、合作学习等教学、学习方法与模式。时至今日，建构主义已经形成多个流派，社会建构主义即属其中之一，且对第二语言教学实践的影响最为深刻。

社会建构主义的理论框架是由 M. Williams 和 R. L. Burden 建立并发展起来的，从第二语言教学角度看，社会建构主义对第二语言教学富有建设性意义的主张有：知识是社会的建构，是学习者个人在与他人的交往环境中通过社会互动自己主动建构起来的，因为学习者已经具备了自主建构知识的经验与能力。学习是知识的社会协商过程，所以教学过程中包含的四个要素——学生、教师、任务与环境相互作用，教学应更尊重学生知识发展的个性化特征，为学生创造完成任务、自我发展的社会互动环境，即教学要以知识建构的主体——学生为中心。教师是教学任务的设计者、实施者，是教学的组织者、引导者、帮助者、中介者，教师的作用就是设计、引导和帮助学生自己发现问题、分析问题、解决问题最终顺利完成任务，并为学生顺利完成任务创造适宜的环境。

需要说明的是，社会建构主义理论所谓的任务是指由教师控制并引导，通过学生自我加工理解建构所开展的有结果的活动。环境则包括宏观教育环境（比如国家制定的语言政策、外语政策）、微观物质环境（比如课堂教学涉及的教室的灯光、温度等硬件环境，社会交往条件，如是结伴学习还是独自学习，等等）、人际环境（比如课堂教学涉及的人际关系类型——竞争型、合作型，等等）。

社会建构主义理论提出了新的教学框架与模式，赋予了我们新的教学理念，促使我们重新审视并思考对外汉语教学中的诸多问题，比如教学原则问题、教与学的关系问题、教师与学生角色关系的处理问题、教师如何激发和调动学生积极主动地运用自身知识建构新知识以及发展知识问题、教材编写如何突破传统框架适应并体现新教学理念的问题，等等。为此，我们以社会建构主义理论为基础，提出“语言—语用—文化”原则为对外汉语教学总则的主张，希望能对对外汉语教学理论与实践有所启发。

三 对“语言—语用—文化”原则的阐释

我们知道，第二语言学习者学习第二语言并不是为了掌握其静态知识，而是学习用该语言做事、交际，学习者学习第二语言时已经具有了主动建构第二语言的经验、能力和动力，基于此，我们认为，对外汉语教学的目标是培养将汉语作为第二语言的学习者的跨文化交际能力，因此，其教学需以“语言—语用—文化”为原则，该原则主张教学中以语用为轮轴，语言与文化为双轮，以语用轴带动语言轮与文化轮。教学中教师并非主体，而是中介，是“语言—语用—文化”三位一体原则的贯彻者、实施者，是教学任务的规划者和操控者，是教学过程的组织者、引导者和催化者；已经具备一定知识并具有运用知识主动建构新知识能力和经验的学生则是教学的主体与中心，是跨文化交际信息的加工主体、意义的主动建构者和积极互动者。该原则的教学方向是学生在教师的引导、帮助下在交际情境中顺利完成任务，并通过自我建构、互动调整最终发展知识。

3.1 “语言—语用—文化”原则中各成分的内容

3.1.1 语用包括交际情境和交际功能

语用即交际者在交际语境中运用一定交际策略得体地实施言语行为，我们将其分为交际情境和交际功能。

交际情境是交际者实施交际行为的具体语境，包括教学中的模拟情境和真实情境，交际情境在跨文化交际中尤为重要，学习并掌握一定的语言知识和语言技能只是跨文化交际者语言知识和能力的储备，其知识只有输出才能实现交际，而其输出平台则是交际情境。交际情境为交际者搭建的是在什么场合说什么话的平台，所以输出的言语要合乎其情境。比如，一名外国学生骑摩托车将一名中国学生撞倒了，且伤得比较厉害。外国学生马上诚恳地对被撞的中国学生说：“不好意思，不好意思。”没想到闻听此言的中国学生却非常生气，说：

“你都撞伤我了，还说不好意思？”外国学生也很委屈和不解：我已经道歉了，他为什么还那么生气呢？其实问题出在外国学生的话语上，在这样较为严重的事故中用“不好意思”道歉是不合当时的情境的。可见学生掌握了静态的语言知识并不够，还需要学会在动态的交际情境平台中得体、创造性地运用。

交际功能体现的是交际者不仅要掌握在什么场合说什么话，还要掌握在什么场合因什么事对什么人说什么和怎么说。我们将其概括为语用—语言功能和社交—语用功能。语用—语言功能突出交际情境中语言使用场合的得体性，所谓到什么山唱什么歌，在什么场合说什么话，像上面的例子从功能上讲就属于语用—语言失误。社交—语用功能则突出交际情境中对不同的交际对象需采取不同的策略，即交际的策略性，所谓见什么人说什么话，使用什么样的策略也受交际者的文化背景所制约。比如一名日本女学生下课后找到中国老师说：“老师好，老师什么时候有时间？我想问老师问题。”老师很奇怪，这些话没有语言上的问题，可听起来怎么那么别扭呢？原来日本学生在其话语里一直没有使用汉语的第二人称代词，这当然不是她还没有学习和掌握汉语第二人称代词，而是受自己母语文化交际规约的影响，认为师生之间属权势关系，跟老师说话时直接使用第二人称代词是严重的失礼行为，由此导致其社交—语用失误。

总之，我们认为语用在对外汉语教学中处于轴心位置，教学活动当以交际情境为平台进行，以分层次、分步骤实现语用—语言功能和社交—语用功能为具体目标。

3.1.2 语言包括语言知识与语言技能

语言是对外汉语教学中的第一要素，是实现教学目标的基础条件，语言教学将贯穿对外汉语教学的始终，这是毫无疑问的。根据语言自身特点和对外汉语教学目标，我们将语言分为语言知识和语言技能。

语言知识即语音、词汇、语义、语法等知识，语言是人类最重要的交际工具，是由音位层和结构层构成的层级性符号系统。其中音位层也叫底层，在该层中音位还只是语言符号的物质形式，这一形式数量是有限的。结构层也叫上层，该层语言从语素到词、短语、句子才成为真正的有交际意义的符号，即其内部按照一定规则进行组合，从有限到无限，从而进行有意义的交际。语言知识是静态的，是输入，是储备，是基础，没有一定量的语言知识的学习就无法达到正确的、有效的输出。

语言技能即听、说、读、写技能，既包括知识的输入也包括能力的输出，语言技能是动态的，受交际情境制约，需要通过训练才能获得，没有一定量的技能训练也无法达到正确的、有效的输出。

我们认为，虽然对外汉语教学教授汉语，但学生绝不是仅仅掌握汉语静态知识或机械地操练技能，而是使用汉语进行跨文化交际，所以任务式教学所主张的语言要在用中学、做中学就是要将语言放在交际情境中学习。

3.1.3 文化主要包括语内文化和语外文化

对外汉语教学中的文化问题长期以来一直是学界争论的话题，争论的焦点在对外汉语教学中的文化是什么，教学中应该教多少文化项目，如何将文化导入教学中，等等。比如张占一（1984）从对外汉语教学功能角度将文化分为交际文化和知识文化，其后进一步诠释为“所谓知识文化，指的是那种两个文化背景不同的人进行交际时，不直接影响准确传递信息的语言和非语言的文化因素。所谓交际文化，指的是那种两个文化背景不同的人进行交际时，直接影响信息准确传递（即引起偏差或误解）的语言和非语言的文化因素”（张占一，1990：22）。限于篇幅我们不再罗列其他观点与主张。

中华民族文化对我们母语者来说是身处其中、伴随着我们成长并渗透至血液中的，而对第二语言学习者来说则属于陌生的异文化，对异文化的学习、了解总是伴随着母语文化或深或浅的干扰或影响，所以，对外汉语教学对文化的处理更应审慎，当然，培养学生对中华民族文化的了解、理解、尊重、包容甚至融合也是对外汉语教师义不容辞的责任。根据前人的研究成果，我们从跨文化交际角度尝试将对外汉语教学中的文化划分为语内文化和语外文化。

语内文化是语言本身所包含的文化信息内容，比如汉语的“梅、兰、竹、菊”被称为花木中的四君子，并借此象征人的品格高尚，“红豆”象征相爱者的相思，等等，这些象征词语本身就包含了丰富的文化信息内容。由于词语中包含了文化信息内容，所以教学中可通过讲解完成任务。

语外文化是跨文化交际中涉及的语内文化之外的相关文化，其外延很大，既包括交际中言语行为涉及的文化信息，也包括由手势语、身势语以及体距等构成的非语言交际所涉及的文化信息，还包括跨文化交际者的态度、价值观、世界观，等等。比如汉语中的“你今年多大了？”可问小孩或同龄人，如果对老年人也这样问则被视为极其无礼的行为，这里所涉及的文化信息即属于语外文化之一。语外文化既是教学的重点，也是教学的难点，我们认为亲身实践与体验、实地观察与考察、课堂讨论与辩论等都是使学生最终得以顺利进行跨文化交际的有效途径。

3.2 三者的关系

前边我们说“语言—语用—文化”属三位一体，事实上也指明了三者的关系，根据跨文化交际和对外汉语教学特点我们进一步将三者喻为车子的轮与轴（如图 2 ）的关系。

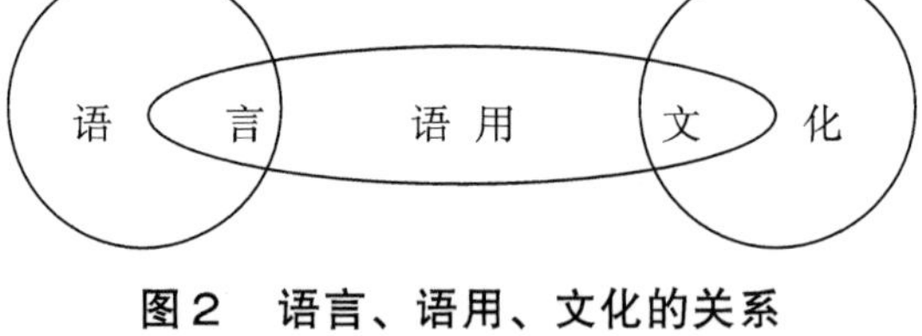

图2　语言、语用、文化的关系

首先，“语言—语用—文化”是三个独立的个体，三者属于不同的学科范畴，从对外汉语教学的角度看，语言为本，语用与文化为用。本即培养学习者准确、流利地使用汉语，它自始至终贯穿于对外汉语教学整个过程；用即培养学习者得体、灵活地使用汉语进行跨文化交际，并以理性的态度处理跨文化交际中遇到的文化障碍。

其次，人类的跨文化交际活动又将“语言—语用—文化”勾连在一起，跨文化交际活动处处体现“语言—语用—文化”的一体性。其中语用是跨文化交际的平台，是对外汉语教学的轴心，它将语言和文化带动起来，语用为轮轴，语言与文化为双轮，教学需采取语用轴带动语言轮与文化轮同步前进、协调发展的方式进行。

四　在教学中的贯彻与实施

社会建构主义认为教学过程包含学生、教师、任务与环境四个要素，我们从对外汉语教学实际出发概括为学生、教师、交际情境与任务四个要素，并认为“语言—语用—文化”三位一体原则的实施要在学生、教师、任务与交际情境四个方面转变观念：首先要转变传统的师生角色定位观念，树立学生是教学的中心，教师是中介的意识；其次任务的设计不是单纯的语言知识的设计，而是“语言—语用—文化”的有机融合；最后，淡化交际情境的人工化，充分利用学生所处的目的语的真实环境，达到模拟情境与真实情境的协调发展，最大化地发挥真实情境的优势，使学生在交际情境中通过自我建构知识和社会互动最大化地发展知识，完成任务。

4.1　以学生为中心

虽然对外汉语教学一直强调以学生为中心，但是我们在教学中并没有真正发挥好学生的中心作用，有的教师忽视了学生自身具有的自我加工建构知识的能力和主动建构知识的热情，一味传授、灌输与日常交际活动不匹配的语言静态知识，学生只是被动、乏味地接受，实际生活中或用不上或不会用，所学非所用，久而久之会挫伤学生学习的积极性、主动性。那么究竟该如何真正体现以学生为中心的理念？我们认为学生是跨文化交际知识信息的加工主体、知识意义的主动建构者和积极互动者，因此，在对外汉语教学过程中教师应注意以下几点。

（1）教学中要调整传统的师生角色，即教师是知识的灌输者，学生是知识的被动接受者。学生要成为教学的主体与中心，而教师只是指导者、组织者，教学中应时刻发挥学生的主体作用，让学生成为教学活动过程的主角。

（2）对外汉语教学的对象更多为成年人，成年人早已具备了对知识信息、知识意义的自我加工、建构能力，教师应善于将学生的这一潜力发挥出来、调动起来，将一些语言知识交给学生自我解决、建构，比如要求学生课前自己查阅生词，并用汉语而不是学生的母语予以解释；比如课后将课堂模拟情境的内容在真实语境中进一步实践，等等。学生将自我建构的知识参与到教学活动过程时教师再予以适当引导，这将极大地提高教学效率。

（3）当学生自我加工、建构知识的能力发挥出来后，在教学中如何最大化地完成任务，需要学生之间积极有效地互动，教师应引导学生在交际情境中通过互动调整完善自我建构的知识，通过互动学习发展新知识。

4.2 以教师为中介

在汉语作为母语的教学方面，以往传统的教学中教师是家长包办式的，学生的能动性、创造性受到极大的遏制，这种传统不可避免地会影响到我们的第二语言教学（包括国内的外语教学和对外汉语教学），而社会建构主义框架下的教师角色却发生了重大转变，其目的是培养具有独立思考和解决问题能力、适应现代社会发展的人才。

（1）教师不再是知识的灌输者和信息再现者，而是教学任务的设计者、实施者，是学生完成任务的组织者、引导者、催化者，是学生解决问题的帮助者、建议者，教师虽集多种角色于一身，但却不是教学活动的权威和中心。

（2）教师角色的转变并不是说教师没用了或作用减小了，而是对教师提出了更高的要求、更新的挑战，教师既是课堂教学任务的设计者、实施者、指导者，也是课堂教学的组织者、引导者甚至参与者，为此，怎样扮演好自己的角色？如何更好地设计教学任务？如何更好地引导学生独立自由积极地完成任务？如何引导、帮助学生形成多种类型的学习者共同体？需要教师深刻思考与研究，不断提高自身的理论素养。

鲁健骥（1990：39）在谈到如何有针对性地向外国学生教授中华民族文化时曾说过："要做到有针对性却不是轻而易举的事，关键是教师要比较熟悉中国和外国的文化，有个比较，了解哪些方面是中外一致的，哪些方面是中外有差别的，差别在哪里，哪些方面是中国有而外国无的。这样，教师就会对需要介绍什么和怎样介绍十分敏感。"可见做一名合格的对外汉语教师并不容易，还需要成为知识储备的"万金油"。

4.3 以任务为主导

社会建构主义理论将任务作为教学过程的四要素之一，是指有结果的活动，活动主题由教师设计，由学生来完成。社会建构主义特别强调学生已经具备了建构知识的能力，可以根据主题自我加工、理解、建构知识，并在活动中通过彼此的互动进一步去调整自己已经建构的知识，由此再发展新知识，所以，在以任务为主导的教学中，要特别关注学生自身能力的调动和挖掘。

以往我们在教学中忽视的往往也是这一点，将学生视作被动接受知识的机器，所以大量结构的简单机械操练、模拟并没有取得理想的教学效果。近年来国内越来越多的学者开始尝试将任务式教学理论应用于对外汉语教学实践并取得了较好的教学效果（如马箭飞，2000、2002；刘壮等，2007）。马箭飞（2002）曾借鉴任务式教学理论详细阐释了以汉语交际任务为组织单位的任务式大纲的编写、分类与分级，刘壮等（2007）详细介绍了任务式教学法理念及其在对外汉语教学中的应用。我们这里强调的是，任务的设计要坚持"语言—语用—文化"三位一体的原则，忽视任何一方，教学任务都无法很好地完成。

4.4 以交际情境为轴心

语言学习是为了交际，如果我们中国人在国内学了多年外语却无法张口说话，无法与人交际，那么我们的外语教学就是失败的；同样，一名外国学生学了汉语，却发现所学非所用，那么，我们的对外汉语教学也是有问题的。强调以交际情境为轴心则主要针对以上弊端，母语环境中的对外汉语教学有着非母语环境教学的天然优势，即真实情境的提供，充分利用这一优势使学生不仅能够将自己学到的知识拿到实际生活中去检验，而且可以在实际生活中发展自己的知识。

另外，随着大众传媒、信息技术突飞猛进地发展，教学中模拟情境和准真实情境的设计和使用既可以利用电视剧、脱口秀，也可充分发挥多媒体、网络等作用。多手段、立体化教学将使交际情境平台更符合生活实际。

以上我们虽然只是概略地讨论了社会建构主义视域中的对外汉语教学原则，但相信社会建构主义将会对对外汉语教学各个方面产生更加深刻的影响，通过教学过程包含的学生、教师、任务与环境四个要素我们也可以看到，培养立体化的认知与情感并重的“全人”将成为对外汉语教学的重要发展方向。

主要参考文献

陈　绂（2006）对国内对外汉语教学的反思——AP 汉语与文化课及美国教学实况给我们的启发，《语言文字应用》第 1 期。

陈　莉（2003）社会建构主义与外语教学，《四川外语学院学报》第 6 期。

程　棠（1996）关于“结构—功能—文化相结合”的教学原则的思考，《世界汉语教学》第 3 期。

成晓光（2005）社会建构主义的语言哲学基础，《外语与外语教学》第 1 期。
崔永华（1998）汉语教学的教学类型，《语言文字应用》第 2 期。
郭风岚（2007）对外汉语教学目标的定位、分层与陈述，《汉语学习》第 5 期。
何克抗（1997）建构主义的教学模式、教学方法与教学设计，《北京师范大学学报（社会科学版）》第 5 期。
黄国文（1993）交际能力与交际语言教学，《现代外语》第 3 期。
刘 珣（1997）试论汉语作为第二语言教学的基本原则——兼论海内外汉语教学的学科建设，《世界汉语教学》第 1 期。
刘 珣（2003）为新世纪编写的《新实用汉语课本》，《暨南大学华文学院学报》第 2 期。
刘 壮、戴雪梅、阎 彤、竺 燕（2007）任务式教学法给对外汉语教学的启示，《世界汉语教学》第 2 期。
鲁健骥（1990）对外汉语教学基础阶段处理文化因素的原则和做法，《语言教学与研究》第 1 期。
吕必松（1999）对外汉语教学学科理论建设的现状和面临的问题，《语言文字应用》第 4 期。
吕文华、鲁健骥（1993）外国人学汉语的语用失误，《汉语学习》第 1 期。
马箭飞（2000）以“交际任务”为基础的汉语短期教学新模式，《世界汉语教学》第 4 期。
马箭飞（2002）任务式大纲与汉语交际任务，《语言教学与研究》第 4 期。
陶 炼（2000）“结构—功能—文化相结合”教学法试说，《语言教学与研究》第 4 期。
王若江（2006）关于美国 AP 汉语与文化课程中三种交际模式的思考，《语言文字应用》第 1 期。
徐放明（2006）社会建构主义：渊源、理论与意义，《上海交通大学学报（哲学社会科学版）》第 3 期。

张金桥（2004）社会建构主义教学观，《现代教育论丛》第3期。

张占一（1984）汉语个别教学及其教材，《语言教学与研究》第3期。

张占一（1990）试议交际文化和知识文化，《语言教学与研究》第3期。

祝畹瑾（1985）《社会语言学译文集》，北京：北京大学出版社。

Williams, Marion & Burden. L. Robert.（1997）*Psychology for Language Teachers: A Social Constructivist Approach*, Cambridge University Press.

关于海外汉语教师培训的几点思考*

提要 针对海外汉语教学师资的现状与问题，结合对部分海外汉语教师进行的调查与访谈，本文认为海外汉语教师培训需改变以往的单向注入式培训模式，坚持适切、多维、实用的原则，以问题为导向，以任务型培训模式为核心，以学员为中心，加大学员参与、体验的力度，使学员能够在短时间的培训中获益最大化。

关键词 海外汉语教师培训　培训原则　任务型培训模式

近些年来，海外汉语教学规模扩展迅速，以美国为例，“五年前，美国只有200所学校教汉语，现在已是当时的10倍，达2000所。”[①]在这样的背景下，由海外合格的汉语教师资源匮乏、适合海外汉语教学的教材不足、派出的教师在海外汉语教学课堂上出现水土不服等而带来的“三教”问题（即教师、教材、教法问题）越来越突出。

“教师问题、教材问题、教法问题表面上看是三个问题，实际上它们是互相纠结的，是一个整体。教师是问题的关键，教材和教学法与教师问题密切相关。”（崔希亮，2010：79）多年来汉语教学界关于教材问题、教法问题的研究成果颇多，关于教师特别是海外汉语教师的培训研究关注得尚不够，本文通过我们在美国乔治·梅森大学孔子学院任教期间的观察与了解，对海外汉语教师培训提出几点思考与建议。

---

*　本文原载于《语言教学与研究》2012年第2期。

①　资料引自2010年7月11日新加坡《联合早报网》潘星华的《中国国家汉办主任许琳：全球学汉语热情难挡》一文。

一　海外汉语教学师资现状与问题

随着汉语教育的迅疾升温，汉语学习者数量呈持续增长态势，海外进行汉语教学的机构越来越多，海外汉语教师面临的挑战也越来越大，这些挑战表现在以下几个方面。

1.1　来自教学的挑战

首先，海外汉语学习者汉语背景参差，由于条件所限，有汉语背景和无汉语背景的学习者往往是同班学习。以笔者所在地区为例，本地汉语学习者主要分非华裔与华裔两种，非华裔的汉语背景基本为零，而华裔学习者内部汉语背景也比较复杂，有的生长于海外，有的则属幼年移居海外，有的家庭内部讲汉语普通话，有的家庭则只讲汉语方言，比如粤语、闽南话等，但不管怎样，华裔学习者从小都或多或少地习得了汉语。虽然非华裔与华裔学习者的汉语背景参差，但由于教学条件限制，在汉语教学编班上很难考虑学习者的汉语背景。在这样的背景下，如何使汉语经历有差异的学习者的汉语水平都得到提高，对教师来说无疑是个挑战。

其次，海外汉语学习者年龄层次跨度大，中小学汉语学习者数量在增加。

海外汉语学习者年龄跨度很大，上至六七十岁的老人，下至三四岁的幼童。学习者年龄跨度大，需求不一，使得教学类型需求多样化，而由于条件所限，教师们常常要同时教授不同年龄段的汉语学习者，比如既教大学生，又教中学生或小学生，等等。不同年龄段的学习者学习心理有异，教师该如何因材施教？

此外，以往汉语作为第二语言教学的教学环境主要是在目的语国家即中国，学习者以成年人特别是大学生群体为主，但海外汉语教学热带来的更多是很多学习者特别是中小学生需要在非目的语环境下学习汉语，学习环境、教学对象都发生了变化，对没有或缺少中小学教学背景的教师来说，如何在非目的语环境下使学生获得最佳学习效果，如何教好中小学生，使他们不断保持汉语学习的热情与积极性，对教师来说也是个挑战。

再次，教师受到强度不同的跨文化冲击。

海外汉语教师队伍主要由外派教师和本地教师组成，本地教师基本上以中国人或华裔为主。无论是外派教师还是本地教师，大多数都是在中国国内接受的教育，文化背景主要是汉语文化，因而，一旦处于非目的语环境下，教师将会面临强度不一的跨文化冲击，而对国内外派的短期汉语教师来说，这种冲击会更强，教学中出现的师生双方均水土不服现象也会更明显。

1.2 教师专业背景与职业匹配问题

由于海外汉语教育近些年的快速发展导致供需关系不平衡，各种教育机构的需求不一，使得汉语教学从业人员来源广泛。

目前在海外任教的汉语教师源于两个渠道，一是由中国政府部门或教育机构派出的，另一则是在本土招聘的。海外汉语教育机构里既有外派汉语教师，也有本土汉语教师；既有职业汉语教师，也有非职业汉语教师；既有全职教师，更多的则是兼职教师。汉语教师专业背景多样，职业素养差异明显，尤其是从业者绝大多数都是在中国国内完成的高等教育，所以，由政府部门或教育机构派出的教师由于种种因素的作用与限制，不仅在数量上难以满足海外需求，而且这些教师更熟悉中国国内的语文教学或英语教学，在教学中需要一个适应期。而在本土招聘的教师则由于从业动机不一，专业背景多样，职业素养差异明显，有的接受过中文或外语或教育学专业教育，有的则没有任何相关专业教育背景，教师的专业背景与职业并不匹配，使其成为一名合格的汉语教师也不容易。

1.3 教师从业门槛问题

10 年前，随着汉语学习者数量的不断增加，师资短缺引发的供求矛盾、教师专业素质缺失等引发的水土不服现象已经开始显现，很多专家呼吁“加强教师队伍建设是整个汉语作为第二语言教学领域的当务之急”（刘珣，2000：60）。10 年后，海外汉语热则使这些问题越发突出，“国家汉办的数据显示，全球汉语教师缺口将超过 400 万人”，“自 2003 年第一批汉语教师外派至今，已有 7464 名经培训的汉语志愿者到世界各地孔子学院任教；2004 年至 2007 年，来华培训和赴外培训国外汉语教师约有 21383 人次。此外，国家汉办每年公派至海外的汉语教师有 1000 多人。‘如此估算，国家汉办平均每年培训和外派汉语教师 5000 多人——按这个速度，要想弥补 400 万汉语教师的缺口，得花 800 年！’”。[①] 显然，光靠国内外派汉语教师，面对海外巨大的市场需求仍是杯水车薪。

尽管外派汉语教师不足带来的师资短缺问题已经很突出，但是海外第二语言教育师资政策并不会迅速做出相应的调整。海外正规的第二语言教育一般由当地政府部门直接调控，政府制定的相关政策对职业语言教师的生涯具有直接影响，比如，美国公立中小学的第二语言教育政策通常是由各州政府自己制定的，不同的州对语言教师制定的准入证制度也不同，而这些政策各州之间也常常互不兼容，有的州要求在本州执教的语言教师不仅须获得高等学校相应的学历文凭，还须获得本州的教师资格执照方能上岗。而本州高校能否开设此类课程，又会受本州、学校财政的影响。另外，即便教师获得了本州的资格证书，也往往只在本州有效，外州不承认。这些不利因素使得汉语师资短缺特别是合格师资的短缺更加凸显。

二　海外汉语教师的诉求

面对现状与问题，海外汉语教师都有哪些诉求？根据我们在本地的了解，

① 资料引自 2010 年 12 月 24 日北京语言大学新闻网转载《文汇报》王乐的《汉语国际推广遭遇瓶颈“三教”问题日益严峻》一文。

通过系统学习能够得到第二语言或汉语教师资格证书和通过短平快的培训为自己的教学补给是教师们最大的诉求。2010 年 5 月我们利用在乔治·梅森大学举办的 2010 年度弗吉尼亚州及其周边地区中文教师汉语教学研讨会的机会，就培训意愿和培训内容等对部分与会教师做了小型问卷调查与访谈。调查问卷共发放 60 余份，回收 45 份，其中有效问卷 43 份。

根据我们的统计，关于培训意愿，无论从业时间长短，任职于何种教育机构，海外汉语教师希望得到培训的意愿都非常强烈，被调查者中有 40 人（高达 93.02% 的比例）表达了希望得到培训的意愿。这些人分布于大、中、小学等不同教育机构，从业时间既有不到 1 年的，也有超过 3 年的。

在具体需要哪方面内容的培训上，我们在调查问卷里设置了“汉语本体知识与汉语教学”“汉语课堂教学”“文化及相关话题”“汉语教学研究”4 个大项，每项内部又细分了若干子项，被调查者对 4 项选择非常需要或比较需要的数据如下：

被调查者选择需要培训的人数及比例表

选项 / 数量与比例	汉语本体知识与汉语教学	汉语课堂教学	文化及相关话题	汉语教学研究
人数（人）	34	38	35	23
比例（%）	85.00	95.00	87.50	57.50

由上表我们看到，被调查者对培训内容的需求比例由大到小依次为汉语课堂教学（主要包括课堂教学技巧、教学设计与教案编写等）— 文化及相关话题 — 汉语本体知识与汉语教学 — 汉语教学研究，反映出被调查者更需要可以解决教学实际问题的实践性、实用性强的培训。在“汉语本体知识与汉语教学”“汉语课堂教学”所设的子项的选择上，被调查者的选择也很理性、务实，基本上是根据自己目前正在教授的课程类型以及教学中遇到的困惑各取所需。访谈中，一些教师也提出不喜欢培训中培训师唱独角戏的方式，更希望参加和其他学员共同讨论交流、相互启发、培训师给予一些点拨的互动式培训。

有趣的是，在“文化及相关话题”中我们设计的“中国文化知识”和“跨文化交际”2 个子项中，回答非常需要或比较需要的人数分别为 25 人和 33 人，占总人数（35 人）的 71.43% 和 94.29%。对跨文化交际主题的培训意愿高于中国文化知识，这的确值得我们注意。语言与文化密不可分，汉语作为第二语言教学也是跨文化教学，跨文化问题既会发生在教学环节师生间的交流中，也会发生在教学内容上，以往我们曾提出“对外汉语教学的总体目标应定位为培养将汉语作为第二语言的学习者的跨文化交际能力”（郭风岚，2007：73）也正是基于这样一种认识。在国内也许我们对跨文化交际中出现的问题并不敏锐，而身处异国他乡时这种体会则异常强烈。如何让外国学习者了解甚至理解目的语文化？教师怎样去更好地适应学习者的母语文化？对海外汉语教师来说也需要学习掌握一些克服或应对文化休克或文化不适应的手段。

三　几点思考

通过调查了解，我们认为，解决汉语国际教育中的师资短缺等问题，应将师资的系统培养与多元培训结合起来。培养是一项周期性较长的系统工程，我们已经设立了“汉语国际教育”学科。培训则是一份快餐，对在岗或即将上岗的教师的培训具有短期速成效果，是我们缓解目前海外汉语教师短缺的重要手段，而达到最佳效果的培训则是我们目前培训工作应追求的目标。

如何使培训效果最佳？以往我们采取的是单向注入培训模式，即培训师单纯讲授，而这种以“杯与壶”学习理论为基础的传统的满堂灌授课模式越来越受到挑战，基于汉语作为第二语言教学更注重实践性、操作性的特点，以及海外汉语教师具有了一定的从业经历与经验，很多人无法参加系统的、时间较长的培训等特点，我们认为，海外汉语教师培训更应以在短时间内通过优化的培训使学员获益最大化为目标，坚持适切、多维、实用的培训原则，以问题为导向，以任务型培训模式为核心，以学员为中心，通过学员在完成任务过程中的互动合作，激发学员参与、体验的热情。

3.1 关于培训原则

3.1.1 适切原则

适切即供需匹配，是指培训者的培训应契合学员的工作实际与需要，以学员为本，以学员的需求为中心，从其实际需求出发制定培训计划，设计培训任务，避免培训的盲目性与主观性，避免资源浪费。犹如一个想吃苹果的人，你应该给他的是苹果而不是桔子，尽管二者都是水果。

虽然我们也认为合格的汉语教师应该具备汉语言、外语、教育学特别是第二语言教学、中国文学文化、跨文化交际等诸多知识与能力，但海外汉语教师的专业背景、知识结构并不是整齐划一的，其教学对象差异也很大，因此，教师的培训需求往往具有多元化特点，比如，有的想要得到汉语知识、汉语技能训练的培训，有的可能想要得到课堂教学的组织与管理、教学的趣味性方面的培训，有的想得到跨文化交际策略方面的培训，等等。这就需要培训者在开展培训前进行调查摸底，了解学员的真正需求。坚持适切原则，需从以下几方面入手。

第一，培训前广泛了解需求，制定操作性强的培训计划与任务。

目前中国国内和海外都在举办汉语教师培训班，培训实施者（包括实施部门与培训师）与培训需求者（包括培训需求部门与学员）之间应多多沟通，培训前，培训需求者将自己的需求及相关情况发给培训实施者，以便培训实施部门的培训计划更切实可行；而培训实施者应将培训计划及时通报给需求者征求意见，以便培训需求者做好相关准备。培训前就做到知己知彼，这也是培训取得良好效果的第一步。

第二，培训中灵活调整内容。

不管培训前我们对培训内容计划得多详细，培训师在培训过程中都可能会遇到来自学员的各种挑战，比如，培训师觉得学员可能需要理论知识比较多，但培训过程中却发现学员更想学习怎样将语言知识有效有趣地应用到教学实践中，那么，培训师就要根据学员的反馈及时调整培训内容。培训内容既源于需求，也要服务于需求，在需求中调整，只有这样，才能使培训达到优质高效。

第三，培训后及时追踪效果。

以往我们的培训缺少培训后的效果追踪，其实，对培训实施者来说，培训后及时追踪培训效果并将其档案化，不仅使培训实施者未来可以适切地开展培训工作，而且对建立系统科学的海外汉语教师培训体系意义重大。

及时追踪培训效果绝不是简单地了解学员对培训师、培训内容的满意度，而是通过周密计划将所需信息一一列出，这些信息应围绕培训内容展开。在形式上可采取问卷调查、访谈等方式进行，像问卷调查既可以在培训结束时让学员现场同步完成，也可以通过邮件等方式非现场完成。

3.1.2 多维原则

多维培训是指培训者根据培训需求者的多维需求特点分层别类，开展不同层次、不同内容、不同类型的培训，并依此设定培训任务。比如按学员教授成年人、教授中学生、教授小学生或幼儿进行分类培训，按学员的不同专业背景分层培训，按学员对培训内容的需求比如汉语语音教学、汉语语法教学、跨文化汉语交际等分类培训，甚至还可按学员拟赴或所在国家进行分类培训，等等。分层别类对培训师也应有一定的选择，比如，在中小学教授第二语言学习者汉语的专家在培训海外中小学汉语教师时，要比从未接触过中小学汉语国际教育的培训师经验更丰富，相信由他们来参与培训效果更好。

多维培训表面看来比较杂乱，要考虑培训需求者的方方面面，其实，如果仔细研究培训需求者的个性与共性，就可以最大化地利用培训资源。我们认为，海外汉语教师的多维培训可以从以下几个方面考虑。

第一，培训对象的多维。

即根据培训需求者的教学层次、教学对象分门别类，比如可以按照学员的教学岗位层次分为小学组、中学组等，可以按照其所教授对象的年龄分为幼儿组、青少年组、成年组等。属于同一教学对象组的，培训起来针对性也更强。

第二，培训内容的多维。

海外汉语教师需十八般武艺，不仅要掌握汉语知识、汉语教学方法与技巧、中华文化知识、跨文化交际知识与技巧，等等，还要学习一些才艺技能、政策法规等，我们在培训内容的安排上就要考虑如何使培训内容更加丰富多样。比如：在汉语教学方面，可根据培训需求者的教学方向培训，比如有的学员只教汉字课，有的学员只教阅读课，有的学员则教听说读写综合课，那么，我们可以采取专题形式将培训内容分为汉语语音教学、汉语语法教学、汉字教学、阅读课教学、听说读写技能训练、小学教育心理学、中小学课堂教学管理，等等，这样做不仅针对性强，而且可使培训更加有深度。

第三，培训方式的多维。

即根据培训对象、培训内容、培训目标，采取灵活多样的培训方式。以往我们的培训课堂常常是单向的，即以培训师的单纯讲授为主，由于不了解学员的相关信息，培训效果不尽如人意。多维化培训方式则要改变这种灌输模式，而将按照任务型培训模式，在培训方式方法上博采众长，采取学员参与、体验、交流与合作等多种方式，以达到最佳培训效果。

3.1.3 实用原则

前边谈到的适切、多维原则实际上已经包括了实用原则，这里我们再次单独强调，主要是提醒培训者要充分考虑汉语教学实践性强的特点，汉语教师必备的系统的知识、理论等能力需要长期养成，我们的培训应突出解决问题，解决学员教学中遇到的实际问题，实用、管用、好用。

3.2 关于任务型培训模式

汉语作为第二语言教学的突出特点在于其实践性、操作性，该特点也使得传统的满堂灌授课模式受到了极大的挑战，任务型教学模式被广泛用于教学中。据我们了解，由于绝大多数学员具有了汉语教学经历，因此充分满足学员需求、与学员有广度和深度沟通的培训最受学员欢迎，为此，我们提出了任务型培训模式。

任务型培训模式源于任务型教学法理念，在培训教学中的操作和任务型教学法一样采取的也是设定任务目标（goals）、目标内容信息输入（input）、基于材料而设计的各项活动（activities）等步骤，我们不再一一展开说明。需要强调的是任务型培训模式一定要以学员、学员的需求为中心，针对学员需求设计主题鲜明、目标明确的任务，采取学员参与、体验、交流与合作等方式，通过学员与培训师间、学员与学员间的有效互动，通过学员的有效参与获得最佳培训效果。例如，对海外汉语教师跨文化汉语教学操作手段的培训，海外汉语教师已经生活在海外，无论时间长短都会遇到跨文化交际问题，这些问题有人能很好地解决，有人则出现不适应甚至文化休克情况，而他们遇到的问题都是鲜活的案例，培训师在培训任务设定中如果加入学员自己的案例，通过对这些案例的交流、研讨，相信培训效果会更好。

以上我们只是针对目前海外汉语教师培训现状提出了几点思考，相信随着海外汉语教师培训工作的逐步系统化、规模化，其理论建设也会更加系统。

主要参考文献

陈　绂（2006）五个“C”和 AP 汉语与文化课教材的编写，《语言文字应用》第 S1 期。

崔希亮（2010）汉语国际教育“三教”问题的核心与基础，《世界汉语教学》第 1 期。

崔永华（2004）教师行动研究和对外汉语教学，《世界汉语教学》第3期。
付永钢（2002）跨文化交际语境与跨文化交际，《外语研究》第4期。
郭风岚（2007）对外汉语教学目标的定位、分层与陈述，《汉语学习》第5期。
国家汉办（2007）《国际汉语教师标准》，北京：外语教学与研究出版社。
刘　珣（2000）迈向21世纪的汉语作为第二语言教学，《语言教学与研究》第1期。

日本留学生对汉语部分称谓的适应与认同*

提要 本文采用问卷调查方式，对具有汉语本科二年级及以上水平的北京语言大学全体、北京大学部分日本留学生（JS）在跨文化交际中使用汉语部分称谓所出现的问题进行了调查，通过对调查结果的统计、分析，着重探讨JS对汉语第二人称代词的适应和对汉语泛化性亲属称谓的认同距离问题。

关键词 日本留学生　汉语称谓　社会—文化心理距离

一　调查说明

1.1　调查因由

跨文化交际中如何较为得体地运用一些使用频率较高的汉语称谓，对留学生来说是比较困难有时甚至是非常困难的事，不同母语背景下的留学生在此显示出来的问题也不同，困难和问题的主要因素来自于称谓背后两种或多种不同的错综复杂的社会文化背景及由此导致的社会—文化心理距离，这是我们在观察北京语言文化大学部分来自于东西方不同文化圈的留学生使用汉语称谓情况后得到的初步认识。

为了获得更多具体材料，我们对日本留学生进行了较为细致的随机观察，发现具有一定汉语基础的日本留学生使用汉语称谓具有较大的社会—文化心理距离，在称谓使用上的表现很有自己的特点，如：汉语称谓的使用频率不高，

* 与松原恭子合作，原载于《语言教学与研究》2000年第4期。

尤其是在校园外或陌生关系的交际环境中；交际时出现第二人称代词缺位或他称转代现象；对泛化性亲属称谓存在情感变异、认同距离；等等。

访谈后发现上述现象具有一定趋向性，这进一步激发了我们深入研究的兴趣，我们决定就上述部分问题进行问卷调查。

1.2　调查程序、方法

1.2.1　抽样方式

本次调查受样本条件制约，抽样采取随机抽样和非随机抽样相结合的方式。我们认为调查对象应有一定汉语基础，对汉语高频称谓基本了解或熟悉，对汉语文化处于开始适应或基本适应阶段。按上述条件，我们选取了北京语言大学二年级以上所有日本留学生及研究生、北京大学部分二年级以上留学生及部分研究生（以下简称 JS）为调查对象。

1.2.2　问卷内容

问卷以对比方式为主线，以 JS 对日语和汉语两种语言部分称谓的心理反应为主要内容。问卷调查的具体构成情况如下：

（1）调查者的基本情况，如性别、年龄、文化程度、学习汉语的时间，等等；

（2）关于日汉第二人称代词的使用情况；

（3）关于日汉亲属称谓词的使用情况；

（4）交际时对 2、3 类称谓的心理感受。

1.3　资料收集及处理方法

问卷经两次试填后修改定稿，主要由松原恭子发放并回收。问卷调查时间在 1997 年 5—6 月。实际发放问卷 240 份，收回有效问卷 228 份，有效回收率为 95%。在调查中我们发现，这些被试在异国对自己的同胞所进行的调查表现出了极大的合作精神、团队精神，而对中国老师或学生进行此类试填问卷调查则表现出了极强的戒备心理，二者具有鲜明的反差。

问卷回收后，我们在计算机里建立了数据库，对各选项进行了频次登录处理和百分率对比。

需要说明的是，本调查只在北京语言大学和北京大学进行，因此，研究的结论也主要以此为依据。

二　问卷结果及对结果的分析

2.1　JS 对汉语第二人称代词的适应情况

汉语第二人称代词在言语交际活动中属高频词，“你”和“您”之间除了具有同等关系和权势关系上的不同外，二者的功能都是用来指称对方的，所以在须指称时该代词不能缺位。而日语由于有两套交际系统代码——简体和敬体，因此，虽然它有数量超过汉语的第二人称代词——对称词，但在交际时对称词却有极严格的社会规约，使用频率并不高。那么，这种事实对 JS 的汉语交际有多大影响？有怎样的影响？是否在 JS 具有一定汉语水平后还有影响？影响程度如何？以下是我们设计的具体问项及结果。

问项一：交际时是否回避使用汉语第二人称代词？

A. 从不回避；　　B. 有时回避；　　C. 完全回避。

统计结果见表 1。

表 1　问项一统计结果

选项	A	B	C	合计
频次分布	108	102	18	228
百分比（%）	47.4	44.7	7.9	100

结果显示，即便 JS 已具有汉语本科二年级或以上水平，不同程度地回避使用汉语第二人称代词的比率仍很高，将 B、C 加在一起，有高达 52.6% 的 JS 认为自己交际中在需要使用汉语第二人称代词时回避或有时回避，我们将 A 类和 B、C 类情况对比如下：

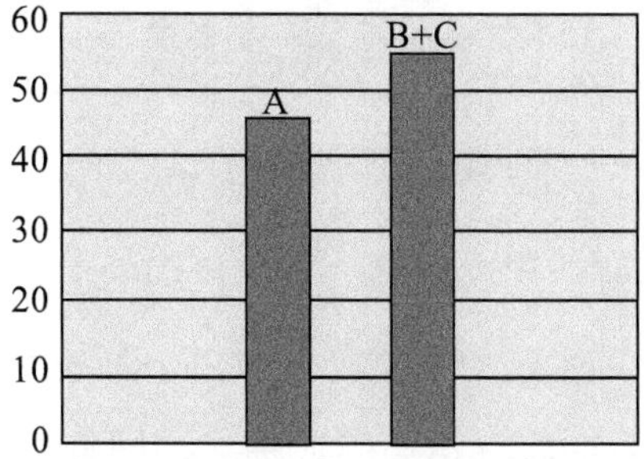

图 1　问项一统计结果

问项二：是否已经适应汉语第二人称代词的交际方式？

A. 适应；　　B. 不适应。

问卷结果显示：选择问项一中 B 和 C 的 JS 在此均选择了 B。有趣的是选择问项一中 A 的 JS 在此选项上发生分化，108 名 JS 中有 37 人即有 34.3% 选择了 B。将选择情况汇总起来，有 68.9% 的 JS 无论在交际中回避不回避使用汉语第二人称代词，在心理上对此都还不适应（见表 2）。

表 2　问项二统计结果

选项	A	B	合计
频次分布	71	157	228
百分比（%）	31.1	68.9	100

将问项一和问项二结合起来看，JS 对汉语第二人称代词心理上的不适应与其是否回避使用存在着复杂的对应关系。总体看，JS 对汉语第二人称代词心理上的不适应要高于其所回答的回避使用的情况，对比如下：

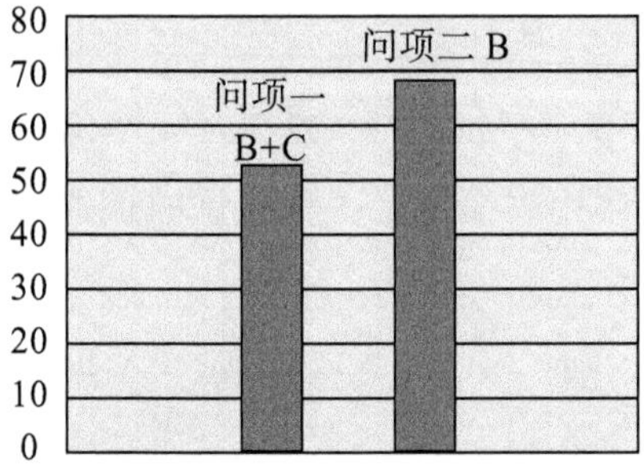

图 2　问项一“回避”选项与问项二“不适应”选项的对比

那么，导致 JS 回避使用汉语第二人称代词的主要原因是什么？这是我们设计的问项三的内容，问项三的答案是开放的。所有相关 JS 都认为直接原因是母语文化的影响。交际时将汉语第二人称代词同日语对称词两种交际功能对立的称谓词叠加在一起因而回避使用则是具体因素。结论和我们的假设一致。

而为什么会出现有些 JS 不但自己不使用甚至连交际对方对自己使用都感到不舒服，有些 JS 虽然有时使用但却又感到不舒服这类心理不适应状况呢？上述原因是我们解释此类现象的主要依据。同时我们进一步认为，JS 是作为成年人来到中国学习汉语的，母语文化早已渗透到 JS 的骨子里。到异国学习第二语言后，要想使自己的第二语言学得很地道，JS 就必须要积极努力融入汉语社会，而对 JS 来说，虽然汉语水平已达到一定程度，但由于母语背景、受限的交际环境以及实际的汉语水平等因素的制约，又很难真正融入、完全融入汉语社会。所以，在学习第二语言——汉语的过程中，一旦汉语某些语言现象真正和其母语文化发生冲突时，就会表现出或坚决排斥或矛盾游移的心理，这种心理不适应对交际实际产生了一定的制约作用。我们也可以这样认为，跨文化交际中，第二语言学习者对第二语言心理上的不适应（A）总是要高于其交际实际（B），我们称为 A>B 现象，A>B 现象的实质是第二语言学习者无法完全消融对第二语言文化的适应距离，即便其第二语言已达到相当高的水平。

值得注意的是，我们在调查中发现，性别变量在一定程度上导致了汉语第二人称代词在交际中的使用率不平衡。回答对汉语第二人称代词从不回避而且能根据交际环境采取相应交际策略的 JS 女性比例高于男性 12.5 个百分点（本调查 JS 男性为 125 人，女性为 103 人）。而更有高于 JS 男性 13.7% 的女性表示交际时不会将汉语第二人称代词同日语的对称词联系起来。显示出 JS 女性适应交际环境的能力强于 JS 男性。这一问题我们将另撰文讨论。

2.2 JS 对汉语泛化性亲属称谓的认同距离

东方许多国家如韩国、日本、越南等由于受儒家文化的影响，很注重亲情，注重长幼次第，所以和汉语一样，这些语言也都有泛化性亲属称谓，但社会文化背景又决定了这些语言泛化性亲属称谓的交际规约并不完全相同。交际者对非母语的交际规约会有程度不同的认同距离，因而造成跨文化交际的复杂性。我们采用了对比法来调查 JS 对汉语泛化性亲属称谓的认同距离。

问项一：日语交际中，对关系亲密的日本人使用亲属称谓的情况。

A. 经常使用；　　B. 偶尔使用；　　C. 不使用。

问项二：汉语交际中，对关系亲密的中国人使用亲属称谓的情况。

A. 经常使用；　　B. 偶尔使用；　　C. 不使用。

两项结果显示：问项一各选项的百分比分别为 28.5%、44.3% 和 27.2%，问项二各选项的百分比分别为 10.6%、38.7% 和 50.7%，二者的差距主要在“经常使用”（A）和“不使用”（C）上，前者差为 17.9，后者差为 23.5。和问项一比较，问项二 JS 使用泛化性亲属称谓的频率从使用到有时使用到不使用明显呈递增趋势，不使用的频率最高（见表 3）。

表 3　问项一与问项二各选项结果对比

	A	B	C
问项一各选项比例（%）	28.5	44.3	27.2
问项二各选项比例（%）	10.6	38.7	50.7

问项三：日语交际中，对陌生关系的日本人使用亲属称谓的情况。

A. 经常使用；　　B. 偶尔使用；　　C. 不使用。

问项四：汉语交际中，对陌生关系的日本人使用亲属称谓的情况。

A. 经常使用；　　　B. 偶尔使用；　　　C. 不使用。

两项结果显示：问项三各选项的百分比分别为 6.2%、29.8%、64%，问项四各选项的百分比分别为 5.9%、29.4%、64.7%，二者之间没什么差距（见表 4），但它们分别与问项一、问项二的差距非常明显。首先，在陌生关系的交际场合，无论是母语交际环境还是第二语言交际环境，JS 使用泛化性亲属称谓的频率从不使用到偶尔使用到经常使用均始终呈递减状态，不使用的频率最高，和问项一、问项二之间表现出来的非一致性趋势不同。其次，就问项三与问项一同问项四与问项二的关系看，在母语交际环境中，JS 对陌生关系和亲密关系的交际对象采取了不同的交际策略，而在汉语交际环境中，JS 对陌生关系和亲密关系的交际对象所采取的交际策略基本相同。

表 4　问项三与问项四各选项结果对比

	A	B	C
问项三各选项比例（%）	6.2	28.9	64
问项四各选项比例（%）	5.9	29.4	64.7

我们将上述情况进行多角度对比后看到：

（1）JS 在母语交际环境中使用泛化性亲属称谓的频率受交际双方的关系的远近决定，关系越远使用泛化性亲属称谓的频率越低；对交际关系亲密的对象，JS 完全使用泛化性亲属称谓的频率也并不高，大多数情况下 JS 处于随交际环境、交际对象而决定是否使用的状态。

（2）和母语交际环境相对照，JS 对跨文化交际环境的认识最为敏感，即便与交际对象关系密切、友好，但在汉语交际环境中，JS 不使用泛化性亲属称谓的频率还是最高。

（3）在汉语交际环境中，无论交际者之间的关系远近，JS 使用泛化性亲属称谓的频率从不使用到偶尔使用到经常使用始终呈递减状态，不使用的频率最高。

由此我们认为，在母语交际环境中 JS 注重的是交际者之间的交际关系，在跨文化交际环境中 JS 对母语与第二语言文化上的差异或冲突更敏感，由此导致其对汉语泛化性亲属称谓的认同距离大于母语日语。

那么，导致 JS 对汉语泛化性亲属称谓的认同距离大于日语的具体因素是什么呢？我们认为，第一个因素为 JS 的母语文化。保持适当距离是日本人的交际原则，有的学者认为，日本文化是一种以他人为重的集团文化，由于日本人作为独立的个体存在时总有一种自我不安、不踏实感，所以，每个个体更倾向于依存某一集团（南博，1983），由此导致日本人更重视集团内的人际关系。为保持人际关系的和谐，日本人认为，人与人之间的交往保持适当的距离非常必要，过远显得太冷漠，过近又显得太亲昵，二者均被认为是“失礼”行为。所以，这种不即不离、不远不近的交际原则使 JS 在母语交际环境中选择经常使用泛化性亲属称谓和不使用泛化性亲属称谓的频率均低于偶尔使用。

另外，日语的泛化性亲属称谓交际时又具有绝对的年龄限定（在选择对什么人使用泛化性亲属称谓时，无论是母语交际环境还是汉语交际环境，JS 基本上都选择了中老年尤其是老年人）。如果贸然对陌生人、对年青的陌生人使用泛化性亲属称谓常常被看成是非常“失礼”的行为，甚至会导致交际失败，因此，日本人对陌生关系者使用泛化性亲属称谓是慎之又慎，一个 10 岁的孩子可能会称一个 20 多岁的女性“姐姐”，但最好别叫“阿姨”。而这种情况在汉语交际环境则可互通，甚至叫“阿姨”还可能会受到“懂礼貌”等的夸奖。

两种不同的文化心理会带来不同的反应、不同的评价，因此，由日语社会文化积淀而成的社会—文化心理，使 JS 在跨文化交际中对汉语泛化性亲属称谓始终保持着一定的距离。或许 JS 渴望尽快融入汉语社会，但母语交际文化的根深蒂固又难以消融他们对汉语泛化性亲属称谓保持的距离，而交际距离的根本在认同距离，和日语相比，JS 对汉语泛化性亲属称谓用于关系亲密或陌生的认同距离都非常大。

值得注意的是，JS 女性对泛化性亲属称谓的认同距离更大。比如，对陌生关系的中国人不使用泛化性亲属称谓的 JS 女性为 69%，男性为 61.2%，女性高于男性 7.8%；在中国人用泛化性亲属称谓称呼 JS 个体时，有 41.2% 的 JS 女性认为虽然可以接受，但感到不舒服，男性的这一比例只有 22.3%，二者之差达 18.9%。可见 JS 女性对其自然属性——年龄更为敏感，究其原因则是由日本社会长期以来男女不平等造成的。

三　余论

3.1　调查结论

归纳以上对调查结果的分析，我们可以初步得到如下结论：

（1）JS 对汉语的某些语言项目（如汉语第二人称代词）不适应，对某些语言项目产生的认同距离（如汉语泛化性亲属称谓）高于其使用频率，也可以说跨文化交际中第二语言学习者的社会—文化心理敏感性更强，社会—文化心理距离更大，这种心理对其交际活动具有一定制约作用。

（2）JS 的母语文化及由此积淀的社会—文化心理对 JS 是否适应汉语第二人称代词以及适应到什么程度、对汉语泛化性亲属称谓产生的认同距离有多大具有决定性作用。

（3）母语社会结构、社会分工等的不同，使得某些属性变量如性别、年龄等在 JS 的跨文化交际中成为相关因素。

3.2　有待探讨的问题

（1）本调查对象为 JS，JS 所处的目的语交际范围并不宽（基本在校园内），所以我们的结论也是在这样一个交际范围内得出的。那么，在不同交际范围、交际环境中结果又会如何？日本人是否会适应汉语第二人称代词的交际方式呢？为此，我们通过熟人对日本驻中国使馆官员和某日本驻华贸易公司职员（以下简称 JW）进行了小规模调查，共回收有效问卷 23 份。为方便比较，我们将 JS 的 228 份问卷随机抽取了 23 份。对比显示，交际范围的大小对日本人适应汉语第二人称代词具有程度上的差异，JW 选择使用汉语第二人称代词的为 70%，而 JS 为 57.1%，JW 高于 JS12.9%；59.1% 的 JW 认为自己在使用汉语第二人称代词时不会把该代词同母语的对称词联系在一起，JS 为 52.2%，JW 高于 JS6.9%。虽然我们的样本数量偏低，还无法进行量化对比，样本的抽取具有一定的偶然性，但两组数据至少给我们这样一个启示，即如何给 JS 创造更加真实、有效、尽可能宽的语言环境是对外汉语教学需要解决的课题。

（2）本文进行的是问卷调查，虽然这一调查基于实际观察，但仍属静态研究，如果今后有机会进行实际跟踪，从 JS 真实的交际环境中获取语料，对我们的研究会具有验证、补充或修正作用。

主要参考文献

［日本］铃木孝夫（1973）《ことばと文化》，东京：日本岩波书店。

［日本］南　博（1983）《日本的自我》，东京：日本岩波书店。

［日本］田中春美等（1996）《社会言语学への招待》，京都：日本ミネルヴア书房。

祝畹瑾（1985）《社会语言学译文集》，北京：北京大学出版社。

汉语中介语口语语料库建设与汉语教学*

提要 本文重点介绍作者主持的北京语言大学重大应用研究项目——汉语中介语口语语料库建设，并通过两项基于该语料库语料的研究——汉语学习者非流利产出研究和语序偏误研究，进一步阐释口语语料库建设的重要性。

关键词 汉语中介语口语 语料库 非流利产出 语序偏误 对外汉语教学

教外国人规范、地道的汉语和学习地道的汉语，是汉语教师和汉语学习者共同的愿望，但日常交际中我们却常听到汉语学习者说，课堂上教的汉语和实际生活中中国人说的汉语不一样。那么，汉语学习者在日常交际中是怎么使用汉语的？汉语学习者的口语和母语者之间有怎样的差异？这需要通过语言交际事实才能发现。为此，我们提出了建设汉语学习者汉语中介语口语语料库的设想。

一 汉语中介语口语语料库建设构想

自20世纪50年代R. Quirk开始建立“英语用法”语库（Survey of English Usage）以来，各国都加大了语料库建设力度，美国于1961年建成了当今最早的机读语料库——布朗语库（Brown Corpus），20世纪70年代建成的伦敦—隆德语料库（London-Lund Corpus）、80年代后建成的规模大小不一的

* 本文曾以“关于国别口语语料库的建设构想”为题在法国汉语年“对外汉语教学——法语国家和地区国际研讨会”（2012年6月1—2日，法国巴黎）上宣读，此次做了修改。

几十个语料库，为语言研究提供了真实的文本资源，但相对于书面语语料库的蓬勃发展，口语语料库因日常口语语料采集的难度，建设总体相对滞后。就中国来说，语料库建设起步晚，但建设速度快，目前已建成了几十个语料库，不过这些语料库仍偏重书面语，大规模的汉语口语语料库特别是汉语中介语口语语料库寥寥。在汉语学习者汉语中介语语料库建设方面，目前已知北京语言大学正在建设“汉语中介语语料库”“HSK 动态作文语料库”等，并提出了建设全球汉语学习者语料库的设想。（崔希亮、张宝林，2011）。

我们拟研制的汉语中介语口语语料库属于自然环境下的交际者口语。语料库的建设将本着客观、真实、便利、开放的原则，并体现以下特点：

第一，以国别为纲，以自然、真实的方式呈现，口语语料包括独白和会话，话语内容设限定话题和不限话题，无论何种形式，语料均采取现场实录的方式，以保证话语的真实与自然。

第二，口语标注仔细，功能全，满足多角度研究需求。我们将汉语中介语口语语料库的语料进行转写与标注，标注内容尽量全，不仅包括偏误信息、基础信息（主要指正确的词汇、语法等），还包括言语信息（比如：话语标记、话语修正、重叠、打断、话语流利度、话轮转换等）和非言语信息（比如：咳嗽、笑声、噪音等；视频部分包括手势、身势等），尽量满足口语研究的各种需求。同时功能设计尽量全，方便用户检索使用。

本语料库的主要工作内容及程序为：首先，制定采录标准、采录计划以及语料库建库方案。其次，采录汉语学习者的汉语中介语口语，含音频和视频两部分，以视频为主。再次，整理汉语学习者的汉语中介语口语资料。最后，加工、录入汉语学习者汉语中介语口语语料，建设国别汉语中介语口语语料库。

首期建设阶段前者将以在京汉语学习者为主要样本源，抽取日本、韩国、泰国、美国、加拿大、墨西哥、德国、法国、英国、巴基斯坦等 10—20 个国家的样本；语料采集的话语者年龄设为 18—55 岁，采集时设话题采集和非话题采集，采集环境分为课上（包括汉语口语课、口语测试）和课下两种，话语类型包括独白、会话。话题采集时设定介绍母语特点、母语文化习俗，关于气候、旅游、环境保护等若干话题随机选择，尽量提供自然、随意的语境。采集时长每次至少 30 分钟，不设上限。

其后对采集的数据进行整理，建立汉语中介语口语生语料库，并逐步对语料进行转写、标注等加工，建成熟语料库。

二　基于语料库的发现

语料库建设过程中发现的问题，让我们感受到了其建设的重大价值和意义。目前，在语料库建设过程中，我们已经开展了汉语学习者汉语语气词使用、话语标记、非流利产出、语序偏误等方面的研究。以下仅以学习者非流利产出、语序偏误两个方面的研究为例，谈谈语料库研究过程中的发现。①

2.1　关于汉语学习者的非流利产出

非流利产出是话语交际中出现频率极高的现象，依据前人的研究成果，我们把非流利产出分为非流利停顿、非流利重复和自我修正三类。非流利停顿包括非填充停顿和填充停顿，填充停顿又包括语音形式填充、话语标记填充和拖音；非流利重复包括语素重复、词重复和短语重复；自我修正则包括替换修正、删除修正和添加修正。

我们对语料库里的 40 位中高级汉语学习者的总录音时长为 240 分钟的独白体口语语料进行了转写，发现学习者的非流利产出频率还是非常高的。在非流利停顿、非流利重复和自我修正中，非流利停顿出现 1579 次，占 68.47%；非流利重复出现 429 次，占 18.6%；自我修正出现 298 次，占 12.93%，使用

① 关于非流利产出和语序偏误，作者的 2013 级硕士研究生刘思欢同学和刘辉同学目前分别以此作为硕士论文在进行具体研究。

频率由高到低依次为非流利停顿 > 非流利重复 > 自我修正。在三类内部，呈现的特点是：在非流利停顿中，填充停顿 > 非填充停顿，在总计 1579 条非流利停顿中，二者所占比例分别为 65.48% 和 34.52%；在填充停顿内部，语音形式填充 > 话语标记填充 > 拖音，三者在非流利停顿中所占比例分别为 52.81%、11.34% 和 1.33%。在非流利重复中，词重复 > 语素重复 > 短语重复，在总计 429 条非流利重复中，三者所占比例分别为 62.47%、24.24% 和 13.29%。在自我修正中，添加修正 > 替换修正 > 删除修正。

为更好地认识汉语学习者非流利产出的规律与特点，我们也通过《当代北京口语语料》（北京语言大学在 20 世纪 80 年代研制）对其转写的汉语母语者的文本语料进行了统计，统计样本依然是 40 位年轻人，根据汉语学习者在有定时长统计出来的话语字数，我们截取了其中的 4.2 万字语料。虽然汉语母语者只有文本语料，无法统计其非填充停顿，但在填充停顿方面，其语音形式填充与话语标记填充的比例仍远远高于非流利重复和自我修正，为填充停顿 > 非流利重复 > 自我修正，具体比例为 80.01%、13.03% 和 6.96%。而填充停顿是非流利停顿的形式之一，由此我们可以推断其三类非流利产出出现的频率为非流利停顿 > 非流利重复 > 自我修正，这和汉语学习者非流利产出特征是一致的，由此也可看出人类语言交际的共性特征。

但在非流利产出内部，汉语母语者与汉语学习者的表现是有差异的。就汉语母语者来说，其非流利停顿内部，语音形式填充远多于话语标记填充，即语音形式填充 > 话语标记填充，二者所占比例分别为 75.01% 和 24.99%。非流利重复中，词重复出现次数最多，短语重复次之，语素重复出现最少，即词重复 > 短语重复 > 语素重复，三者所占比例分别为 60.89%、25.14% 和 13.97%。自我修正中，添加修正出现次数最多，删除修正最少，三者由高到低则为添加修正 > 替换修正 > 删除修正，所占比例分别为 46.07%、31.41% 和 22.52%。对比二者间的差异，可以看到汉语学习者表现出的中介性特征明显，母语和目的语不同向度的迁移，学习者汉语水平的影响，都会导致其在向目的语靠拢的过程中某一非流利产出或非常匮乏或使用过度，比如说，当学习者第二语言水平尚未达到母语者水平时，对语言错误的认知并不敏感，因此，其自我修正比例往往低于非流利停顿和非流利重复，而对第二语言话语标记掌握得有限，使得其语音形式填充频率会高于话语标记填充。汉语学习者表现出来的话语特点是符合第二语言教学特点和第二语言学习者的认知规律的。

2.2　关于汉语学习者的语序偏误问题

语序是现代汉语重要的语法手段之一，也是对外汉语教学的难点之一。中高级汉语学习者在已经有了一定的语音、词汇和语法的积累之后，在进行成段表达时，会出现一定的语序偏误。但听话人对于语序偏误往往不那么敏感，即使意识到说话人出现了语序偏误，因为并不影响交际，便不予以纠正。因此，说话人对于汉语语序偏误很可能有所忽略。那么，学习者汉语口语偏误有何特征？这些特征除其汉语水平外，还有哪些主要因素制约？我们对语料进行了初步统计分析，发现学习者的母语语言类型背景因素对其语序偏误起明显的作用。为此，我们对 90 名来自泰国、印度尼西亚、越南、韩国、日本、蒙古国、俄罗斯、意大利、英国 9 个国家（每个国家含 5 男 5 女）的汉语口语者的语料进行了观察统计，这 9 个国家从语言类型上来说，泰国、印度尼西亚、越南属于孤立语类型，韩国、日本、蒙古国属于黏着语类型，俄罗斯、意大利、英国属于屈折语类型。三种语言背景学习者的语料时长分别约为 804 分钟、769 分钟、835 分钟，合计 2408 分钟。

根据实地考察，我们将汉语学习者的语序偏误分为相邻成分整体颠倒、同质多层结构错序和跨成分结构错序三类。其内部又包含不同的偏误情况，相邻成分整体颠倒内部主要表现为主谓位置颠倒、述宾位置颠倒、定中位置颠倒、状中位置颠倒和中补位置颠倒；同质多层结构错序主要为多层定语语序偏误和多层状语语序偏误；跨成分结构错序主要为状语和主语错序。

总体看，汉语学习者的语序偏误整体表现为相邻成分整体颠倒 > 跨成分

结构错序 > 同质多层结构错序，即相邻成分整体颠倒偏误最多。在相邻成分整体颠倒方面，状中位置颠倒频次最多，依次为状中位置颠倒 > 主谓位置颠倒 > 定中位置颠倒 > 中补位置颠倒 > 述宾位置颠倒。跨成分结构错序 70% 以上为状语和主语错序。同质多层结构错序中，多层状语语序错序频次最多，占 85% 以上，表现为多层状语语序偏误 > 多层定语语序偏误。

从学习者母语语言类型背景看，黏着语背景和屈折语背景汉语学习者比孤立语背景的汉语学习者更容易出现语序偏误。具体说，三种语言类型的汉语学习者都容易出现相邻成分整体颠倒，屈折语背景汉语学习者比另外两种语言类型背景的汉语学习者更容易出现同质多层结构错序，黏着语背景和屈折语背景的汉语学习者比孤立语背景汉语学习者更容易出现跨成分结构错序。

在相邻成分整体颠倒方面，三种语言类型背景的汉语学习者都容易出现状中位置颠倒，孤立语背景的汉语学习者比另外两种语言类型背景的汉语学习者更容易出现定中位置颠倒，黏着语背景汉语学习者比另外两种语言类型背景的汉语学习者更容易出现主谓位置颠倒、述宾位置颠倒。屈折语背景的汉语学习者比另外两种语言类型背景的汉语学习者更容易出现中补位置颠倒。

在跨成分结构错序方面，状语和主语错序在三种语言类型背景上呈阶梯分布，按偏误量从高到低依次为屈折语背景 > 黏着语背景 > 孤立语背景。

三　两点认识

以上我们展示了两项基于本语料库研究的初步发现，这些发现给予汉语教学的指导是直接的。就汉语学习者的非流利产出来说，学习者的独白体口语中非流利产出比例很高，这些非流利产出虽然体现了口语的即席性、灵活性特点，但如果汉语学习者在非流利产出中中介性非流利产出过于频繁，则会影响其口语表达的流利性。因此，在教学中，重复训练特别有必要，比如，为减少语音形式填充的过度出现，教师可在教学中向学生说明口语产出中出现过多语音形式填充的弊病，并进行重复性训练，在有目的、有侧重点的重复训练中帮助学生抓住会话重点，减少无意义的重复，使学生学会在即席对话中快速理清说话思路，传递有效会话信息，减少冗余性语音形式。就汉语学习者的语序偏误来说，既然学习者母语语言类型背景对其汉语语序偏误具有迁移作用，教师事先了解学习者母语所属语言类型是非常必要的，在课堂上可以有针对性地纠偏，积极引导学习者克服母语负迁移。

目前，基于汉语中介语口语语料库的研究成果并不丰富，口语语料库建设难度更大，大规模语料库的建设，需要强有力的人力、物力、财力支持，本语料库已经获得北京语言大学重大专项项目的立项支持，部分内容获得了国家汉办的资金支持。平台组建了跨学科、跨专业、跨部门、跨地域、跨国界的研制队伍，但我们面临的挑战依然很多，比如：汉语中介语口语语料库中的语料设立哪些标注项还需仔细斟酌，对部分生语料的转写、标注会需要更多的人工，耗时费力，等等。但是，规模性的语料数据支持是我们研究人类言语活动、研究语言教学的基础，相信该平台的建设与不断完善会让我们的语言教学、汉语教学获得更大的发展。

主要参考书目

曹　文、张劲松（2009）面向计算机辅助正音的汉语中介语语音语料库的创制与标注，《语言文字应用》第 4 期。

储诚志、陈小荷（1993）建立“汉语中介语语料库系统”的基本设想，《世界汉语教学》第 3 期。

崔希亮、张宝林（2011）全球汉语学习者语料库建设方案，《语言文字应用》第 2 期。

丁信善（2006）关于21世纪语言生态和语言主题的思考，《外语与外语教学》第11期。

郭风岚（2007）对外汉语教学目标的定位、分层与陈述，《汉语学习》第5期。

黄昌宁、李涓子（2002）《语料库语言学》，北京：商务印书馆。

金　澎、吴云芳、俞士汶（2008）词义标注语料库建设综述，《中文信息学报》第3期。

李　斌（2007）中介语语料库建设中的语言错误标注方法，《暨南大学华文学院学报》第3期。

卫乃兴、李文中、濮建忠（2007）COLSEC语料库的设计原则与标注方法，《当代语言学》第3期。

杨　翼、李绍林、郭颖雯、田清源（2006）建立汉语学习者口语语料库的基本设想，《汉语学习》第3期。

约翰·辛克莱，王建华译（2000）关于语料库的建立，《语言文字应用》第2期。

后 记

笔者多年来一直在社会语言学领域耕耘，多学习思考，常走到田野调查研究，收获巨大。本书主要选录了笔者在社会语言学与语言应用领域的研究所得，共22篇论文，归为语言变异和语言应用两大主题，并按以下内容排列：

1. 语言及语言变异

2. 语言生活

3. 语言生态与语言保护

4. 语言教学

选录的论文除1篇《外国人对北京地名标识语标写形式的选择倾向调查》（因与前一篇是姊妹篇，故录入）尚未发表外，其余均发表在海内外学术期刊或收录于会议文集中。《河北宣化方言音系》和《黑龙江科洛站话记略》是为便于对其他几篇关于河北宣化方言、黑龙江站话的社会语言学研究全面了解而收录其中。

重新审读书稿，绝大部分论文都属于实证性研究，不禁想起当年一个人扎进田野进行调查的日日夜夜。那时吃住都在老乡家里，淳朴的乡亲让我从不担心安全问题，从不畏惧蚊虫叮咬，好像成了刀枪不入的钢铁侠，每天最大的期待就是能有令人兴奋的新发现。直到今天，我仍秉承社会语言学的理念，坚持深入田野一线，坚持实证研究。田野调查辛苦，但身在其中，乐在其中。

最后，我要感谢语言科学院给予的出版经费支持，感谢语言科学院院办贾坤老师不辞辛苦反复协调。还要特别感谢北京语言大学出版社的编审和编辑老师，他们对待书稿质量一丝不苟、严谨认真的态度和专业水准，令我感动和难忘。

郭风岚

2016 年 7 月 1 日

于北京语言大学